무역실무

이태희 지음

이프레스

머리말

PREFACE

세계 경제는 글로벌화로 인해 국가 간 경계를 넘어 밀접하게 연결되고 있으며, 국제무역은 국가 경제 발전과 기업의 글로벌 확장을 위한 핵심적인 활동으로 자리 잡고 있다. 그러나 최근 무역 환경은 불확실성의 증가, 디지털 무역의 확산, 국제 규범의 복잡화 등 급변하는 경제 상황에 따라 더욱 정교하고 전문적인 실무 역량을 요구하고 있다.

이러한 시대적 요구에 부응하여 집필된 『무역실무』는 무역실무를 처음 접하는 대학생과 실무자들이 국제무역의 이론적 기초를 탄탄히 다지고, 실질적인 업무 수행 능력을 갖출 수 있도록 체계적으로 구성하였다. 이 책은 개념 정리에 머무르지 않고 실제 무역거래에서 발생하는 계약체결, 대금결제, 보험, 운송, 통관, 클레임 처리 등 전 과정을 실무적 관점에서 상세히 다루고 있다.

무역의 정의, 특성, 대상 등 무역에 대한 기초 개념을 이해하기 쉽게 설명하고, 글로벌 경제에서 무역이 차지하는 중요성과 역할을 구체적으로 서술하였다. 무역계약체결부터 대금결제 방식, 선적 및 운송, 선하증권 활용, 통관절차에 이르기까지 무역실무의 전 과정을 단계적으로 설명하며, 업무에서 활용할 수 있는 사례와 서류 작성법을 제시하였다.

또한 인코텀즈(Incoterms), UCP 600, CISG 등 국제적으로 통용되는 규칙을 명확하게 정리하여 실무에 적용할 수 있도록 하였으며, 협회적하약관(MIA) 등 보험 관련 국제 규정도 실무와 연결하여 설명하였다. 대외무역법, 외국환거래법, 관세법 등 무역과 관련된 주요 법적 기반을 다루고, 무역 클레임의 개념과 처리 절차, 상사중재를 통한 분쟁 해결방법을 구체적으로 제시하여 실무에서 발생할 수 있는 문제에 대응할 수 있도록 하였다.

이 책은 디지털 무역, 기술 수출, 서비스 무역 등 현대 무역의 변화를 반영하고, 다양한 실제 사례를 통해 이론과 실무를 통합적으로 학습할 수 있도록 하였다. 특히, 무역학을 전공하는 대학생이 무역의 기본 개념을 체계적으로 학습하고 글로벌 비즈니스 현장에서 즉시 활용할 수 있는 실무 역량을 갖추도록 돕는 데 중점을 두었다.

이 책을 통해 독자들이 국제무역의 핵심 원리를 이해하고 글로벌 경제의 주역으로 성장하는 데 필요한 전문성을 갖출 수 있기를 기대한다. 아울러 『무역실무』가 독자 여러분의 실무 능력을 키우고 미래의 성공적인 글로벌 무역인이 되는 데 든든한 동반자가 되기를 바란다.

2025년 1월

이태희

차례

CONTENTS

CHAPTER 01

국제무역의 이해

학/습/내/용

제1절 무역의 구분과 종류

제2절 무역관계법령

제1절

무역의 구분과 종류

1. 무역의 정의

무역(貿易)은 바꿀 무(貿)와 바꿀 역(易)으로 구성된 용어로 상이한 국가 간에 물품등을 대상으로 이루어지는 국제상거래(매매나 교환)를 말한다. 즉, 한 나라의 국민경제가 다른 나라의 국민경제와 물품등을 교환하거나 매매하는 것을 무역이라고 할 수 있다.

무역에 대한 합의된 국제적 정의는 비엔나협약[1)]에서 찾을 수 있다. 비엔나협약에서는 무역을 서로 다른 국가에 있는 당사자 간의 물품매매라고 정의하고 있으며, 이러한 국제물품매매계약에 적용되는 협약을 비엔나협약, 즉 국제물품매매계

1) 국제물품매매에 관한 국제연합협약(United Nations Convention on Contracts for the International Sale of Goods, 발효일 1988.1.1.)은 국제물품매매의 특성상 계약 내용의 법리적 해석의 차이(당사자 간의 법, 제도 그리고 관습 등의 차이)로 발생하는 분쟁 해결을 위해 국제사법에 의한 준거법 필요에 의해 국제적으로 통일된 상관습의 성문화 노력의 결과이다. 협약 체결 당시 62개국 8개 기관에서 2018년 기준 89개국으로 확대되었다.

약에 관한 국제연합협약(United Nations Convention on Contracts for the International Sale of Goods, CISG 1980)이라고 한다. 참고로 국제물품매매계약에 관한 국제연합협약은 유엔국제상거래법위원회(United Nations Commission on International Trade Law, UNCITRAL)에서 무역에 대한 통일된 법규를 제정하기 위해 협약안을 입안하여 1980년 비엔나 외교회의에서 채택한 협약으로 유엔국제상거래법위원회의 가장 큰 업적 중 하나로 평가받고 있다.

우리나라는 무역과 관련된 주요 법으로 크게 대외무역법, 관세법 그리고 외국환거래법이 있다. 이 가운데 대외무역법에서 무역을 정의하고 있다. 대외무역법 제2조를 보면 무역에 대해 '무역이란 물품등(물품과 대통령령이 정하는 용역 또는 전자적 형태의 무체물)의 수출과 수입을 말한다.'고 규정하고 있다. 대외무역법에서 정의하고 있는 수출은 일반적으로 매매거래의 목적물인 물품등을 외국에 매각하는 것을 말하며, 수입은 통상적으로 매매거래의 목적물인 물품등을 외국으로부터 매입하는 것을 말한다. 여기서 '국내'는 대한민국의 주권이 미치는 지역을 의미하며, '외국'이란 국내 이외의 지역으로 정의하고 있다. 무역에서 국내외의 구분은 관세부과에 있어 매우 중요한 사안이다. 실무적으로 영토의 개념과 관세선의 개념에 차이가 있는데, 예를 들어 자유무역지역이나 보세지역의 경우 국내영토에 해당하지만, 관세가 보류되어 있는 지역에 해당하는 보세지역으로 수출입물품에 관세를 적용할 때는 일반적인 수입물품과 구분된다. 즉, 보세지역에서는 국외물품이 국내로 들어왔음에도 관세선을 통과하지 않았기 때문에 해당 물품은 국외물품으로 분류된다.

무역에 있어서 그 대상은 물품등으로 형상화되어 있다. 대외무역법에서는 물품을 포함한 서비스, 전자적 형태의 무체물을 무역의 대상인 물품등으로 정의하고 있다. 무역의 대상이 물품이 아닌 물품등으로 정의하는 이유는 과거 주된 교역대상이 물품이었던 것에 반하여 오늘날에는 서비스, 전자적 형태의 무체물 역시 무역의 대상에 포함되었기 때문이다. 특히 세계무역기구(WTO)가 출범하면서 무역의 대상이 물품등이라는 점은 더욱 명확해졌다.

한편 무역거래의 속성은 크게 상역(commercial trade)과 물역(physical trade)으로 구분할 수 있다. 즉, 무역은 상역과 물역의 합이라고 할 수 있다. 상역은 물품등의 거래에 있어 물품등에 관한 소유권(title)의 이전을 의미하며, 물역은 물품등(재화, 용역, 전자적 형태의 무체물)의 물리적 이동 및 제공을 의미한다. 예를 들면 무역실무 영역에서 서식을 이용한 서류를 통해 소유권의 이전과 대금결제를 이행하는데 이 부분이 상역에 해당한다고 볼 수 있다. 반면 서류에 의한 소유권 이전과 함께 국내 및 국제운송 등을 통한 물품의 이동 및 서비스, 전자적 형태의 무체물의 제공이 물역에 해당한다고 할 수 있다.

참고로 과거 거래는 상물일치의 시대였다. 하지만 오늘날에는 상물분리의 시대로 접어들면서 각각의 기능이 분화되었으며, 보다 효율적인 거래를 위하여 상물분리의 개념이 적용되어 무역거래가 이루어지고 있다. 다만 상물분리의 개념이 상역과 물역을 이원화시킨다는 개념은 아니며, 두 영역과 기능을 전문화하여 효율적으로 진행한다는 의미임을 이해해야 한다.

무역의 거래는 기본적으로 상이한 국가들 간의 거래이며, 이는 각각 다른 경제체제 간의 거래이다. 각 국가는 국가 내의 가계, 기업 그리고 정부라는 당사자의 거래를 기반으로 다른 경제와 거래를 하는 것이다. 결과적으로 이러한 국가 간 거래가 세계 경제를 구성하고 흐름을 유지하는 데 일조하기 때문에 국가 간 거래, 즉 무역은 세계 경제에 있어 중요하다고 할 수 있다.

2. 무역의 대상

무역의 대상은 좁은 의미에서 물품이다. 지금까지의 무역은 물품이 주요 거래 대상이었으며, 지금도 가장 중요하다고 할 수 있다. 제2차 세계대전 이후 세계화가 가속화되면서 자유무역을 추구하는 국가들은 주요 교역 대상인 물품에 대한 관세를 낮추어 교역을 증진하는 것을 자유무역을 통한 세계화의 주요 화두로 여겼다.

하지만 세계 총생산(Gross World Product 또는 Global Gross Domestic Product)의 증가와 교역의 활성화 및 확대로 물품 외 서비스와 전자적 형태의 무체물 그리고 자본(장기 및 단기)이 국가와 국가 사이에서 거래되기 시작하였고, 그 비중은 점차 증가하였다. 이러한 배경으로 오늘날 무역의 대상은 유형적 재화인 물품 외 서비스와 전자적 형태의 무체물 역시 교역의 대상으로 정의되어 우리나라에서는 대외무역법에서 물품등으로 정의하고 있다.

결과적으로 넓은 의미에서 오늘날 교역의 대상은 물품등과 자본으로 정의할 수 있다. 법령상으로 우리나라 대외무역법 제2조에서 정의하고 있는 무역의 대상은 물품, 용역, 전자적 형태의 무체물이며, 이 가운데 용역과 전자적 형태의 무체물은 대통령령으로 정하고 있다. 그리고 자본에 대해서는 외국환거래법에서 그 대상을 정의하고 있다.

무역거래의 대상이 되는 물품등에는 물품, 용역 그리고 전자적 형태의 무체물이 있다. 물품의 경우 대외무역법 제2조에서 단순히 물품으로 규정하고 있다. 용역이나 전자적 형태의 무체물과 달리 시행령을 통한 특별한 추가 정의는 없다. 물품거래는 무역거래의 대부분을 차지하고 있으며, 국가별 통관절차와 세관을 통하여 그 흐름이 명확하게 집계된다.

용역의 경우 대외무역법 시행령 제3조 용역의 범위에서 용역은 유체물인 물품 거래와는 달리 상대방에게 유상으로 제공되는 노무 등으로서, 여객 및 재화의 수송에 수반되는 운임 항목인 운수, 해외여행 및 유학연수 관련 항목인 여행, 통신서비스, 보험서비스, 특허권 사용료, 선박 항공기 등 수송장비의 임대 등과 관련된 사업서비스, 정부와 비거주자 간 서비스거래인 정부서비스, 건설 등 기타 부문이 포함되는 기타 서비스 등으로 구분된다.

일반적으로 용역은 국제수지표에서도 서비스수지계정으로 독립되어 있지만 독자적인 형태의 용역보다는 통상 물품에 관한 무역거래에서 종속적인 수요로 발생하는 경우가 많으며, 운송 및 보험 등과 같이 물품거래에 수반하여 발생하는 경우가 주를 이루었다. 하지만 최근 기술수출의 활성화로 물품에 종속적이지 않고 무역에서 독자적으로 차지하는 비중이 증가하고 있다.

특히, 용역의 분야 가운데 최근 중요한 무역 대상에 해당하는 분야는 지적재산권과 관련한 분야이다. 용역의 종류 가운데 기술(대외무역법 시행령 제3조)은 상대방과의 기술제휴계약에 따라 제공되는 기술의 대가를 의미하며, 공업소유권(industry property right)에 해당하는 특허권, 실용신안권, 디자인권, 상표권과 무형재산권(intellectual property right)에 해당하는 노하우, 저작권, 광업권, 어업권 등이 대표적이다. 무엇보다 오늘날 선진국의 경우 물품의 수출을 넘어 기술수출을 통하여 더 큰 부가가치를 누리고 있으며, 향후에는 물품보다 용역분야가 국제수지에서 중요한 의미를 가질 것으로 예상된다.

전자적 형태의 무체물(대외무역법 시행령 제4조)은 소프트웨어와 더불어 부호 · 문자 · 음성 · 음향 · 이미지 · 영상 등을 디지털방식으로 제작하거나 처리한 자료 또는 정보 등으로서 산업통상자원부장관이 정하여 고시하는 것으로 영상물(영화, 게임, 애니메이션, 만화, 캐릭터를 포함), 음향 · 음성물, 전자서적, 데이터베이스를 의미한다.

자본거래는 외국환거래법 제3조에서 정의하고 있으며 단기 또는 장기자본의 국제적 이동 및 이자, 배당, 투자 등이 그 대상에 해당한다. 참고로 자본의 형태는 외국환으로 나타나며, 외국환이란 대외지급수단, 외화증권, 외화파생상품 및 외화채권을 말한다.

3. 무역의 특성

1) 국가관리

국가 간 거래, 즉 무역을 통한 물품등의 이동과 이에 대한 결제의 흐름을 살펴보면, 한 국가의 수출은 다른 국가의 수입이 되고, 한 국가의 지출은 다른 국가의 수입이 된다. 결과적으로 무역은 한쪽의 이득과 다른 쪽의 손실을 더하면 제로가 되는 제로섬 게임(zero-sum game)으로 대부분의 국가들은 자국의 수지(수입과 지출)를 관리하여 자국의 경제발전과 안정성 및 국민소득 증대를 추구한다. 따라서 이러한 국제수지의 안정화는 국가경제 관리에 있어 매우 중요한 요소이기 때문에 대부분의 국가들은 무역을 관리 및 통제하고 있다. 이러한 맥락에서 경제발전 수준에 따른 후진국, 개발도상국 그리고 선진국 모두 자국의 경제상황에 맞춰서 국제적 수지를 관리하고 있기 때문에 무역에 대한 국가의 관리는 당연하다고 할 수 있다. 무역에 대한 국가적 관리는 각 국가의 무역정책으로 나타나며, 더 넓은 관점에서 보면 오늘날 세계무역기구(WTO)의 경우 세계 경제 관점에서 범국가적 무역관리를 위해 탄생하였다고 할 수 있다.

2) 국민경제 연관

무역과 경제의 관계는 국외경제와 국내경제 관점에서 구분할 수 있지만, 결과적으로 무역의 대외성으로 국내외 경제의 상호작용결과가 도출된다. 그럼에도 무역이 국내경제에 미치는 영향을 파악하기 위한 많은 지표가 존재한다. 한 국가의 입장에서 무역이 국민경제에 미치는 영향에 대해서는 다양한 지표가 존재하지만, 일반적으로 무역승수, 무역의존도 그리고 외화가득률을 통해 계량적으로 파악할 수 있다.

먼저 무역승수(foreign trade multiplier)는 수출의 증가에 의한 국민소득의 증가분(수입과 저축 제외)은 다시 국내경제활동을 통해 소비되어 국민소득을 증대시킨다는 개념이다. 이러한 수출과 국내경제활동을 통한 소비활동 및 국민소득의 증가 과정을 식으로 표현하면 다음과 같다.

$$\text{국민소득증가분} = \frac{1}{\text{한계수입성향} + \text{한계저축성향}} \times \text{수출증가분}$$

수식에서 파악할 수 있듯이 한계수입성향과 한계저축성향이 커서 수출증가분과 동일하다면 국민소득증가분이 1이 되지만, 반대로 한계수입성향과 한계저축성향이 매우 작아지면 수출증가분은 국민소득증가분을 크게 증폭시킨다.

다음으로 무역의존도(degree of dependence on foreign trade)는 한 나라의 국민경제가 무역에 의존하고 있는 정도를 나타내는 지표이다. 통상 일 년의 기간 동안 한 나라의 국내총생산액 가운데 무역액의 비율로 표시된다. 무역의존도는 수출의존도와 수입의존도로 각각 구분할 수 있다.

$$무역의존도 = \frac{총수출액 + 총수입액}{국내총생산액} \times 100$$

$$수출(수입)의존도 = \frac{총수출(수입)액}{국내총생산액} \times 100$$

무역의존도의 경우 우리나라는 매우 높은 편이지만, 자국의 자원과 내수시장이 큰 국가들은 무역의존도가 낮은 편이라고 할 수 있다. 그리고 자국의 자원 상황과 무관하게 무역에 집중하는 국가들은 무역의존도가 높은 편이다.

마지막으로 외화가득률(rate of foreign exchange earning)은 일정기간 동안에 수행된 특정 품목의 수출금액에서 수출품의 제조 및 가공을 위하여 사용된 수입물품의 수입금액을 공제한 금액이 수출금액에서 차지하는 비율이다. 이를 위해 먼저 계산되는 외화가득액은 FOB 조건 수출가격과 CIF 조건 수입가격의 차이이다. 이를 수식으로 표현하면 다음과 같다.

$$외화가득률 = \frac{FOB\ 수출가격 - CIF\ 수입가격}{FOB\ 수출가격} \times 100$$

즉, 수출가격 가운데 가득액(FOB 수출가격 - CIF 수입가격)이 차지하는 비중을 의미한다. 외화가득률의 변수는 결국 특정품목의 수출가격에서 해당 품목의 제조 및 가공을 위해 필요한 물품 중 수입된 물품의 비중이 작을수록 커진다.

3) 세계 경제 연관

세계 경제는 일반적으로 세계총생산(global GDP)에 의하여 산출된다. 국가별 생산량과 가격의 곱으로 이루어진 세계총생산은 세계 경제 상황을 파악할 수 있는 대표적 지수이다. 세계 경제의 상황에 따라 국가별 교역량은 영향을 받게 되며, 나아가 국가별 교역량에 따라 해상물동량이 영향을 받게 된다. 앞서 언급하였던 해상운송의 의존성을 고려한다면 결과적으로 해상운송의 물동량(traffic volume)은 무역량(trade volume)에 종속적이며, 무역량은 세계 경제와 종속적인 관계에 있다.

4) 산업 연관

무역은 수출과 수입으로 구성되어 있다. 수출과 수입은 국내산업의 발전과 함께 고용 및 국민소득에 영향을 미친다. 수입의 경우 국내에 존재하지 않는 부존자원과 선진자본재 등을 획득할 수 있게 하여 국내경제발전에 영향을 미친다. 아울러 수출의 경우 국내생산의 확대와 기술유입 그리고 고용 및 소득증대의 원천이 될 수 있다. 무엇보다 수출을 통해 얻게 되는 외화는 국내산업 발전의 밑거름이 된다. 물론 수입과 수출의 불균형은 국내경제에 악영향을 미칠 수 있지만, 무역의 균형을 잘 유지한다면 국내경제의 발전에 큰 도움을 줄 수 있다.

5) 무역 위험

무역의 위험은 크게 상업위험(commercial risk), 비상위험(contingency risk), 그리고 환위험(exchange risk)으로 구분할 수 있다.

먼저 상업위험은 무역거래에서 발생하는 위험으로 매도인의 경우 대금결제와 관련한 대금회수불능위험(credit risk)이 존재하며, 매수인의 경우 물품인도와 관련한 물품인수불능위험(mercantile risk)이 존재한다.

비상위험은 운송위험(transport risk)과 국가위험(country risk)으로 구분된다. 운송위험의 경우 물품의 운송과정에서 발생하는 위험으로 태풍, 지진, 분화, 전쟁, 파업 등에 기인하는 운송 중의 사고에 의하여 물품이 멸실 또는 손상될 수 있는 위험이다. 국가위험[2)]은 전쟁, 내란, 폭동, 혁명, 사변, 소요, 그리고 경제제재 등과 같이 민간기업 또는 개인이 통제할 수 없는 위험을 말한다.

마지막으로 환위험은 대금결제를 위한 통화의 환율변동에 따라 환차손(exchange loss)이 발생하였을 때 발생하는 위험이다.

각각의 위험을 관리하기 위한 방법으로는 상업위험의 경우 해외신용조사, 계약서의 검토, 수출보험 등을 이용할 수 있다. 비상위험의 경우 운송위험에 대해서는 해상적하보험(cargo insurance), 선박보험(hull insurance), 선주상호책임보험(protection and indemnity insurance) 등을 이용할 수 있으며, 국가위험에 대해서는 수출보험 및 해상적하보험의 특약과 함께 사전에 무역 상대국에 대한 시장환경조사가 대책이 될 수 있다. 마지막으로 환위험은 환헤징, 해외진출 등의 방법을 이용하여 위험을 관리할 수 있다.

---

2) 국가위험 중 전쟁(war)은 선전포고 유무나 다른 나라 간의 전쟁을 불문하고 전면적 무력행사뿐만 아니라 국지전도 포함한다. 혁명(revolution)은 단순한 정권교체는 포함되지 않고 정치체제, 사회제도의 기본 변혁을 따르는 것을 말한다. 내란(rebellion)은 국가의 일부를 독립된 다른 나라로 세우거나 헌법의 기본 질서를 침해할 목적으로 폭동을 일으키는 행위를 말한다. 사변(warlike operation)은 경찰력으로 막을 수 없어 병력을 사용하게 되지만 전쟁까지는 가지 않는 난리를 말한다. 폭동(civil commotions)은 군중 또는 다수 집단의 행동에 의해 전국 또는 일부지역에서 현저하게 평온이 저해되고 치안유지상 중대한 상태로 인정되는 상태이다. 그리고 소요(riot)는 폭동보다는 소규모 상태를 말한다.

6) 해상 의존

무역에서 물역을 위한 주된 운송수단(mode)에는 화물자동차운송, 철도운송, 해상운송, 항공운송 그리고 파이프라인운송이 있다. 이 가운데 과거부터 지금까지 국가 간 거래에서 가장 큰 비중을 차지하는 것이 바로 해상운송이다. 해상운송은 이동거리, 중량제한, 운송비용 등에서 다른 운송수단에 비해 우월하여 오늘날 전세계 교역의 약 90%가 해상운송에 의존하고 있다. 특히 우리나라의 경우 지리적 특성으로 국제수송은 해상운송과 항공운송이 주를 이루는데, 이 가운데 해상운송의 국제수송분담률은 물동량 기준으로 약 99.76%를 차지하고 있으며, 항공운송이 약 0.24%를 차지하고 있다. 따라서 무역에서 해상운송은 매우 중요한 운송수단이라고 할 수 있다.

7) 종속계약

무역을 이행하기 위해서는 상적 그리고 물적 이동이 필요하다. 먼저 매도인과 매수인 사이에서 체결한 소유권 이전에 관한 상적거래, 즉 무역거래를 이행하기 위하여 무역계약이 필요하다. 그리고 무역계약을 이행하기 위해서는 부수적인 계약이 필요하다. 대표적으로 무역계약에 종속된 계약은 선적조건을 위한 운송계약과 선적 화물에 대한 보험계약 그리고 은행과 거래당사자 등이 체결하는 환거래계약(약정)이 있다. 운송계약은 무역계약의 대상이 되는 물품의 이동을 위해 운송인과 송화인 사이에 체결하는 계약이다. 특히 무역계약에서는 선적(shipment)조건을 이행하기 위하여 체결된다. 보험계약은 운송 중인 물품의 멸실 또는 손상의 위험을 방지하기 위해 체결하는 계약이다. 마지막으로 환거래 약정은 물품의 대금결제를 위하여 무역의 당사자가 거래은행과 체결하는 금융계약 그리고 은행과

은행 간의 금융계약이다. 이 외에도 무역계약을 기준으로 필요에 따라 다양한 종속계약을 체결할 수 있다.

8) 선물거래

일반적인 거래는 현물거래, 즉 현실로 존재하는 상품의 매매를 목적으로 하고 있다. 하지만 무역거래는 매매계약 성립 시에 실재하는 물품을 대상으로 하기도 하지만, 대부분은 실재하지 않지만 앞으로 실재할 수 있는 물품을 대상으로 거래가 이루어지는 경우가 대다수이다. 즉 선물거래가 주를 이루고 있다. 그리고 실재하는 물품을 대상으로 하여도 무역계약이 체결되고 안전하게 물품이 이동하고 대금결제가 이루어져 클레임을 포함한 모든 무역 절차가 완료되기 전까지는 무역거래가 완성된 것이 아니기 때문에 선물거래의 성격을 띠고 있다고 할 수 있다. 이러한 특성으로 무역거래는 계약을 체결하기 전과 후로 구분할 수 있으며, 결과적으로 계약체결을 위한 활동과 계약체결 이후 계약이행 활동이 무역의 주요 활동이라고 할 수 있다.

9) 국제관습

무역은 국가 간에 발생하는 거래이며, 각 국가마다 고유한 환경과 오래된 관습이 존재하기 때문에 많은 분쟁의 소지가 있다. 그리고 발생한 분쟁에 대해서는 각 국가마다 고유의 법률 및 제도가 존재한다. 하지만 상이한 국가 간에 발생하는 거래에 대해서 일방적인 법과 제도를 적용하기는 현실적으로 불가능하다. 따라서 무역거래가 발생하여 작성하는 계약서에서 계약의 해석을 위한 준거법을 두고 해당 준거법(governing law)을 통하여 계약서를 해석하고 적용한다. 계약서를 작성할 때 한 국가의 법률과 제도를 준거법으로 적용해도 무방하지만, 일반적으로는 여러 국제기구들이 오랫동안 무역거래에서 보편화된 상관습을 토대로 제정한 통일규칙을 이용한다.

보편적 상관습을 토대로 계약서 작성 및 해석에 대한 준거법적 규칙을 제정하는 대표적인 기관은 국제상업회의소(International Chamber of Commerce, ICC), 국제연합 국제상거래법위원회(United Nations Commission on International Law Association, UNCITRAL), 국제연합무역개발협의회(United Nations Conference on Trade and Development, UNCTAD), 국제법협회(International Law Association, ILA) 등이 있다. 해당 기관에서는 국제거래에 보편적으로 사용되는 국내 · 국제거래조건의 사용에 관한 ICC규칙(INCOTERMS 2020), 국제물품매매계약에 관한 국제연합협약(United Nations Convention on Contracts for the International Sale of Goods, CISG), 신용장통일규칙(Uniform Customs and Practice for Documentary Credits, UCP 600), 헤이그규칙(Hague Rules), 국제상공회의소(International Chamber of Commerce, ICC)의 국제복합운송증권에 관한 통일규칙(UNCTAD/ICC Rules for multimodal transport documents) 등을 제정하여 국제거래에 사용될 수 있도록 제공하고 있다.

제2절

무역관계법령

무역관리를 위한 관계 법령들은 모두 우리나라의 대외무역거래질서를 유지하여 국가경제 발진과 함께 민간의 대외무역활동을 원할하게 하기 위한 것이다. 무역과 관련한 법령은 대표적으로 대외무역법, 외국환거래법, 그리고 관세법이 있다. 이외 무역보험법, 중재법, 수출용 원재료에 대한 관세 등 환급에 관한 특례법, 자유무역지역의 지정 및 운영에 관한 법률, 전자무역 촉진에 관한 법률, 전자금융거래법, 불공정 무역행위 조사 및 산업피해 구제에 관한 법률, 무역거래 기반조성에 관한 법률 등 무역의 영역에 따라 다양하게 존재한다.

1. 대외무역법

대외무역법은 대외무역을 진흥하고 공정한 거래 질서를 확립하여 국제수지의 균형과 통상의 확대를 도모함으로써 국민경제를 발전시키는 데 이바지함을 목적으로 한다. 전체 7장에 걸쳐 59조 그리고 부칙으로 구성되어 있다. 각 장은 총칙,

통상의 진흥, 수출입거래, 수입수량제한조치, 수출입의 질서유지, 보칙, 벌칙 등을 규정하고 있다. 세부적으로 수출입거래총칙, 과세가격과 관세의 부과 · 징수 등, 외화획득용 원료 · 기재의 수입과 구매 등, 전략물자의 수출입, 플랜트 수출, 정부간 수출계약, 원산지표시, 수입수량제한조치, 수출입의 질서유지 등의 내용을 담고 있다. 이와 더불어 대외무역법에서 위임된 사항과 그 시행에 필요한 사항에 대해서는 대외무역법 시행령에서 정의하고 있다.

[표 1-1] 대외무역법의 구성

제1장 총칙
제1조 목적
제2조 정의
제3조 자유롭고 공정한 무역의 원칙 등
제4조 무역의 진흥을 위한 조치
제5조 무역에 관한 제한 등 특별 조치
제6조 무역에 관한 법령 등의 협의 등

제2장 통상의 진흥
제7조 통상진흥 시책의 수립
제8조 민간 협력 활동의 지원 등
제8조의2 전문무역상사의 지정 및 지원
제9조 무역에 관한 조약의 이행을 위한 자료제출

제3장 수출입 거래
제1절 수출입 거래 총칙
제10조 수출입의 원칙
제11조 수출입의 제한 등
제12조 통합 공고
제13조 특정거래형태의 인정 등
제14조 수출입 승인 면제의 확인
제15조 과학적 무역업무의 처리기반 구축
제2절 외화획득용 원료 · 기재의 수입과 구매 등
제16조 외화획득용 원료 · 기재의 수입 승인 등
제17조 외화획득용 원료 · 기재의 목적을 벗어난 사용 등
제18조 구매확인서의 발급 등
제3절 전략물자의 수출입
제19조 전략물자
제19조의2 수출허가
제19조의3 상황허가
제19조의4 경유 또는 환적허가
제19조의5 중개허가
제19조의6 허가 심사 등
제19조의7 허가 취소
제20조 전문판정
제20조의2 자가판정
제21조 이동중지명령 등
제22조 자율준수무역거래자
제22조의2 자율준수무역거래자 등급 조정 및 지정 취소

제23조 전략물자수출입고시 등
제24조 전략물자 수출입관리 정보시스템
제24조의2
제25조 무역안보관리원의 설립 등
제26조 전략물자 수출입통제 협의회
제27조 수입목적확인서
제28조 서류 보관
제29조 비밀 준수
제30조 전략물자등의 수출입 제한 등
제31조 (제30조로 이동)

제4절 플랜트수출

제32조 플랜트수출의 촉진 등

제5절 정부 간 수출계약

제32조의2 정부 간 수출계약의 보증 및 원칙
제32조의3 정부 간 수출계약의 전담기관
제32조의4 정부 간 수출계약 심의위원회
제32조의5 국내 기업의 책임 등

제3장의2 원산지의 표시 등

제33조 수출입 물품 등의 원산지의 표시
제33조의2 원산지의 표시 위반에 대한 시정명령 등
제34조 원산지 판정 등
제35조 수입원료를 사용한 국내생산 물품 등의 원산지 판정 기준 등
제36조 수입 물품 등의 원산지증명서의 제출
제37조 수출 물품의 원산지증명서의 발급 등
제38조 외국산 물품 등을 국산 물품 등으로 가장하는 행위의 금지

제4장 수입수량 제한조치

제39조 수입수량 제한조치
제40조 수입수량제한조치에 대한 연장 등
제41조 삭제

제5장 수출입의 질서 유지

제42조 삭제
제43조 수출입 물품 등의 가격 조작 금지
제44조 무역거래자 간 무역분쟁의 신속한 해결
제45조 선적 전 검사와 관련한 분쟁 조정 등
제46조 조정명령

제6장 보칙

제47조 청문
제48조 보고와 검사 등
제49조 교육명령
제50조 독점규제 및 공정거래에 관한 법률과의 관계
제51조 국가보안법과의 관계
제52조 권한의 위임 · 위탁

제7장 벌칙

제53조 벌칙
제53조의2 벌칙
제54조 벌칙
제55조 미수범
제56조 과실범
제57조 양벌규정
제58조 벌칙 적용 시의 공무원 의제
제59조 과태료

부칙

[시행 2024. 8. 21.] [법률 제20319호, 2024. 2. 20., 일부개정]

대외무역법은 대외무역에 대한 직접 규율을 위한 법률이다. 1987년 7월에 시행되었으며 자유롭고 공정한 무역, 무역제한의 최소화, 무역진흥의 도모를 원칙으로 하고 있다. 대외무역법은 헌법에서 정의하는 바(국가는 대외무역을 육성하여 이를 규제, 조정할 수 있다)와 같이 기본법의 특성이 있으며, 다른 법률에 대해 일반법 또는 특별법의 특성을 모두 가지고 있다.

한편 대외무역법은 타국과의 무역조약 및 승인된 국제법규를 수용하기 때문에 국제성을 가지고 있으며, 분야에 대한 종합적인 특성뿐만 아니라 다수의 당사자를 전제로 하는 포괄적인 특성을 가지고 있다. 아울러 대외무역법은 중앙집권적 관리방식을 취하고 있어 현재 산업통상자원부장관이 대외무역관리의 모든 권한을 가지고 있다. 다만 일정 부분은 그 권한의 일부를 타 기관에 위임 및 위탁하기 때문에 위임법의 특성도 있다. 마지막으로 대외무역법은 논리성보다는 기술적 성향이 강하며, 대외적으로 통상교섭의 근거가 되므로 통상법적인 성격을 가지고 있다.

2. 외국환거래법

외국환거래법은 외국환거래와 그 밖의 대외거래의 자유를 보장하고 시장기능을 활성화하여 대외거래의 원활화 및 국제수지의 균형과 통화가치의 안정을 도모함으로써 국민경제의 건전한 발전에 이바지함을 목적으로 한다.

외국환거래법은 대한민국에서의 외국환과 대한민국에서 하는 외국환거래 및 그 밖에 이와 관련되는 행위, 대한민국과 외국 간의 거래 또는 지급 · 수령, 그 밖에 이와 관련되는 행위(외국에서 하는 행위로서 대한민국에서 그 효과가 발생하는 것을 포함한다), 외국에 주소 또는 거소를 둔 개인과 외국에 주된 사무소를 둔 법인이 하는 거래로서 대한민국 통화(通貨)로 표시되거나 지급받을 수 있는 거래와 그 밖에 이와 관련되는 행위, 대한민국에 주소 또는 거소를 둔 개인 또는 그 대리인, 사용인, 그 밖의 종업원이 외국에서 그 개인의 재산 또는 업무에 관하여 한 행위, 대한민국에 주된 사무소를 둔 법인의 대표자, 대리인, 사용인, 그 밖의 종업원이 외국에서 그 법인의 재산 또는 업무에 관하여 한 행위에 적용한다.

[표 1-2] 외국환거래법 구성

제1장 총칙
- 제1조 목적
- 제2조 적용 대상
- 제3조 정의
- 제4조 대외거래의 원활화 촉진 등
- 제5조 환율
- 제6조 외국환거래의 정지 등
- 제7조 삭제

제2장 외국환업무취급기관 등
- 제8조 외국환업무의 등록 등
- 제9조 외국환중개업무 등
- 제10조 업무상의 의무
- 제11조 업무의 감독과 건전성 규제 등
- 제11조의2 외환건전성부담금
- 제11조의3 부담금의 징수 및 이의신청
- 제12조 인가의 취소 등
- 제12조의2 과징금

제3장 외국환평형기금
- 제13조 외국환평형기금
- 제14조 외국환평형기금 채권의 원리금상환

제4장 지급과 거래
- 제15조 지급절차 등
- 제16조 지급 또는 수령의 방법의 신고
- 제17조 지급수단 등의 수출입 신고
- 제18조 자본거래의 신고 등

제5장 보칙
- 제19조 경고 및 거래정지 등
- 제20조 보고 · 검사
- 제21조 국세청장 등에게의 통보 등
- 제22조 외국환거래의 비밀보장
- 제23조 권한의 위임 · 위탁 등
- 제24조 전자문서에 의한 허가 등
- 제25조 사무처리 등
- 제26조 다른 법률과의 관계

제6장 벌칙
- 제27조 벌칙
- 제27조의2 벌칙
- 제28조 벌칙
- 제29조 벌칙
- 제30조 몰수 · 추징
- 제31조 양벌규정
- 제32조 과태료

부칙

[시행 2021. 9. 16.] [법률 제18244호, 2021. 6. 15., 일부개정]

외국환거래법은 전체 6장에 걸쳐 32조 그리고 부칙으로 구성되어 있다. 각 장은 총칙, 외국환업무 취급기관 등, 외국환 평형기금, 지급과 거래, 보칙, 벌칙 등을 규정하고 있다.

3. 관세법

관세법은 관세의 부과 · 징수 및 수출입물품의 통관을 적정하게 하고 관세수입을 확보함으로써 국민경제의 발전에 이바지함을 목적으로 한다. 관세법은 전체 13장에 걸쳐 330조 그리고 부칙으로 구성되어 있다. 각 장은 총칙, 과세가격과 관세의 부과 · 징수 등, 세율 및 품목 분류, 감면 · 환급 및 분할납부 등, 납세자의 권리 및 불복절차, 운송수단, 보세구역, 운송, 통관, 세관공무원의 자료 제출 요청 등, 벌칙, 조사와 처분 등을 규정하고 있다.

관세법을 해석하고 적용할 때에는 과세의 형평과 해당 조항의 합목적성에 비추어 납세자의 재산권을 부당하게 침해하지 아니하도록 하여야 한다. 그리고 관세법의 해석이나 관세행정의 관행이 일반적으로 납세자에게 받아들여진 후에는 그 해석이나 관행에 따른 행위 또는 계산은 정당한 것으로 보며, 새로운 해석이나 관행에 따라 소급하여 과세되지 아니함을 명시하고 있다. 특히 관세법에 따른 기간을 계산할 때 수입신고수리 전 반출승인을 받은 경우에는 그 승인일을 수입신고의 수리일로 본다. 또한 따른 기간의 계산은 이 법에 특별한 규정이 있는 것을 제외하고는 「민법」을 따른다.

마지막으로 관세는 신고를 하거나 고지를 받은 경우 그리고 수입신고 전 즉시 반출신고를 한 경우 각각 납세신고 수리일부터 15일 이내, 납부고지를 받은 날부터 15일 이내, 그리고 수입신고일부터 15일 이내로 관세의 납부기한을 정하고 있다.

[표 1-3] 관세법 구성

제1장 총칙
- 제1절 통칙
- 제2절 법 적용의 원칙 등
- 제3절 기간과 기한
- 제4절 서류의 송달 등
- 제5절 삭제

제2장 과세가격과 관세의 부과 · 징수 등
- 제1절 통칙
- 제2절 납세의무의 소멸 등
- 제3절 납세담보
- 제4절 과세가격의 신고 및 결정
- 제5절 부과와 징수

제3장 세율 및 품목 분류
- 제1절 통칙
- 제2절 세율의 조정
- 제3절 세율의 적용 등
- 제4절 품목분류

제4장 감면 · 환급 및 분할납부 등
- 제1절 감면
- 제2절 환급 및 분할납부 등

제5장 납세자의 권리 및 불복절차
- 제1절 납세자의 권리
- 제2절 심사와 심판

제6장 운송수단
- 제1절 국제항
- 제2절 선박과 항공기
- 제3절 차량

제7장 보세구역
- 제1절 통칙
- 제2절 지정보세구역
- 제3절 특허보세구역
- 제4절 종합보세구역
- 제5절 유치 및 처분

제8장 운송
- 제1절 보세운송
- 제2절 내국운송
- 제3절 보세운송업자 등

제9장 통관
- 제1절 통칙
- 제2절 수출 · 수입 및 반송
- 제3절 우편물

제10장 세관공무원의 자료제출 요청 등
- 제1절 세관장 등의 과세자료 요청 등
- 제2절 세관공무원의 물품검사 등

제11장 벌칙

제12장 조사와 처분
- 제1절 통칙
- 제2절 조사
- 제3절 처분

제13장 보칙

부칙

[시행 2024. 7. 1.] [법률 제19924호, 2023. 12. 31., 일부개정]

4. 무역관리

무역 대상에 대한 정부의 관리는 크게 수출입공고와 통합공고로 구분할 수 있다. 수출입공고는 대외무역법을 기준으로 수출입 제한, 금지, 승인, 신고, 한정 등의 품목을 게기하고 있다. 통합공고는 대외무역법 외에 다른 법령에서 필요로 하는 수출입 관련 요건 확인 및 절차를 제시하고 있다.

수출입공고와 통합공고와의 관계는 수출입공고 제2조에서 기술하는 것처럼 수출입공고에 따른 수출 또는 수입승인이 났음에도 불구하고 대외무역법 제12조의 규정[3]에 의한 통합공고상에 수출 및 수입하고자 하는 물품의 수출과 수입의 요령을 정한 것이 있다면 동 요령의 요건을 충족하여야만 한다.

1) 수출입공고

수출입공고란 대외무역법 제11조 규정에 의하여 물품등의 수출 또는 수입의 제한 · 금지, 승인, 신고, 한정 및 그 절차 등에 관한 사항을 규정함을 목적으로 한다. 수출입공고에서는 수출금지품목, 수출제한품목, 수입제한품목 등을 게기하고 있다. 참고로 품목구분을 위한 품목분류는 HS(harmonized commodity description and coding system) 상품분류에 의하며 세계적으로 6자리까지는 공통코드를 사용한다. 우리나라의 경우 공통의 코드 6자리와 우리나라 자체 코드 4자리를 부여하여 분류된 품목의 세분류에 해당하는 관세 · 통계통합품목분류표

3) 대외무역법 제12조 (통합 공고) ① 관계 행정기관의 장은 수출 · 수입요령을 제정하거나 개정하는 경우에는 그 수출 · 수입요령이 그 시행일 전에 제2항에 따라 공고될 수 있도록 이를 산업통상자원부장관에게 제출하여야 한다. ② 산업통상자원부장관은 제1항에 따라 제출받은 수출 · 수입요령을 통합하여 공고하여야 한다. [개정 2008. 2. 29., 2013. 3. 23.]

(harmonized system of Korea, HSK)에 의하여 물품을 분류한다.

[표 1-4] 수출입공고 수출금지품목

H S	품목	수출요령
0208	기타의 육과 식용설육(신선 · 냉장 또는 냉동한 것에 한한다)	
40	고래 · 돌고래류 · 쇠돌고래(고래목의 포유동물), 매너티 · 듀공(바다소목의 포유동물), 물개 · 바다사자 · 바다코끼리(기각아목의 포유동물)의 것	다음의 것은 수출할 수 없음 ① 고래고기
0210	육과 식용설육(염장 · 염수장 · 건조 또는 훈제한 것에 한한다) 및 육 또는 설육의 식용의 분과 조분	
9	기타(육 또는 설육의 분과 조분을 포함한다)	
92	고래 · 돌고래류 · 쇠돌고래(고래목의 포유동물), 매너티 · 듀공(바다소목의 포유동물), 물개 · 바다사자 · 바다코끼리(기각아목의 포유동물)의 것	다음의 것은 수출할 수 없음 ① 고래고기
2516	화상암 · 반암 · 현무암 · 사암과 기타 식비용 또는 건축용의 암석	
1	화강암	
11-0000	조상의 것 또는 거칠게 다듬은 것	다음의 것은 수출할 수 없음 ① 자연석
12	톱질 또는 기타의 방법으로 단순히 절단하여 직사각형(정사각형을 포함한다) 모양의 블록상 또는 슬랩상으로 한 것	
20	사암	
4301	생모피(모피사용에 적합한 머리부분 · 꼬리부분 · 발부분 및 기타 조각 또는 절단품을 포함하며, 제4101호, 제4102호 또는 제4103호에 해당하는 원피를 제외한다)	
80	기타의 모피(전신의 것에 한하며 머리부분 · 꼬리부분 · 발부분의 유무를 불문한다)	다음의 것은 수출할 수 없음 ① 개의 생모피
90-0000	머리부분 · 꼬리부분 · 발부분 및 기타의 조각 또는 절단품으로서 모피제품으로 사용에 적합한 것	

4302	모피(유연처리 또는 완성가공한 것으로서 머리부분 · 꼬리부분 · 발부분 및 기타 조각 또는 절단품을 포함하고 조합하지 아니한 것 또는 기타 재료를 가하지 않고 조합한 것에 한하며, 제4303호의 물품은 제외한다)	
1	전신모피(조합하지 아니한 것에 한하며 머리부분 · 꼬리부분 · 발부분의 유무를 불문한다)	
19	기타	다음의 것은 수출할 수 없음 ① 개의 모피
20	머리부분 · 꼬리부분 · 발부분 및 기타 조각 또는 절단품(조합하지 아니한 것에 한한다)	
30-0000	전신모피 및 그 조각 또는 절단품 (조합한 것에 한한다)	
4303	모피의류 · 의류의 부속품 및 기타 모피제품	
90-0000	기타	다음의 것은 수출할 수 없음 ① 개의 모피제품

[시행 2022. 9. 7.] [산업통상자원부고시 제2022-153호, 2022.9.7., 일부개정]

2) 통합공고

통합공고는 대외무역법 제12조의 규정에 의하여 대외무역법 이외의 다른 법령에서 해당 물품의 수출입의 요건 및 절차 등을 정하고 있는 경우에 수출입 요건 확인 및 통관업무의 간소화와 무역질서 유지를 위하여 다른 법령이 정한 물품의 수출입의 요건 및 절차에 관한 사항을 조정하고 이를 통합 규정함을 목적으로 한다. 주로 품목별 수출입요령에 관하여 규정하고 있다.

[표 1-5] 통합공고 적용법령

1. 약사법
1의2. 첨단재생의료 및 첨단바이오의약품 안전 및 지원에 관한 법률
2. 마약류관리에 관한 법률
3. 화장품법
4. 식품위생법
5. 〈삭제〉
6. 화학물질 관리법
6의2. 화학물질의 등록 및 평가 등에 관한 법률
7. 양곡관리법
8. 비료관리법
9. 농약관리법
10. 가축전염병예방법
11. 식물방역법
12. 종자산업법
13. 축산법
14. 전기용품 및 생활용품 안전관리법
15. 〈삭제〉
16. 계량에 관한 법률
17. 석유 및 석유대체연료사업법
18. 원자력안전법
19. 전파법
20. 〈삭제〉
21. 야생생물 보호 및 관리에 관한 법률
22. 폐기물의 국가간 이동 및 그 처리에 관한 법률
23. 대기환경보전법
24. 소음 · 진동관리법
25. 자동차관리법
26. 산업안전보건법
27. 오존층 보호를 위한 특정물질의 제조규제 등에 관한 법률
28. 건설기계관리법
29. 먹는물관리법
30. 자원의 절약과 재활용촉진에 관한 법률
31. 화학무기 · 생물무기의 금지와 특정화학물질 · 생물작용제 등의 제조 · 수출입 규제 등에 관한 법률
32. 축산물 위생관리법
33. 건강기능식품에 관한 법률
34. 농수산물품질관리법
35. 방위사업법
36. 〈삭제〉
37. 수산업법
38. 고압가스안전관리법
39. 영화 및 비디오물의 진흥에 관한 법률
40. 게임산업진흥에 관한 법률
41. 음악산업진흥에 관한 법률
42. 하수도법
43. 주세법
44. 지방세법
45. 총포 · 도검 · 화약류 등의 안전관리에 관한 법률
46. 〈삭제〉
47. 의료기기법
48. 인체조직안전 및 관리 등에 관한 법률
49. 〈삭제〉
50. 수산생물질병 관리법
51. 사료관리법
52. 생물다양성 보전 및 이용에 관한 법률
52의2. 유전자원의 접근 · 이용 및 이익 공유에 관한 법률
53. 폐기물 관리법
54. 전기 · 전자제품 및 자동차의 자원순환에 관한 법률
55. 액화석유의 안전관리 및 사업법
56. 목재의 지속가능한 이용에 관한 법률
57. 농수산생명자원의 보존 · 관리 및 이용에 관한 법률
58. 기타 특정물품의 수출입절차 또는 요령을 정한 법률 및 국제협약
59. 수입식품안전관리 특별법
60. 어린이제품안전특별법
61. 위생용품 관리법
62. 에너지이용 합리화법
63. 잔류성오염물질 관리법
64. 생활화학제품 및 살생물제의 안전관리에 관한 법률
65. 친환경농어업 육성 및 유기식품 등의 관리 · 지원에 관한 법률
66. 생활주변방사선 안전관리법
67. 해양수산생명자원의 확보 · 관리 및 이용 등에 관한 법률
68. 체외진단의료기기법

[시행 2023. 9. 25.] [산업통상자원부고시 제2023-185호, 2023. 9. 25., 일부개정]

참고로 수출입공고에 따른 수출 또는 수입승인에도 불구하고 대외무역법 제12조의 규정에 의한 통합공고상에 수출 및 수입하고자 하는 물품의 수출 · 수입 요령을 정한 것이 있는 경우에는 해당 요령의 요건을 충족하여야 한다.

한편, 무역관리를 위하여 수출입의 허용품목과 금지품목을 정하는 방법에는 열거주의 방법(positive list system)과 포괄주의 방법(negative list system)이 있다. 열거주의 방법의 경우 수출입이 허용되는 품목만을 표시하고, 표시되지 않는 품목은 수출입을 제한, 금지하는 제도 및 공고방식을 의미한다. 그리고 포괄주의 방법은 수출입이 제한, 금지되는 품목만 표시하고 표시되지 않은 것은 수출입이 허용되는 것으로 하는 제도 및 공고방식을 의미한다. 두 방법을 비교해 보면 포괄주의의 경우 금지품목을 열거한 경우보다 더 자유로운 무역이 발생할 수 있기 때문에 현재 적용하고 있는 방법은 포괄주의라 할 수 있다. 즉, 포괄주의 방식에서는 수출입이 제한 내지 금지되는 품목만을 고시하므로 고시되지 아니하는 품목은 수출입이 자유로운 것이 된다. 일반적으로 수출입에 대한 통제방법에서 열거주의는 수출입 시 상대적으로 통제가 많은 후진국에서 많이 채택되고, 선진국들은 포괄주의를 많이 채택하고 있다.

CHAPTER

02 국제무역의 구분

학/습/내/용

제1절 무역의 종류

제2절 특정거래형태의 수출입

제1절
무역의 종류

무역은 다양한 기준에 따라 구분하여 분류될 수 있다. 무역의 구분 및 분류의 기준은 무역의 대상이 되는 물품의 형태, 무역을 이행하는 거래 주체, 정부의 무역 참여 여부, 상이한 경제수준을 가진 국가 간의 무역, 매매의 형태, 가공방식에 따른 구분, 판매방식에 따른 분류, 임대차에 따른 구분, 수출과 수입의 연계 정도에 따른 분류, 인수와 인도에 따른 구분, 환의 사용 여부, 상표 사용 여부, 현지조립 정도에 따른 분류, 산업설비수출 등이다.

그리고 우리나라에서는 무역에서 특정거래형태의 수출입을 구분하고 있다. 특정거래형태로 구분하는 이유는 무역거래에 있어 수출 또는 수입의 제한을 회피할 우려가 있는 거래나 산업 보호에 지장을 초래할 우려가 있는 거래가 발생할 수 있기 때문이다. 또한 외국에서 외국으로 물품등의 이동이 있고, 그 대금의 지급이나 영수(領收)가 국내에서 이루어지는 거래로서 대금결제 상황의 확인이 곤란하다고 인정되는 거래, 대금결제 없이 물품등의 이동만 이루어지는 거래를 관리하기 위함이다.

1. 물품 형태

1) 유형무역

유형무역은 무역의 대상에 해당하는 물품등 가운데 형태를 갖추어 육안으로 확인할 수 있는 무역거래를 의미하며 일반적으로 물품(goods)의 무역거래를 유형무역으로 볼 수 있다. 즉 상품무역이다. 그리고 유형무역은 세관을 통과하기 때문에 무역통계에 나타난다.

2) 무형무역

무형무역은 무역의 대상에 해당하는 물품등 가운데 형태를 갖추지 않아 육안으로 확인할 수 없는 무역거래를 의미하며 용역, 전자적 형태의 무체물, 자본 등의 무역거래를 의미한다. 즉 서비스무역, 자본거래, 콘텐츠무역 등이 이에 해당한다. 그리고 무형무역은 수출입통계에는 나타나지 않으며, 대신 국제수지에서 그 규모를 확인할 수 있다. 특히, 용역이나 전자적 형태의 무체물은 외국환은행확인금액이 인정금액이 되며, 인정시점은 수출의 경우 입금일, 그리고 수입의 경우 지급일이다.

2. 거래 주체

1) 민간무역

민간무역(private trade)은 일반 민간기업이 주체가 되어 상대국의 무역회사와 직접 무역계약을 체결하고 거래하는 것을 말한다. 민간무역은 영리를 목적으로 한다.

2) 공공무역

공공무역은 공공기관이 출자하거나 직접 무역회사를 설립하여 무역거래의 주체가 되는 것을 말하며, 공익을 목적으로 하고 있다. 공공무역 가운데 국영무역(state trade)은 사회주의국가에서 국가의 통제하에 이행하는 무역거래를 의미하며, 정부무역(government trade)은 자본주의국가의 정부기관이 거래의 주체가 되는 무역을 의미한다. 특히 자본주의국가에서도 국가가 비상사태에 있거나 경제적 상황에 따라 필요한 경우 정부무역으로 무역을 진행할 수 있다.

3. 정부관리

1) 자유무역

자유무역(free trade)은 국가가 무역에 간섭, 관리 또는 규제를 하지 않는 무역이다. 즉 자유무역에는 무역거래나 외환거래 등에 대한 제재나 규제가 없다.

2) 보호무역

보호무역(protective trade)은 국가가 무역에 직접 또는 간접적으로 간섭, 관리 또는 규제하는 무역이다. 대부분 자국의 유치산업을 보호하기 위한 목적이 일반적이다.

3) 관리무역

관리무역(controlled trade)은 보호무역과 그 목적이 다소 다르다. 국가가 무역의 전체 또는 일부에 대하여 규제를 하고 민간 무역상들의 자유거래를 허가하지 않고 정부 또는 대행기관의 관리하에 두는 무역의 형태이다.

4) 협정무역

협정무역(trade by agreement)은 국가 상호 간에 무역 확대 또는 무역 균형을 유지하기 위해 무역거래에 대해 일정한 협정을 체결하고 이를 기준으로 거래하는 무역이다. 지역무역협정(Regional Trade Agreement, RTA)를 통해 체결되는 협정으로는 FTA, CEPA, EPA, SECA 등이 있는데 명칭의 차이는 존재하지만 국가별 또는 지역별로 체결되는 무역협정의 목적은 관세의 인하에 그 목적이 있으며 기본관세율보다 우선적용되어 무역의 장벽을 낮추는 효과가 있다.

4. 경제수준

1) 남북무역

남북무역(north-south trade)은 선진국과 저개발국 또는 개발도상국 간의 무역을 의미한다. 지리적으로 적도를 중심으로 북반구 국가들의 GDP 수준이 높으며 선진국들이 위치하고 있는 반면, 남반구에는 주로 저개발국들이 위치하고 있다는 점에서 붙여진 용어이다.

2) 남남무역

남남무역(south-south trade)은 저개발국가 또는 개발도상국 간에 발생하는 무역거래를 의미한다. 남북무역처럼 GDP에 따른 지리적인 이유를 근거로 사용되는 용어이다.

3) 동서무역

동서무역(east-west trade)은 사회주의제국(공산권, 동쪽)과 자본주의국가들(자유진영권, 서쪽) 사이에서 이루어지던 무역을 의미한다. 유럽을 중심으로 동쪽으로 당시 소련·중국 등 공산권 국가가 존재하고, 서쪽으로 미국 등 자유진영권이 위치하고 있는 데서 비롯된 말이다. 미국의 대공산권 금수정책과 동서무역은 1991년 소련의 붕괴와 더불어 대공산권 수출조정위원회의 해산으로 의미를 잃었다.

5. 물품생산단계

1) 수평무역

수평무역(horizontal trade)은 생산단계가 같거나 유사한 상품 간의 무역을 말한다. 일반적으로 선진공업국 사이에서 각기 자본량, 노동력, 기술수준 등의 생산요소 및 생활양식, 풍토, 상품의 기호에 따라서 생산한 동일 종류의 공산품의 상호무역을 의미한다. 수평무역의 예로는 협정무역 및 경제통합 등이 이에 해당한다.

2) 수직무역

수직무역(vertical trade)은 특정 산업의 생산단계에서 필요한 원자재, 중간재 그리고 부품 등을 국가 간 상호 수출입하는 것을 의미한다. 초기 수직무역의 개념은 선진국의 공산품과 개발도상국의 일차산품과 공산품의 거래를 주로 일컫는 말이었다.

하지만 오늘날에는 글로벌 공급망 관점에서 생산프로세스가 아닌 생산네트워크를 수직무역으로 보고 있다. 예를 들어 어떤 국가에서 부품을 생산하고 이를 다른 국가에 공급하여 완성품을 만드는 과정이 이에 해당한다. 수직무역에 해당하는 산업으로는 자동차산업, 전자제품산업, 의료기기산업, 의류산업 등이 대표적이다.

6. 매매 형태

1) 직접무역

직접무역은 수출입 양국의 무역거래당사자들이 직접매매계약을 체결하고 이행하는 것을 말한다. 주의할 점은 무역거래가 무역업자 사이에 발생하였는지 또는 대리인을 통해 이루어졌는지는 중요하지 않다. 대외적으로 직접 무역한 것을 의미한다. 참고로 직접수출은 수출에서 국가의 직접성이 아니라 무역거래당사자가 자기명의로 관할세관에 신고하고 선적하여 수출하고 수입하는 것을 의미한다.

2) 간접무역

간접무역은 직접무역과 대비되는 용어로 무역 당사국이 아닌 제3국의 무역상에 의뢰하여 수출입하는 무역을 말한다. 대표적인 형태는 중계무역, 중개무역, 스위치무역, 우회무역, 통과무역 등이 있다.

참고로 직접무역과 간접무역은 국가의 관점에서 구분한다면, 해외시장진출방법으로 구분하는 직접수출과 간접수출은 당사자의 관점에서 구분한다. 간접수출은 자기명의가 아닌 수출대행업자 또는 외국상인 등 제3자를 통하여 수출을 이행하는 것을 의미한다. 간접수출은 자기명의로 수출하지 않았지만 수출물품을 일정한 요건에 의해 수출업체에 공급하여 수출실적으로 인정받는 경우에도 사용될 수 있다.

(1) 중계무역

중계무역(intermediate trade) 이란 수출할 것을 목적으로 물품등을 수입하여 관세법 제154조에 따른 보세구역 및 같은 법 제156조에 따라 보세구역 외 장치의 허가를 받은 장소 또는 자유무역지역의 지정 등에 관한 법률 제4조에 따른 자유무역지역 이외의 국내에 반입하지 아니하고 수출하는 수출입을 말한다. 중계무역은 수출을 전제로 물품등을 수입하여 원상태를 변경시키지 않고 수출하여 가득액(수출 FOB 금액 - 수입 CIF 금액)을 얻게 된다. 따라서 인정금액은 가득액이며, 인정시점은 입금일이 된다. 그리고 중계무역은 대외무역관리규정에서 정의하는 특정거래형태의 수출입에 해당한다.

(2) 중개무역

중개무역(merchant trade)은 무역거래에 있어 매도인과 매수인 중간에 제3국의 중개업자가 개입하여 이루어지는 무역거래이다. 중개무역의 목적은 수출입을 통한 매매차익이 아니라 중개수수료이다.

(3) 스위치무역

스위치무역(switch trade)은 무역에서 무역계약과 상품의 수출입은 매매 당사자 간에 이루어지지만 대금결제는 제3국 또는 제4국 간의 상사회사를 통해 이루어지는 거래를 말한다.

(4) 우회무역

우회무역(roundabout trade)은 무역거래에 있어 수출입 상대국과의 직접적인 수출입의 형태를 취하지 않고 형식적으로 제3국에 반입하였다가 그곳에서 다시 수출입 상대국으로 화물을 보내는 무역거래방식을 말한다. 우회무역은 관세부담을 회피하거나 수출입통제제한을 회피하기 위한 목적으로 제3국에 반입되어 원산지가 변경된다.

(5) 통과무역

통과무역(transit trade)은 우회무역에서와 같이 제3국의 입장에서 보면 제3국을 이용하여 수출입되는 형태이기 때문에 통과무역이라고 한다. 통과무역에서 제3국은 단순히 경유지로서 역할을 하는 것이며, 통과세, 운송료, 보관료 등의 비용을 얻게 된다.

7. 가공방식

1) 위탁가공무역

위탁가공무역이란 가공임을 지급하는 조건으로 외국에서 가공(제조, 조립, 재생, 개조를 포함한다. 이하 같다)할 원료의 전부 또는 일부를 거래 상대방에게 수출하거나 외국에서 조달하여 이를 가공한 후 가공물품등을 수입하거나 외국으로 인도하는 수출입을 말한다. 위탁자 입장에서는 외국에서 가공 후 외국 또는 국내로 수출되는 것으로 판매액에서 원자재수출금액 및 가공임을 제외한 금액이 인정금액이 된다. 그리고 위탁가공무역은 대외무역관리규정에서 정의하는 특정거래형태의 수출입에 해당한다.

2) 수탁가공무역

수탁가공무역이란 가득액을 영수(領收)하기 위하여 원자재의 전부 또는 일부를 거래 상대방의 위탁에 의하여 수입하여 이를 가공한 후 위탁자 또는 그가 지정하는 자에게 가공물품 등을 수출하는 수출입을 말한다. 다만, 위탁자가 지정하는 자가 국내에 있음으로써 보세공장 및 자유무역지역에서 가공한 물품등을 외국으로 수출할 수 없는 경우 관세법에 따른 수탁자의 수출 · 반출과 위탁자가 지정한 자의 수입 · 반입 · 사용은 이를 대외무역법에 따른 수출 · 수입으로 본다. 인정금액은 수출통관액(FOB기준)이며, 신고수리일이 인정시점이 된다. 그리고 수탁가공무역은 대외무역관리규정에서 정의하는 특정거래형태의 수출입에 해당한다.

3) 보세가공무역

보세가공무역은 외국으로부터 원자재나 반제품을 수입할 때 관세가 유보된 상태에서 이를 국내에서 가공하거나 제품화하여 재수출하는 무역방식이다. 이러한 가공 및 생산활동은 보세공장에서 진행된다.

관세법에서 정의하는 보세공장이란 외국물품 또는 외국물품과 내국물품을 관세의 부담 없이 원료나 재료로 하여, 제조 · 가공, 기타 이와 유사한 작업을 할 수 있도록 세관장이 특허한 공장을 말한다. 관세가 유보된 상황이기 때문에 보세공장은 관세법상 외국으로 간주되며, 관세구역 내에 있는 물품도 외국물품으로 취급된다. 아울러 물품의 반출입 및 장치기간 등에 관해서는 엄격한 제한(1~3년)을 가하고 있다.

8. 판매방식

1) 위탁판매수출

위탁판매수출(consignment export trade)은 물품등을 무환으로 수출하여 해당 물품이 판매된 범위 안에서 대금을 결제하는 계약에 의한 수출을 말한다. 실무적으로 위탁판매계약체결 이후 수출승인과 통관이 진행되며, 판매된 것만 대금결제 후 위탁된 물품은 반송된다.

판매대금은 판매활동 이후 영수하며, 미판매물품은 재수입한다. 위탁판매수출을 통해 인정되는 수출금액은 수출통관액(FOB기준)이며 신고수리일이 인정 시점이 된다. 그리고 위탁판매수출은 대외무역관리규정에서 정의하는 특정거래형태의 수출입에 해당한다.

2) 수탁판매수입

수탁판매수입(consignment import trade)은 물품등을 무환으로 수입하여 해당 물품이 판매된 범위 안에서 대금을 결제하는 계약에 의한 수입을 말한다. 실무적으로 수탁판매계약체결 이후 수입승인과 통관이 진행되며 판매활동 이후 판매대금을 지급하며, 미판매물품은 재수출한다.

무환으로 수입되는 물품 가운데 판매된 것만 대금결제를 하며 인정되는 수입금액은 수입통관액(CIF 기준)이며, 인정시점은 신고수리일이다. 그리고 위탁판매수입은 대외무역관리규정에서 정의하는 특정거래형태의 수출입에 해당한다.

3) 보세창고도거래

보세창고도거래(bonded warehouse transaction, BWT)는 수출자가 자기책임하에 수입국의 보세창고에 사전매매계약이 체결되지 않은 채 물품을 수입국 내 보세창고에 무환으로 반입한 후 현지에서 수입자를 물색하여 매매계약을 체결하면 물품을 인도하는 방식이다. 이 경우 수입국 내에는 수출자의 지사 또는 별도의 대리인을 두어 판매하기 때문에 위탁판매방식이라고 할 수 있다. 따라서 BWT는 위탁판매수출의 변형된 형태이다.

4) 해외거점거래

해외거점거래(central terminal station, CTS)는 수출업자가 수입국의 인가를 받아 수입국에 법인을 설립하고 그 법인이 수입하여 거래하는 방식이다. 즉 현지에 설립된 법인은 법인의 명의로 수입하여 현지에서 직접 판매하고 판매된 범위 내에서 대금을 결제하는 거래를 말한다. 해외거점거래는 본지사위탁판매라고도 하며 위탁판매수입의 변형된 형태이다.

9. 임대차방식

1) 임대수출

임대수출이란 임대(사용대차를 포함)계약에 의하여 물품등을 수출하여 일정기간 후 다시 수입하거나 그 기간의 만료 전 또는 만료 후 해당 물품등의 소유권을 이전하는 수출을 말한다. 인정금액은 수출통관액(FOB기준)이며, 인정시점은 신고수리일이다. 그리고 임대수출은 대외무역관리규정에서 정의하는 특정거래형태의 수출입에 해당한다.

2) 임차수입

임차수입이란 임차(사용대차를 포함)계약에 의하여 물품등을 수입하여 일정기간 후 다시 수출하거나 그 기간의 만료 전 또는 만료 후 해당 물품의 소유권을 이전받는 수입을 말한다. 인정금액은 수입통관액(CIF기준)이며, 인정시점은 신고수리일이다. 그리고 임차수입은 대외무역관리규정에서 정의하는 특정거래형태의 수출입에 해당한다.

10. 연계방식

연계무역(counter trade)이란 물물교환(barter trade), 구상무역(compensation trade), 대응구매(counter purchase), 제품환매(buy back) 등의 형태에 의하여 수출 · 수입이 연계되어 이루어지는 수출입을 말한다.

즉, 수출한 만큼 수입하고 수입한 만큼 수출함으로써 수출과 수입을 서로 상쇄시키는 효과가 있다. 연계무역은 모두 수출통관액(FOB기준)을 인정기준으로하며, 인정시점은 신고수리일이다. 그리고 연계무역은 대외무역관리규정에서 정의하는 특정거래형태의 수출입에 해당한다.

1) 물물교환

물물교환(barter trade)은 하나의 계약서로 수출과 수입계약을 동시에 체결하고 환거래 없이 물품을 일대일로 교환하는 무역이다.

2) 구상무역

구상무역(compensation trade)은 하나의 계약서로 수출과 수입계약을 동시에 체결하고 환거래를 통해 물품을 교환하는 무역이다. 수입과 수출에 상응하는 물품에 대해 일정비율(10~100%)로 합의하여 통상 3년 이내 대응구매를 진행한다.

3) 대응구매

대응구매(counter purchase)는 두 개의 계약서로 수출과 수입계약을 각각 체결하고 환거래를 통해 물품을 교환하는 무역이다. 수입과 수출에 상응하는 물품에 대해 일정비율(10~100%)로 합의하여 통상 5년 이내 구상무역을 진행한다.

4) 제품환매

제품환매(buy back)는 플랜트 수출에서 주로 나타나는데, 플랜트나 기술을 수출한 수출업자는 해당 설비나 기술로 생산된 제품을 재구매하거나 해당 제품으로 수출대금을 상계하는 방식이다. 합의된 일정기간 동안 제품환매는 발생할 수 있다.

11. 인수도방식

1) 외국인수수입

외국인수수입이란 수입대금은 국내에서 지급되지만 수입물품등은 외국에서 인수하거나 제공받는 수입을 말한다. 즉 수입대금은 국내에서 지급하고 물품은 외국에서 외국으로 이동하는 경우이다. 인정금액은 수입통관액(CIF기준)이며, 인정시점은 신고수리일이다. 그리고 외국인수수입은 대외무역관리규정에서 정의하는 특정거래형태의 수출입에 해당한다.

2) 외국인도수출

외국인도수출이란 수출대금은 국내에서 영수하지만 국내에서 통관되지 아니한 수출 물품등을 외국으로 인도하거나 제공하는 수출을 말한다. 즉 수출대금은 국내에서 받고 물품의 이동은 외국에서 외국으로 이동하는 경우이다. 인정금액은 가공임을 제외한 외국환은행 입금액이며, 인정시점은 입금일이다. 그리고 외국인수수출은 대외무역관리규정에서 정의하는 특정거래형태의 수출입에 해당한다.

12. 환의 사용

1) 유환수출입

유환수출입이란 외국환거래가 수반되는 물품등의 수출 · 수입을 말한다.

2) 무환수출입

무환수출입이란 외국환거래가 수반되지 아니하는 물품등의 수출 · 수입을 말한다. 인정금액은 수출통관액(FOB기준)이며, 인정시점은 신고수리일이다. 그리고 무환수출입은 대외무역관리규정에서 정의하는 특정거래형태의 수출입에 해당한다.

13. 상표 사용

1) 상표수출

상표수출(original brand manufacturing, OBM)은 제조업자의 고유제품에 자사 고유상표를 부착하여 직접 수출하는 것을 말한다. 제품의 설계, 제조, 마케팅, 판매까지 모두 제조업체가 담당한다. OBM은 브랜드 소유권을 제조업체가 가지고 있기 때문에, 제품의 품질, 디자인, 마케팅 전략까지 전반적으로 관리할 수 있다.

2) 주문자 상표부착방식

주문자 상표부착방식(original equipment manufacturing, OEM)은 수입업자로부터 수출품의 생산을 주문받은 후 주문에 따라 생산된 제품에 수입업자의 상표를 부착하여 수출하는 것을 말한다. 즉, 판매회사가 제품 생산회사에 의뢰하여 생산된 반제품 또는 완제품을 납품받아 판매할 때 판매회사가 요구하는 상표로 출고하도록 하는 방식이다.

지적재산권보호, 제품차별화, 품질관리의 용이성, 브랜드성 강화 등의 장점이 있지만, 높은 개발비용과 제조 및 생산 위험, 그리고 대량생산을 위한 추가자본의 필요 등은 단점으로 작용한다.

3) 제조업자 개발생산방식

제조업자 개발생산방식(original development or desigin manufacturing, ODM)은 제조업자가 독자적 기술력을 가지고 제품을 직접 개발 · 생산한다. 즉, 주문자가 설계 · 개발 능력을 갖춘 제조업체에 제품의 생산을 위탁하면 제조업체는 이 제품을 개발 · 생산하여 주문자에게 납품하고, 주문업체는 이 제품을 유통 · 판매하는 형태를 말한다.

주문자는 제품 개발에 소요되는 시간과 비용을 절감할 수 있는 장점이 있다. 또한 업체의 전문성 활용 및 기존 생산라인 확보로 인한 대량 생산이 가능하다. 다만, 품질리스크, 제품차별성 약화, 지적재산권 문제 발생 가능성, 높은 제조업체 의존성 등이 단점이라고 할 수 있다.

14. 부품 및 반제품 수출방식

부품 및 반제품 수출방식(knock-down, KD) 또는 현지조립 수출방식은 수출을 할 때 완제품으로 수출하는 것이 아니라 완제품을 완성하기 위한 부품이나 반제품의 상태로 수출하여 수입지에서 제품으로 완성하는 현지조립방식의 수출을 말한다.

현지조립방식으로 수출하는 경우 부품이나 반제품의 상태로 수출하기 때문에 완제품에 대해 부과되는 수입국의 관세를 피할 수 있다는 이점이 있다. 자동차나 기계류 수출에서 많이 볼 수 있다.

완제품을 기준으로 부품의 조립수준(complete built unit, CBU)에 따라 CKD(complete knock down), SKD(semi knock down), 그리고 DKD(disassembled knock down)로 구분된다. 제품의 분해수준은 CKD가 제일 높고 SKD, 그리고 DKD 순이다.

분해수준에 따라 수입지의 적용관세율은 일반적으로 완성품이 제일 높고 다음으로 DKD, SKD, 그리고 CKD 순이며, 수입지의 고용효과는 CKD가 제일 높고 다음으로 SKD, DKD 순이다. 결과적으로 KD단계별로 현지에서의 부가가치활농이 높을수록 관세가 낮다.

1) 완전분해조립

완전분해조립(complete knock down, CKD)은 완제품을 기준으로 기본적인 부품을 그대로 수출하여 현지에서 조립하는 방식이다. CKD의 경우 현지에서 완성품을 만들 수 있는 공장이 필요하다.

2) 부분분해조립

부분분해조립(semi knock down, SKD)은 완제품을 기준으로 기본적인 부품으로 만든 일부 구성품이나 결합체와 나머지 부품을 수출하여 현지에서 조립하는 방식이다. 즉 반제품(assembly) 또는 공정품(work in process, WIP) 형태로 수출되기 때문에 CKD보다 완제품을 기준으로 덜 분해된 상태이다.

3) 역분해조립

역분해조립(disassembled knock down, DKD)은 수출국에서 완성품을 생산한 후 완성품의 일부나 다시 분해하여 SKD 형태로 수출하여 현지에서 조립하는 방식이다. SKD와의 차이점은 완제품을 다시 재분해하여 수출한다는 점이다. 현지에서는 완제품의 재조립활동이 필요하므로 단순조립공장만 있으면 완제품을 생산할 수 있다.

15. 플랜트 수출

플랜트 수출은 산업설비 수출을 말한다. 산업설비 수출은 산업설비에 대한 설계에서부터 산업설비의 시운전에 이르는 일체의 업무를 계약자가 전부 또는 일부 이행하는 방식으로 하드웨어와 기술, 노하우, 시공 등의 소프트웨어가 결합된 생산단위체의 종합수출을 말한다.

제2절

특정거래형태의 수출입

이상의 무역의 분류에서 유의해야 할 부분은 우리나라 대외무역법령에서 정의하고 있는 '대통령령으로 정하는 물품등의 수출입 거래 형태', 즉 특정거래형태의 수출입 유형(11가지)이다.

대외무역법에서 특정거래를 분류하는 이유는 대외무역법 시행령 제20조에서 설명하고 있는데 첫째, 국가에서 무역을 관리함에 있어서 수출입의 제한을 회피할 우려가 있는 거래, 둘째, 국내산업을 보호하는데 지장을 초래할 우려가 있는 거래, 셋째, 외국에서 외국으로 물품등의 이동이 있고, 그 대금의 지급이나 영수(領收)가 국내에서 이루어지는 거래로서 대금결제 상황의 확인이 곤란하다고 인정되는 거래, 그리고 마지막으로 대금결제가 없이 물품등의 이동만 이루어지는 무역거래를 관리하기 위함이다.

특정거래는 대외무역법 제13조에 근거하여 산업통상자원부장관이 물품등의 수출 또는 수입이 원활히 이루어질 수 있도록 대통령령으로 정하는 물품등의 수출입 거래 형태를 인정할 수 있도록 규정하고 있다. 즉 대외무역법 제11조(수출입의 제한 등)에 의하면 산업통상자원부장관은 필요하다고 인정되는 경우에 수출입을 제한하거나 금지할 수 있다고 규정하고 있다는 점을 유의해야 한다.

따라서 대외무역관리규정에서 대외무역법 시행령 제2조 제3호 나목 및 제4호 나목에서 언급한 '유상으로 외국에서 외국으로 물품을 인도(delivery)하는 것으로서 산업통상자원부장관이 정하여 고시하는 기준에 해당하는 것'과 '유상으로 외국에서 외국으로 물품을 인수하는 것으로서 산업통상자원부장관이 정하여 고시하는 기준에 해당하는 것'을 분류하면 다음과 같이 11가지의 특정거래형태의 수출입으로 분류할 수 있다. 대외무역법에서 분류하는 특정거래형태의 수출입은 총 11가지로 위탁판매수출, 수탁판매수입, 위탁가공무역, 수탁가공무역, 임대수출, 임차수입, 연계무역, 외국인수수입, 외국인도수출, 중계무역, 무환수출입이 이에 해당한다.

특정거래형태의 수출입 11가지 가운데 산업통상자원부장관의 인정 대상 특정거래형태는 중계무역과 무환수출이다. 나머지의 형태는 인정제외 대상 특정거래형태이다. 먼저 인정 대상에 해당하는 중계무역의 경우, 중계무역으로서 대금의 영수 및 지급을 하나의 외국환은행을 통하여 행하지 아니하는 송금방식의 거래와 선적서류를 하나의 외국환은행을 통하여 인수 및 송부하지 아니하는 거래를 말한다. 단, 수입대금결제은행이 수출대금 영수은행을 지정하고 수출대금 영수은행의 수출환어음 매입 사실을 관련 서류를 통하여 확인할 수 있는 경우에는 인정 없이 거래 가능하다. 다음으로 무환수출의 경우 신고가격 기준 미화 5만불 상당액 초과물품등을 수출승인서 면제에 해당하지 않는 사유로 무환수출(당해 거래의 전부 또는 일부가 무환수출과 상호 결합된 거래 포함)하는 거래이다. 단 위탁판매수출, 수탁판매수입, 위탁가공무역, 수탁가공무역, 임대수출, 임차수입, 연계무역에 해당하는 무역거래를 위한 무환수출은 제외된다.

특정거래인정의 경우 신청접수일로부터 7일 이내에 인정 여부를 산업통상자원부장관이 결정해야 한다. 그리고 수출입 인정의 유효기간은 인정(신고수리)일로부터 1년이며, 위탁판매수출, 위탁가공무역, 임대수출에 대한 건은 수출입통관일(신고수리일 기준)로부터 60일 이내에 산업통상자원부장관에게 보고해야 하는데 이를 '특정거래형태의 사후 수출입 보고'라고 한다.

하지만 최근 무역거래가 확대되고 종류가 다양해지며 무역의 투명성이 제고됨에 따라 무역의 환경 변화에 부합하기 위하여 우리나라에서는 2014년 9월부터 중계무역과 무환거래 등에 따른 인정, 신고, 그리고 허가 등의 의무사항이 없어졌다. 대외무역관리규정(2014)에서 기존의 조항을 삭제함에 따라 대외무역법에서 정의하고 있는 특정거래형태의 무역의 인정, 신고, 허가의 의무가 폐지되었다.

대외무역법 제13조에서는 특정거래형태를 정의하고 있으며 대외무역법 시행령 제20조(특정거래형태의 수출입 인정)에서는 수출과 수입의 제한을 회피할 우려가 있는 거래, 산업 보호에 지장을 초래할 우려가 있는 거래, 외국에서 외국으로 물품등의 이동이 있고, 그 대금의 지급이나 영수가 국내에서 이루어지는 거래로서 대금결제 상황의 확인이 곤란하다고 인정되는 거래, 대금결제 없이 물품등의 이동만 이루어지는 거래를 특정거래로 두고 관리하고 있다. 그리고 다른 행정규칙으로 대외무역관리규정 제21조는 특정거래형태의 수출입을 정의하고 있지만, 제22조와 제23조를 삭제함으로써 실질적으로 특정거래형태의 무역의 의무사항이 사라지게 되었다.

CHAPTER

03 무역계약

학/습/내/용

제1절 무역의 흐름

제2절 무역계약

제1절 무역의 흐름

1. 무역의 절차

무역은 크게 그 흐름에 있어 무역계약이 성립되기 전(前)과 후(後)로 구분할 수 있다. 절차나 단계가 정형화되어 있는 것은 아니지만, 무역을 처음 시작한다고 가정한다면 무역을 진행함에 있어 공통적으로 고민해야 할 부분과 함께 통상의 절차를 따르게 된다. 따라서 무역의 전체 흐름에 대해 앞서 언급한 것처럼 무역계약을 체결하는 시점을 기준으로 전과 후로 구분하여 접근한다면 단계별로 보다 명확하게 무역을 진행할 수 있다.

무역은 수입과 수출로 이루어져 있지만, 일반적으로 무역의 흐름은 수출자를 중심으로 기술되기 때문에 각 절차의 중심은 수출자의 관점에서 바라보는 것이 일반적이다. 본 장에서는 무역업자가 대리인을 이용하지 않고 직접 당사자로 시장이 개척되어 있지 않은 상태에서 해외시장조사를 통해 발굴한 거래당사자와 무역을 진행하는 관점에서 기술한다.

2. 무역계약 성립 전 절차

무역계약이 성립하기까지의 단계를 보면, 먼저 사업자등록증과 무역업고유번호(선택사항)를 보유한 매도인(수출자)의 주요 활동은 크게 거래권유 전 단계와 거래권유 후로 구분할 수 있다.

먼저 거래권유 전 단계는 1단계 무역품목 선정, 2단계 해외시장조사, 3단계 목적시장 선정, 4단계 거래처 선정, 그리고 5단계 거래권유 단계이다. 수출을 위한 품목을 선정하고 해외시장조사를 이행하여 구체적으로 목표시장에서 거래처를 선정하는 과정은 매우 광범위하며 포괄적이다. 한국은행(BOK), 한국무역투자신흥공사(KOTRA), 한국무역협회(KITA), 대한상공회의소(KORCHAM), 품목별 주요 협회, 해외민간네트워크 등 다양한 기관을 통하여 품목에 적합한 해외시장과 구매자를 확보할 수 있다. 특히 무역관의 경우 국가 차원에서 운영하는 해외무역관[1]뿐만 아니라 지방자치단체에서도 해외무역관과 유사한 기능을 하는 해외무역사무소 등을 운영하고 있다. 그리고 산업별, 품목별로 다수의 전시회(fair, exhibition 등), 박람회(exposition)가 개최되어 이를 통한 매도인과 매수인의 명단을 확보할 수 있다.

마지막으로 5단계는 거래의 권유이다. 구매자의 리스트가 확보되면 본격적으로 거래를 권유하는 단계이다. 수출자의 거래권유 또는 거래제의는 일반적으로 거래권유장(circular letter)을 통해 이루어진다. 오늘날 인터넷을 통한 전자메일의 보편화로 거래권유장 역시 과거 팸플릿(Pamphlet)이나 일방적인 우편이 아니라

1) 한국무역투자진흥공사(KORTA)는 전 세계 84개국에 10개 지역본부와 129개 해외무역관을 운영하고 있다. 2024년 기준 해외무역관은 Europe(24), China(21), Middle East(15), South East Asia(15), Central/South America(12), North America(10), CIS(10), South West Asia(9), Africa(9), Japan(4)에 위치하고 있다.

거래처 선정 과정에서 확보된 거래처 명단을 대상으로 전자메일을 통해 이루어진다. 하지만 매도인(수출자)이 거래의 유인에 해당하는 거래권유장을 잠재적 거래처에 발송한 이후 매수인(수입자)이 거래권유에 대한 아무런 반응이 없다면 무역은 더 이상 이루어질 수 없게 된다.

거래권유 후 단계는 매수인(수입자)이 매도인(수출자)의 거래권유장에 대해 처음으로 반응하는 단계이며, 매수인의 문의 또는 요청에 의한 거래조회(business inquiry)이다. 6단계 거래조회 단계를 거치면, 7단계 거래조회에 대해 매도인(수출자)의 회신(reply to inquiry)이 이루어진다. 거래조회 단계와 거래회신의 단계에서는 거래조건에 대한 구체적인 논의가 진행된다. 다만 이 단계에서는 법적 구속력이 작용하지는 않는다. 이와 동시에 8단계 매도인(수출자)은 매수인(수입자)의 신용조사를 상호 진행한다. 그리고 9단계 매도인(수출자)은 매수인(수입자)에게 청약한다.

9단계 청약은 일반적으로 원청약과 반대청약을 통해 최종 확정청약으로 진행되기까지 매도인(수출자)과 매수인(수입자)이 협상하는 과정으로 무역대상에 대한 거래조건(당사자 및 서명, 계약확정문언, 체결일/품질, 수량, 가격, 포장/선적, 결제, 보험/불가항력조항, 클레임조항, 중재조항/준거법 등)에 대한 합의를 이루는 과정이다. 다만 이 단계가 거래조회와 회신과 다른 점은 법적 구속력이 존재한다는 것이다.

청약에 대한 승낙이 이루어져서 최종적으로 합의를 이루게 되는 이 시점이 바로 10단계 매수인의 승낙으로 무역계약이 성립하는 단계가 된다. 즉, 매도인의 청약(selling offer)에 대한 매수인의 승낙(acceptance)으로 계약이 체결된 경우이다.

한편, 매수인(수입자)이 매도인(수출자)을 발굴하여 거래를 청약(buying offer)하는 것은 매수인의 청약(buying offer), 즉 주문(order)이 되며, 매도인의 청약서(offer sheet)가 바로 계약서로 사용될 수 있듯이 매도인의 주문승낙(acknowledgement)으로 주문서가 계약서를 대체할 수 있다. 특히 이러한 경우 사용되는 송장이 견적송장(proforma invoice, P/I)이다. 견적송장은 매수인(수입자)의 주문에 매도인이 확인한다는 의미로 견적송장을 작성 및 서명하게 되면 이 역시 계약서의 효력을 갖게 된다.

무역계약의 특성으로는 10단계 매도인(수출자)의 청약에 대한 매수인(수입자)의 승낙은 무역계약의 성립을 의미하지만, 무역계약이 선물거래를 기반하고 있기 때문에 합의내용은 문서화할 필요가 있다. 계약 성립 이후 무역계약을 이행하는 데 있어 당사자 간 합의내용을 최대한 성실하고 정확하게 이행하여 클레임이 발생하지 않기 위해서는 문서화된 계약서를 활용하는 것이 가장 현명하다.

참고로 계약서는 편지식과 표준식으로 구분하는데, 편지식은 당사자가 매도인과 매수인 2명인 경우 활용되며, 표준식은 계약당사자의 수가 많은 경우 활용된다.

[표 3-1] 무역계약체결 이전 단계

주체	내용
1단계 : 매도인	무역품목 선정
2단계 : 매도인	해외시장조사
3단계 : 매도인	목적시장 선정
4단계 : 매도인	거래처 선정
5단계 : 매도인	거래의 권유
6단계 : 매수인	거래조회
7단계 : 매도인	회신
8단계 : 매도인/매수인	상호 간 신용조사
9단계 : 매도인/매수인	청약(주문)
10단계 : 매도인/매수인	승낙(계약 성립)

3. 무역계약 성립 후 절차

계약의 성립 이후 매도인(수출자)의 경우 계약을 체결의 대상이 된 물품을 수출하기 위한 활동과 함께 대금수령을 위한 활동을 전개하며, 매수인(수입자)의 경우 무역계약의 반대급부로 대금결제와 함께 수입물품의 수령을 위한 활동을 전개한다. 무역계약 성립 후 절차는 은행의 신용을 이용한 대금결제인 신용장(매입방식)을 기초로 설명한다. 만약 신용장을 이용하지 않을 경우에는 무역의 절차가 상당부분 간소화된다.

먼저 1단계에서 매수인(수입자)의 경우 수입물품의 승인절차를 거쳐야 한다. HS(harmonized commodity description and coding system)[2] 코드를 확인하여 관련법령 등에 기초하여 품목별 수출입요령에 따라 수입승인을 진행한다. 특히 수입물품에 관한 통합공고를 확인하여 수입물품에 제한이 없는지 확인해야 한다. 수입승인은 수입승인신청서(import license)를 통해 진행한다.

참고로 수입승인은 대외무역법상 수출입공고(수출입 금지 및 제한)의 제한품목을 승인품목이라고 한다. 대외무역법에서는 기본적으로 수입자유화원칙(제10조)을 추구하지만, 한편으로 산업통상자원부장관은 헌법에 따라 체결 · 공포된 조약과 일반적으로 승인된 국제법규에 따른 의무의 이행, 생물자원의 보호, 교역상대국과의 경제협력 증진, 국방상 원활한 물자 수급, 과학기술의 발전 등을 위해 필요하다고 인정한 경우 물품의 수입을 제한하거나 금지할 수 있다는 수입의 제한(제11조)에 관해서도 기술하고 있다. 다만, 원료, 시설, 기재(機材) 등 외화획득을 위해 사용되는 물품등을 수입하는 경우 이 물품이 수입제한품목이라 할지라도 별도

2) HS 코드란 국제통일상품분류체계에 관한 국제협약(The International Convention on the Harmonized Commodity Dex-scription and Coding System, HS협약)에 따라 수출입 물품에 부여되는 상품분류 코드이다.

의 제한 없이 수입을 승인할 수 있다. 이러한 수입이 제한된 물품을 수입하기 위해서 승인을 받는 것이다. 승인품목의 경우 당해물품을 관장하는 기관에서 승인을 받아 수출입통관을 진행할 때 세관에 이를 제시하여야 한다.

매수인(수입자)의 수입승인신청 이후 2단계에서는 매수인(수입자)과 매도인(수출자)이 상호 체결한 무역계약에서 대금결제 수단으로 신용장을 이용하는 경우 매수인(수입자)이 신용장을 신청하는 단계이다. 단, 신용장을 이용하지 않는 경우에는 신용장 개설요청 없이 송금, 추심, 동시지급, 후지급 등 매도인과 매수인이 당사자가 되어 다양한 결제를 이용할 수 있다.

3단계에서는 매수인(수입자)이 신청하여 신용장개설은행이 발행한 신용장이 매도인(수출자)의 현지은행을 통하여 전달된다. 이때 신용장의 내도라는 표현과 함께 이를 알리는 은행이 통지은행이 된다. 매도인(수출자)은 무역계약체결 내용과 신용장의 내용이 완전히 일치하는지의 여부를 확인해야 한다. 무엇보다 신용장의 선적기한과 유통기한의 확인이 필수적이며, 서류제시기간 역시 확인해야 한다.

4단계에서는 매도인(수출자)이 수출승인을 이행하는 단계이며, 수출승인신청서를 통해 진행한다. 이를 위해 수출물품이 승인품목인지의 여부를 품목별 수출입요령을 통해 확인해야 한다. 요건확인대상은 통합공고 및 전략물자공고를 통해 진행한다.

5단계에서는 매도인(수출자)이 무역계약에 기초하여 대상 물품을 조달하거나 생산하여 선적을 준비하는 단계이다. 이 경우 수출물품과 관련하여 내국신용장과 함께 외화획득용 원료 및 물품등에 관한 구매확인서가 사용된다.

6단계에서는 가격조건(특히 인코텀즈)에 따라 운송계약과 보험계약을 책임당사자가 체결한다. 본 단계에서는 매도인(수출자)이 운송과 보험계약에 책임이 있는 경우 운송 및 보험계약을 매도인(수출자)이 체결하여 무역계약에 맞게 서류를 준비한다. 여기서 운송서류(선하증권 등)와 보험서류(보험증권 등)를 확보할 수 있다.

7단계에서는 매도인(수출자)이 수출신고와 함께 통관을 진행한다. 수출의 경우 일반적으로 수입신고보다 용이하게 수출신고를 진행할 수 있다. 이 과정에서 수출신고필증을 확보할 수 있다.

8단계에서는 체결된 운송계약을 기반으로 선적을 진행하여 운송계약의 증빙자료에 해당하는 선하증권 또는 운송장을 확보한다.

9단계에서는 신용장의 경우 신용장의 지급, 인수, 그리고 매입 중 해당하는 경우에 맞게 대금수령 및 대금결제를 진행한다. 대금결제를 통해 교환된 서류를 기반으로 매수인(수입자)은 화물을 인수한다.

마지막으로 10단계에서 매수인(수입자)은 인수된 화물이 보세구역을 통과할 수 있도록 수입신고와 관세납부를 이행하여 통관절차를 진행한다.

[표 3-2] 무역계약체결 이후 단계

주체	내용
1단계 : 매수인	수입승인
2단계 : 매수인	수입신용장 개설 및 통지
3단계 : 매도인	신용장의 내도 및 확인(L/C 기준)
4단계 : 매도인	수출승인
5단계 : 매도인	수출물품 확보(조달, 생산 등)
6단계 : 매도인	운송, 보험계약(CIF 기준)
7단계 : 매도인	수출신고 및 통관
8단계 : 매도인	선적
9단계 : 매수인	대금결제 및 물품인수
10단계 : 매수인	수입신고 및 통관

제2절

무역계약

1. 무역계약의 정의

무역계약은 국제적으로 이행되는 물품매매계약을 의미한다. 여기서 계약이란 일정한 채권관계의 발생을 목적으로 하는 당사자 간의 서로 대립되는 의사표시의 합치에 의하여 성립되는 법률행위이다. 따라서 물품매매계약은 물품을 대상으로 일정한 채권관계를 발생할 목적으로 당사자 간의 대치되는 의사의 합의에 의해 성립되는 계약이라고 할 수 있다. 주요 국가마다 물품매매계약에 대해서 정의하고 있다. 영국의 물품매매법(Sale of Goods Act, SGA)에서는 물품매매계약은 매도인이 금전의 대가를 받고 매수인에게 물품의 소유권을 이전하거나 하기로 약정하는 계약이라고 정의하고 있다. 미국은 통일상법전(Uniform Commercial Code, UCC)에서 매매는 대가를 받고 매도인으로부터 매수인에게 권리를 이전하는 것이라고 정의하고 있다. 우리나라에서는 민법 제563조에서 매매는 당사자 일방이 재산권을 상대방에게 이전할 것을 약정하고 상대방이 그 대금을 지급할 것을 약정함으로써 그 효력이 생긴다고 정의하고 있다.

각 나라마다 자국에서 정의하는 물품매매계약에 대한 정의는 결과적으로 같은 의미를 띠고 있다. 이에 여러 국가 간 발생하는 물품매매계약에 대해 국제법으로 규정한 것이 바로 국제물품매매계약에 관한 국제법(United Nations Convention on Contracts for the International Sale of Goods)이라고 할 수 있다. 약칭 CISG 1980가 바로 이에 해당한다. CISG 1980는 UN의 국제무역법위원회(UNCITRAL)가 제정하였으며 1988년부터 세계적으로 적용되었다. 우리나라의 경우 2005년부터 이 협약의 적용을 받고 있다. CISG 1980은 계약의 성립부터 총칙, 매도인과 매수인의 의무, 위험이전, 매도인과 매수인의 의무에 대한 공통규정 등에 관해 규정하고 있다. CISG 1980 외에도 국제무역에서 필요한 준거법들은 꾸준하게 제정되고 있다.

한편, 무역계약을 적용하고 해석하기 위해서는 법원(source of law)이 필요하다. 이러한 무역계약의 법원 가운데 가장 중요한 것은 바로 당사자의 약정이다. 무역거래는 개인 간의 문제이므로 사법의 분야에서 이루어지기 때문에 계약자유의 원칙이 기본적으로 적용된다. 따라서 당사자 간 합의된 내용은 법원 가운데 가장 우선 적용되며 사람들이 제정하거나 경험적 사실에 의거하여 형성된 실정법(조약, 상관습법)보다 우선 적용된다. 당사자의 약정 외에 무역계약의 법적 근거가 될 수 있는 것은 국제무역계약법, 무역클레임의 해결에 관한 법, 당사국의 국내매매법, 상관행, 성문화되지 않은 상관습법, 조리 등이 있다.

무역계약의 법원은 실무적 의미에서는 준거법이라고 할 수 있다. 준거법은 무역계약의 성립과 효력 등 제반 법률관계에 적용에 필요한 법이다. 이러한 준거법은 대부분의 국가에서는 주관주의에 입각하여 당사자의 합의에 의하여 지정하고 있다. 하지만 행위지법, 계약지법을 준거법으로 하는 국가도 있으며, 반대로 이행지법을 준거법으로 한다는 국가도 존재한다.

[표 3-3] 계약의 당사자[3)]

구분	수출자	수입자
무역거래	수출업자 exporter	수입업자 importer
매매계약	매도인 seller	매수인 buyer
신용장(L/C)	수익자 beneficiary	개설의뢰인 applicant
추심(collection)	추심의뢰인 principal	지급인 drawee
선하증권(B/L)	송화인 shipper, consignor	수화인 consignee
환어음(draft)	발행인 drawer	지급인 drawee

2. 무역계약의 특징

1) 유상계약

유상계약(remunerative contract)은 매도인이 계약내용을 이행하는 것에 대하여 상대 당사자인 매수인이 반대급부로 경제적 대가의 지급을 수반하는 약인(consideration)에 의한 계약을 의미한다.

원칙적으로 반대급부에 해당하는 경제적 대가의 지급을 수반하는 약인은 국제적으로 통용되고 있는 지급수단을 의미하지만, 물물교환과 같은 실물 역시 가능하다. 아울러 우리나라에서 규정하고 있는 특정거래 가운데 무환수출입의 경우에도 유상계약으로 보고 있다. 이러한 맥락에서 유상계약과 반대되는 계약은 무상계약이 된다.

3) URC 기준, 추심관계 당사자는 추심의뢰인(principal), 추심의뢰은행(remitting bank), 추심은행(collecting bank), 제시은행(presenting bank)이며, 지급인은 당사자에 포함시키지 않는다. 반면 신용장 거래에서는 발행은행, 발행의뢰인, 수익자가 당사자이다.

2) 쌍무계약

쌍무계약(bilateral contract)은 계약에 대해 당사자 모두가 각각 상대방에 대하여 대가적 의미를 지니는 채무를 부담하게 되는 계약을 말한다. 무역계약의 당사자를 보면 매도인의 경우 물품을 선적하여 수출해야 하는 의무가 있으며, 매수인의 경우 이에 대한 반대급부로 대금지급을 해야 하는 의무가 있다.

다시 말해 무역계약의 당사자는 모두가 준거법에 따라 법률적 관계가 있으며, 이러한 의무가 쌍방에 있기 때문에 쌍무계약이라고 할 수 있다. 한편 일방적인 의무부담으로 체결되는 계약은 편무계약이다.

3) 낙성계약

낙성계약(consensual contract)은 계약당사자 간의 계약체결에 대한 의사표시의 합치, 즉 합의만으로 성립되는 계약이다. 무역계약은 매매당사자의 일방의 거래제의에 대하여 상대방이 이를 승낙하기만 하면 거래목적물이 당장 존재하지 않더라도 계약이 성립된다.

이러한 낙성계약은 합의계약이라고도 하며, 요물계약과 구별된다. 요물계약은 합의와 함께 물건의 인도, 소유권의 이전과 같은 법률 사실이 없으면 성립되지 않는 계약이다.

4) 불요식계약

불요식계약(informal contract)은 계약 성립을 위해 특정의 방식을 요구하지 않는 계약이다. 무역계약은 반드시 서면에 의한 체결이 요구되지는 않는다. 여기서 특정의 방식은 계약서를 작성할 때 필요한 법정기재사항을 의미하므로 불요식계약의 경우 계약서를 작성할 때에 법정기재사항을 설정하지 않아도 된다. 그리고 구두청약(oral offer) 역시 상대방이 승낙하면 계약이 성립된다.

참고로 선하증권의 경우 만약 헤이그규칙을 따른다고 한다면 헤이그규칙에서 정하고 있는 내용을 반드시 선하증권에 표기해야 하므로 선하증권은 요식계약이 된다.

3. 무역계약서

무역계약 성립의 경우 무역계약의 흐름에서 당사자 일방의 거래제의에 대하여 상대방이 수락하면 성립한다. 즉, 합의가 되는 시점이 무역계약이 성립하는 시기이다. 무역계약은 그 특징에서 알 수 있듯이 불요식계약이므로 계약에서 발생하는 청약과 승낙 및 그에 관련된 여러 가지 의사표시, 계약 등의 법률행위에 대해 서면화할 필요는 없다.

하지만 미래에 발생할지 모르는 분쟁을 대비하여 서면화하는 것이 상호간의 분쟁을 피할 수 있는 방법이라고 할 수 있다. 다시 말해 무역계약은 불요식계약으로 다양한 방법으로 합의되지만, 실무에서는 당사자 간의 합의내용에 대한 확인과 향후 분쟁소지 예방을 위해서 몇 가지의 무역계약서류를 이용한다. 이때 거래 합의에 사용되는 서식은 낙성계약에 대한 확인차원의 서류이므로 반드시 사용되어야 하는 서식은 아니다. 즉, 거래의 속성에 따라 다양한 서식이 무역계약서의 성격을 가질 수 있으며, 이를 기반으로 정형화된 계약서를 작성할 수 있다. 일반적으로 무역거래에서는 매도확약서, 구매확약서, 오퍼장, 정형계약서, 일반무역조건협정서 등이 사용된다.

1) 매도확약서

매도계약서(sales note) 또는 주문승낙서는 매매계약이 성립하였을 때에 계약내용의 확인을 위하여 매도인(수출자)이 작성하는 서류로 매수인(수입자)에게 발송하여 확인을 요구한다. 일반적으로 매도확약서는 오퍼장(selling offer)으로 불린다. 일방이 발행한 오퍼장에 상대방이 서명할 경우 무역계약서로서의 역할을 한다. 오퍼장은 계약을 체결시킬 목적으로 청약자가 피청약자에게 계약의 일정조건을 기재한 후 확정적으로 의사를 표시하는 확정청약서이다. 매도인이 발행한 확정청약서에 매수인이 승낙의 의사표시를 서명하거나, 매수인이 발행한 확정청약서에 매도인이 승낙의 의사표시를 서명함으로써 이러한 서명된 확정청약서는 무역계약서로 이용된다.

한편, 구매확약서(purchase note)는 구매자가 청약을 할 때 사용하는 서식으로 buying offer가 된다. 매입확인서는 매매계약이 성립하였을 때에 계약내용의 확인을 위하여 매수인(수입자)이 작성하는 서류이다.

2) 양해각서

무역계약은 통상 협상과정을 거처서 의향서(Letter of Intent, LOI) 또는 양해각서(Memorandum of Understanding, MOU)을 통한 당사자들이 이해한 사항을 주고받은 후 계약서의 초안을 작성하여 검토 후 계약을 체결한다. 이 과정에서 의향서나 양해각서는 법적 구속력은 없다. 하지만 이 자체로 당사자 상호가 동의한다면 계약서로 사용할 수 있다.

3) 일반거래조건협정서

무역거래는 이국 간의 미이행조건부 매매이기 때문에 쌍방 간 관습상의 상이점을 조정해 놓을 필요가 있다. 일반거래조건협정서(Agreement of General Terms and Conditions of Business)는 법률과 관습이 서로 다른 국가들 간의 무역거래를 신속하게 하기 위하여 작성하는 것이다. 따라서 당사자 간에 거래관계의 개설에 합의가 이루어진 후 또는 청약과 승낙이 이루어진 후 장래의 거래를 보다 신속하게 그리고 오해나 분쟁을 방지하기 위해서 당사자 간의 장기적인 거래 또는 당해 계약에 적용될 일반거래조건에 관해 협성을 하게 되는데, 이를 일반거래조건협정이라 한다.

이 협정서에는 거래의 기본조건, 상품에 관한 기초조건, 매매계약에 관한 조건, 무역분쟁의 해결에 관한 조건 등을 주된 내용으로 한다. 매매계약의 기본조건인 품질, 수량, 가격, 인도, 결제 및 보험 동 여섯 가지 조건의 기초적인 협의 이외에 거래형태, 거래방법 내지는 절차, 그리고 분쟁이 생겼을 경우의 해결방법 등을 포함하고 있다.

일반적으로 일반거래조건협정서는 동일한 당사자가 동일한 물품을 반복적으로 거래하는 포괄계약에 주로 이용된다. 포괄계약은 무역거래를 체결하는 과정에서 있어서 동일한 당사자 간에 동일한 물품을 계속 반복적으로 거래하기 때문에 체결하는 계약으로 일반적인 거래조건에 대한 포괄적인 합의를 담은 계약서를 작성하며, 필요할 때마다 선적을 하는 방식의 무역계약 형태이다.

무역계약을 체결하기 위한 일반거래조건협정서에 포함되어야 할 조건으로 거래형태, 견본, 품질, 수량, 가격, 확정청약, 주문, 포장, 결제, 선적, 해상보험, 선적통지, 화인, 불가항력, 선적지연, 클레임, 중재, 재판관할, 거래조건, 준거법의 조항에 각 당사자 간 합의하여 해당 거래에 적합한 내용으로 작성하여 체결할 수 있다.

(1) 일반거래조건협정서 구성

일반적인 구성은 표제, 전문, 본문, 말미로 구성된다.

먼저 표제는 법적 효과를 가지고 있는 것은 아니지만 계약을 한번에 파악하기 쉽도록 하는 것이다.

전문에는 일반적으로 계약체결일자, 계약체결지, 당사자, 주소, 당사자의 약칭 등을 표시한다. 필요에 따라 설명조항(WHEREAS Clause) 및 약인을 추가하기도 한다. 보통 설명조항에 있어서는 당사자가 계약체결에 이른 경위나 당사자의 목적, 즉 주된 계약의 주된 내용의 개요를 기재하는 것이 관례이다. 원칙적으로 설명조항에 기재된 내용은 특별한 법적 효력을 갖지 아니하며, 따라서 계약내용에 영향을 미치지 아니한다.

설명조항 다음에는 관습적으로 대가의 존재를 확인하는 이른바 약인(約因)을 기재하는 것이 보통이다. 영미법상 약인이란 계약당사자로 하여금 계약을 체결하는 동기를 말한다. 약인은 계약의 원인으로서 당사자 일방에 발생하는 권리, 이익, 이득 또는 상대방이 부담하는 손실, 손해, 책임 등을 의미한다. 특히 영미법에서는 요식계약(Formal Contract) 이외의 계약(Simple Contract)에서는 약인이 존재하지 않으면 계약이 성립하지 아니한다.

전문 이후 본문에서는 계약서에 사용되는 용어의 정의와 함께 주된 계약내용 및 당사자의 권리의무와 함께 주요 조항으로 구성된다.

마지막으로 말미에서는 본문에 관한 기술이 끝난 다음 계약성립을 확인한다는 내용/계약서의 실질적 효력범위를 확정한다는 의미에서 중요/정당한 권한이 있는 대표자로 하여금 이 계약의 체결을 위하여 작성 · 서명하게 하였음을 표시하는 것이 일반적이다.

말미문언 뒤에는 계약내용을 보완하는 첨부서류등으로 계약내용을 보조하는데, 첨부서류등은 본 계약의 일부가 되거나 참고목적이나 관계서류로 계약조항의 일부로 포함되며, 법적 효력을 가진다.

[표 3-4] 일반거래조건협정서 구성

(1) 표제(Title)

(2) 전문(Nonoperative Part, Heading)

- 계약체결 일자(date)
- 계약의 당사자(parties)
- 계약체결지(place)
- 설명조항(recitals, whereas clause)
- 약인 문구(considering wording)

(3) 본문(Operative Part, body)

- 정의조항(definition)
- 주된 계약내용/계약당사자의 권리 의무
- 계약자체의 관리(housekeeping clause)
  * 계약기간/계약의 효력발생(period of agreement, duration, term)
  * 계약의 종료(termination)
  * 계약이 양도/수정/변경
  * 불가항력(force majeure)
  * 중재(arbitration)
  * 준거법(applicable law, governing law)
  * 재판관할(jurisdiction)
  * 통지(notice)방법
  * 다른 계약과의 관계(integration), 즉 완전조항(entire agreement)
  * 기타 조항

(4) 최부

- 말미문언(termination clauses)
- 서명/날인(signature, seal, attest)
- 첨부문서(annex, appendix, attachment, exhibit)

(2) 주요 조항

(가) 계약위반으로 인한 해제를 대비하는 조항

① 이행보증조항

이행보증조항(performance guarantees clause)은 계약위반으로 인한 해제를 대비한 조항으로 국제계약의 이행을 사전에 확보하여 계약체결을 원활히 하기 위해 은행 등 금융기관이 발행한 보증서 등을 이용한다는 조항이다. 지급보증서(Letter of Guarantee), 보증신용장(Stand-by Letter of Credit), 계약이행보증금(Performance Bond)이 이에 해당한다.

② 확정손해배상조항

확정손해배상조항(liquidated damages clause)은 계약위반으로 인한 해제를 대비한 조항으로 계약불이행 및 지연으로 발생할 손해액을 미리 예정하여 약정하는 조항이다. 계약불이행 및 지연 사실만 증명하면 손해발생 원인이나 손해액 범위의 입증 없이 손해예정액을 청구할 수 있는 약정이다.

③ 분리가능조항

분리가능조항(severability clause)은 계약내용의 일부가 어떤 사유로 실효 또는 무효화하더라도 그 계약 전체가 실효 또는 무효로 되는 것은 아니라, 다른 조항은 계속적으로 유효하다는 조항이다. 다만, 계약조항의 중요한 부분이 실효가 되는 때에는 계약 전부가 실효되는 경우가 있음을 유의해야 한다. 계약 전부가 실효되는 대표적인 예가 본질적 계약위반이다.

(나) 계약의 양도를 대비하는 조항

① 계약양도조항

계약양도조항(Assignment clause)은 제3자에 대한 계약의 양도제한을 설정하는 조항으로 영미계약법상 계약상의 권리 또는 의무는 당사자의 의사 또는 법률규정에 따라 일정한 조건하에 제3자에게 양도할 수 있다. 따라서 계약양도를 금지하려고 하는 때에는 그 뜻을 계약상에 명기해 두어야 한다.

(다) 면책 등을 위한 조항

① 불가항력조항

불가항력조항(Force Majeure clause)은 당사자의 책임으로 돌릴 수 없는 사유에 의해 사정이 현저히게 달리진 때에 계약조건 대로의 내용을 그대로 인정할 수 없기 때문에 계약을 소멸시킨다는 내용이다. 매매당사자의 귀책사유가 아닌 불가항력으로 인하여 계약내용을 이행하지 못한 경우에는 이를 계약불이행으로 보지 않고 그 당사자는 면책된다는 것과 불가항력의 정의 또는 예시 및 면책받기 위하여 그 당사자가 해야 하는 조치 등을 그 내용으로 한다. 매도자는 천재지변, 화재, 폭발, 파업, 직장폐쇄, 폭동, 소요, 동원령 선포, 전쟁 위협/존재, 봉쇄, 출항금지, 선박의 징발, 유행병, 본 계약 발효 이후의 관련 법령 개정, 수출입 허가 등 기타 매도자가 적절히 통제할 수 없는 원인에 의한 인도의 불이행이나 지연에 대하여 책임지지 아니한다.

② 사정변경조항

사정변경조항(hardship clause) 또는 이행가혹조항은 계약체결 당시에는 예기하지 못했던 경제적 또는 정치적 사태가 계약체결 후에 발생하여, 계약대로의 이행이 불가능하지는 않으나 현저하게 상업적으로 곤란해져 계약의 본질적 변경이 불가피해진 경우 당사자는 계약내용의 변경을 요구할 수 있고 그때에는 상대방은 반드시 이에 응해야 한다는 조항이다. 이와 같은 경우 채무이행이 불가능하지는 않으므로 채무이행을 바로 면제받는 것은 아니지만, 본래의 채무이행을 강제하게 되면 채무자로서는 큰 부담이 되고, 계약의 형평(衡平, fairness)이란 관점에서 부당하다. 또한 만약 이러한 경우에도 면책을 인정하지 않는다면 계약당사자는 계약체결 후 불확실한 사정변경에 따른 위험을 부담하지 않으려 함으로써 계약의 체결을 주저하게 될 것이다. 따라서 양 당사자 간에 있어서 사정변경에 따르는 위험을 고려하면서 현시점에서의 원활한 거래성립을 도모하기 위한 방법으로 생겨난 것이 사정변경조항이다.

③ 지연이행조항

지연이행조항(delayed performance clause)은 불가항력조항과 밀접한 관계에 있는 조항으로 불가항력에 의하여 계약이행이 이루어지지 못한 경우에는 그 이행기를 며칠간 연장한다는 것이다. 논의되어야 할 부분은 연장 기간 동안의 계약내용의 이행과 연장된 기간 이후 계약내용 이행을 인정할 것인가이다. 또한 연장 후에도 어떠한 사정으로 계약이행이 불가능한 경우까지 약정하는 조항이다.

④ 보상조항

보상조항(indemnification clause)은 어느 일방의 계약불이행이나 제3자에 대한 의무불이행으로 인한 손해에 대하여 배상할 것을 규정하는 조항이다. 경우에 따라서는 계약불이행에 따른 직접적인 피해뿐만 아니라 그 불이행에 따른 기대이익의 상실 등 간접피해까지 배상하도록 규정하는 때도 있다. 계약위반 내지 계약불이행에 대한 손해배상을 규정으로 CISG에서는 본질적 계약위반에 대한 매도인과 매수자의 권리와 의무를 통해 보상의 정도를 파악할 수 있다.

⑤ 비포기조항(non-waiver clause)

비포기조항(non-waiver clause)은 계약당사자의 일방이 일시적으로 계약조건 또는 계약상의 어떤 조항에 대한 이행청구를 하지 않았다 하더라도 이를 이유로 그 후의 동일 조항에 대해 이행청구권을 포기한 것으로 간주하거나 박탈할 수 없다는 조항이다. 영미법에서 당사자의 종전 행위 혹은 말과 상반되는 주장을 하거나 부인을 하지 못하도록 법으로 금지하고 있는 원칙을 "금반언의 원칙(estoppel by representation)"이라고 한다.

영미법에서는 해당 법리가 법영역에서 널리 적용되고 있기 때문에, 무역계약에서 특정조항에 대한 이행청구를 하지 않았다는 의미가 그 후에도 이행청구권을 포기한 것으로 간주될 수 있기 때문에 명확하게 비포기조항을 삽입할 필요가 있다.

⑥ 면책승인조항

면책승인조항(releases clause)은 계약만료 때 향후 어떤 법적 소송도 제기하지 않겠다는 약속으로 서구기업 사이에 일반화되어 있는 조항으로 계약서와는 별도로 계약해지 시 상대방으로부터 면책승인서를 받아 두는 것도 안전을 도모할 수 있다.

⑦ 신축조항

신축조항(escalation clause)은 가격조정조항으로 플랜트(산업설비)나 선박, 대형기계류처럼 공정에 장기간이 소요되는 물품의 경우 각종 원부자재의 가격상승에 대응할 수 있도록 가격의 변경(조정)을 허용하기 위한 조항이다.

⑧ 주권면제특권포기조항

주권면제특권포기조항(waiver of sovereign immunity)은 국가는 주권 행사보유권자를 이유로 타국의 소송에 응소하지 않을 권리가 있으며, 국가 자신이 부담하는 채권 또는 책임을 일방적으로 면제시킬 수 있는 특권이 있다는 내용이다. 따라서 국가 또는 정부기관과 체결하는 국가계약(state contract)의 경우에는 이러한 주권면제특권을 포기하고 완전히 사인과 동일한 지위에서 채무 및 책임을 부담하고 소송당사자가 되겠다는 것을 약정하는 주권면제특권포기조항을 명시해둘 필요가 있다.

⑨ 완전합의

완전합의(entire agreement clause)는 계약체결 이전단계에서의 그 계약과 관련된 의견교환/합의/약속 등은 정식으로 체결된 계약의 내용에 완전히 흡수통합되어 소멸하였으므로 그것과 계약내용이 상치되더라도 과거의 것을 주장할 수 없고, 오직 정식으로 체결된 계약내용만이 유효하다는 조항이다.

(라) 분쟁해결조항

① 분쟁조항

분쟁조항(claim clause)은 클레임의 제기절차와 방법 등을 정하는 조항이다.

② 준거법

준거법(Governing Law, Applicable Law, proper law)은 계약의 성립/이행/해석을 어느 나라 법에 따를 것인지를 정하는 조항으로 국제사법상 당사자자치의 원칙(principle of party autonomy)에 따라 외국적 요소를 갖는 법률관계에 적용될 준거법을 당사자가 스스로 정할 수 있다. 따라서 당사자 합의로 준거법은 자유롭게 선택할 수 있기 때문에 계약과 관련이 없는 나라의 법률을 준거법으로 지정할 수도 있다.

③ 재판관할조항

재판관할조항(jurisdiction clause)은 계약서에 중재조항이 없는 경우 재판에 의해 분쟁을 해결할 때 재판관할을 정하는 조항이다. 재판관할 또는 관할권은 재판을 어느 법원에서 할 것인가를 정하는 것을 의미한다. 계약서상에 무역분쟁과 관련하여 조정이나 중재를 합의한 경우라도 조정과 중재의 범위 외의 분쟁사항은 재판으로 진행할 수 있다. 이러한 경우 중재랑 달리 소송에 의한 판결을 타국에서 집행하기 위해서는 그 국가의 사법권에 의한 심사가 필요하다. 그리고 소송으로 판결이 나서 집행하기 위해서는 해당 법원의 관할범위여야 하기 때문에 통상 피소자의 국가의 관할법원을 재판관할로 지정한다.

④ 중재조항

중재조항(arbitration clause)은 계약상의 분쟁을, 국가재판소의 재판에 의하지 않고, 중재판정에 의하여 해결하기로 하는 당사자 간의 합의를 기재한 조항이다. 중재조항에서는 중재장소와 중재관할을 명확하게 해야 분쟁관할 문제가 발생하지 않는다. 이외 중재에 회부될 사항, 중재기관, 중재절차 등을 명기한다. 중재판정은 뉴욕협약에 의해 다른 가입국에서의 강제집행이 가능하며, 해당 중재기관이 권장하는 중재조항을 계약서에 기재하는 것이 안전하고 확실하다. 참고로 뉴욕협약은 2024년 3월 기준 172개국(UN 193개국 중 169개국)이 가입하고 있다.

(마) 특별 의무부여 조항

① 권리침해조항

권리침해조항(infringement clause)은 매수인이 제공한 규격에 따라 매도인이 물품을 생산하여 매수인에게 인도한 경우에는 그 생산으로 인하여 제3자의 산업재산권(산업소유권) 내지 지적재산권(지적소유권)을 침해하게 된 경우에는 그로 인한 모든 책임은 매수인이 부담하며 매도인에게는 아무런 피해를 주어서는 안 된다는 조항이다. 반대로 상표도용과 같은 지적소유권의 침해가 발생되거나 모조품이 인도된 경우에는 매수인이 예상치 못한 손해를 입을 수 있다. 이러한 경우에 대비하기 위하여 매도인이 모든 책임을 지고 매수인에게는 아무런 피해도 주지 않도록 해야 한다는 조항을 계약에 포함시키기도 한다.

② 제조물배상책임조항

제조물배상책임조항(product liability clause)은 제조/판매된 물품이 소비자나 기타의 제3자의 신체 또는 재산에 손상 또는 손해를 발생시킨 경우에 그 제조자/수출자/수입자/판매 내지 유통자/원자재나 부품의 생산자 등 여러 사람에게 제조물배상책임(product liability, P/L)을 물을 수 있으므로, 이러한 책임을 매도인과 매수인 가운데 누가 부담할 것인가를 약정하는 조항을 말한다.

③ 비밀유지조항

비밀유지조항(confidentiality clause)은 거래 과정에서 알게 된 비밀정보를 누설하거나 도용해서는 안 된다는 조항(모든 계약에 명시될 필요가 있음)이다. 비밀은 기술적 지식, know-how, 자료, 영업비밀 그리고 재무상태, 제조공정, 원부자재, 제품의 규격과 디자인, 제조, 판매 등에 관련된 기타의 정보를 의미하여, 그 포괄

범위가 방대하다.

④ 보증면책조항

보증면책조항(warranty disclaimer clause)은 보증조항과는 반대의 개념이다. 물품의 품질, 안정성 또는 기능에 대해 보장하는 조항이 보증조항이라면, 보증면책조항은 명시적으로 약속한 것 이외 통상적으로 요구되는 정도의 품질, 안정성 또는 기능이라고 하더라도 보증하지 않는다는 내용을 명시한 조항이다.

⑤ 통지

통지(notice)는 당사자 간의 의사표시, 보고, 협조요구 등이 당사자의 의무로 규정되거나 계약상 효력발생의 전제조건으로 약정되거나, 그 외에도 당사자 간 상호 통지할 필요성이 많으므로 계약당사자 간에 실시할 통신연락의 장소, 방법, 효력발생시기에 관하여 명시해두는 조항이다.

[표 3-5] 일반거래조건협정서 예시

This agreement entered into between the TAHI CO., INC., Shanghai, China.(hereinafter called the buyer), and the KEIMYUNG CO., INC., Daegu, Korea. (hereinafter called to as the seller) witness as follows;

본 협정서는 중국 상해 소재의 TAHI상사(이하 매수인이라 칭함)와 한국 대구 소재 계명상사(주)(이하 매도인이라 칭함)와의 사이에 체결된 것으로서 다음과 같이 협정한다.

(1) BUSINESS : Both sellers and buyer act as principals and not as agents.

(1) 거래형태 : 거래는 매매당사자 모두 본인 대 본인으로 하며 대리인으로 하는 것이 아니다.

(2) SAMPLES : In case shipment samples be required, the seller shall forward them to the buyer prior to shipment. The seller is to supply the buyer with the sample free of charge.

(2) 견본 : 매도인은 매수인에게 무료로 견본을 제공한다. 선적품의 견본이 필요할 때에는 매도인은 그와 같은 견본을 선적전에 매수인에게 송부하도록 한다.

(3) QUALITY : The quality of the goods to be shipped should be about equal to the sample on which an order is given.

(3) 품질 : 선적상품의 품질은 발주의 기초가 된 견본과 대체로 일치해야 한다.

(4) QUANTITY : Weight and quantity determined by the seller, as set forth in shipping documents, shall be final.

(4) 수량 : 중량 및 수량은 운송서류에 기재된 것으로 한다.

(5) PRICES : Unless otherwise specified, prices are to be quoted in U.S. Dollars on C.I.F. Shanghai, China. basis.

(5) 가격 : 가격은 별도로 정한 경우를 제외하고는 CIF Shanghai, China. 조건으로 미달러로 견적한다.

(6) FIRM OFFERS : All firm offers are to remain effective for three days including the day cabled. Sundays and national holidays shall not be counted as days.

(6) 확정청약 : 모든 확정청약은 타전일을 포함하여 3일간 유효한 것으로 한다. 다만 일요일과 국경일은 제외된다.

(7) ORDERS : Except in cases where firm offers are accepted all orders are to be subject to the seller's final confirmation.

(7) 주문 : 확정청약을 인수한 경우 이외의 모든 주문은 매도인의 최종확인을 필요로 한다.

(8) PACKING : Wooden case packing for export is to be carried out, each case bearing the mark TAHI with port mark, running case numbers, and the country of origin.

(8) 포장 : 수출용 목재상자로 포장하고 각 상자에는 화인으로서 TAHI 마크, 도착항 표시, 상자 일련번호 및 원산지를 기입해야 한다.

(9) PAYMENT : Draft is to be drawn at 30d/s for the full invoice amount under Irrevocable Letter of Credit which should be opened in favor of seller immediately documents attached, namely, Bill of Lading, Insurance Policy, Commercial Invoice and other documents which each contract requires.

(9) 결제 : 환어음은 매매계약체결 직후에 매도인을 수익자로 하여 개설되는 취소불능신용장에 의거하여 송장금액에 대하여 일람 후 30일불로 발행한다. 또한 운송서류 일체, 즉 선하증권, 보험증권, 상업송장 및 매매계약에서 요구하는 기타 서류를 첨부한다.

(10) SHIPMENT : Shipment is to be made within the time stipulated in each offer. The date of Bill of Lading shall be taken as conclusive proof of the day of shipment. Unless expressly agreed upon, the port of shipment shall be at the seller's option.

(10) 선적 : 선적은 각 계약에서 정해진 기일 이내에 한다. 선하증권의 발행일을 선적일로 간주하고 별도 합의가 없는 한 선적항은 매도인이 임의로 선택한다.

(11) MARINE INSURANCE : All shipments shall be covered on All Risks including War Risks and S.R.C.C. for the invoice amount plus 10 (ten) percent. All policies shall be made out in U.S.Dollar and claims payable in Shanghai.

(11) 해상보험 : 모든 선적품은 송장금액의 110%를 보험금액으로 하여 전쟁위험과 파업위험을 특약한 전위험 담보조건으로 부보한다. 모든 보험증권에 금액표시는 미국달러화로 표시하고 상해지급으로 작성한다.

(12) SHIPPING NOTICE : Shipment effected against the contract of sale shall be immediately noticed by fax.

(12) 선적통지 : 매매계약에 의해 행한 선적은 즉시 팩스로 통보한다.

(13) MARKING : All Shipments shall be s arranged otherwise.

(13) 화인 : 모든 선적화물에는 약정한 대로 화인을 표시한다.

(14) FORCE MAJEURE : The seller shall not be responsible for the delay in shipment due to force majeure, including mobilization, war, strikes, riots, civil commotion, hostilities, blockade, requisition of vessels, prohibition of export, fires, floods, earthquakes, tempest and any other contingencies, which prevent shipment within the stipulated period. In the event of any of the aforesaid causes arising, documents proving its occurrence or existence shall be sent by the seller to the buyer without delay.

(14) 불가항력 : 매도인은 불가항력으로 인한 선적지연에 대하여 책임을 지지 않는다. 불가항력에는 동원, 전쟁, 파업, 폭동, 소요, 적대행위, 봉쇄, 선박의 징발, 수출금지, 화재, 홍수, 지진, 폭풍우 및 그 밖에 지정기일까지 선적을 불가능하게 하는 우발적인 사고를 포함한다. 이상과 같은 사유가 발생한 경우에는 매도인은 그와 같은 사유의 발생이니 존재를 증명하는 서류를 지체 없이 매수인에게 송부한다.

(15) DELAYED SHIPMENT : In all cases of force majeure provided in the Article No.11 the period of shipment stipulated shall be extended for a period of twenty one (21) days. In case shipment within the extended period should still be prevented by a continuance of the causes mentioned in the Article No.11 or the consequences of any of them, it shall be at the buyer's option either to allow the shipment of late goods or to cancel the order by giving the Sellers the notice of cancellation by cable.

(15) 선적지연 : 제14조에 열거한 모든 불가항력인 경우에는 선적기일이 21일간 연장된다. 연장된 선적기일까지도 제14조의 사유가 계속되거나 또는 그 결과로서 선적이 불가능할 경우에 매수인은 선적지연을 허락하거나 또는 전보로 매도인에게 취소통지를 함으로써 주문을 취소할 수 있는 선택권을 가진다.

(16) CLAIMS : Claims, if any, shall be submitted by cable within fourteen (14) days after arrival of goods at destination. Certificates by recognized surveyors shall be sent by mail without delay.

(16) 클레임 : 클레임은 상품이 목적지에 도착한 후 14일 이내에 제출한다. 그리고 지체 없이 신용 있는 감정인의 증명서를 우송한다.

(17) ARBITRATION : All claims which cannot be amicably settled between sellers and buyers shall be finally settled by arbitration in Seoul, Korea in accordance with the Commercial Arbitration Rules of the Korea Commercial Arbitration Board and under the Laws of Korea.

(17) 중재 : 매매당사자 간에 원만한 해결이 되지 않는 모든 클레임은 대한민국 서울특별시에서 대한상사중재원의 상사중재규칙 및 대한민국법에 따라 중재에 의하여 최종적으로 해결한다.

(18) JURISDICTION : The award rendered by the arbitrator shall be final and binding upon both parties concerned.

(18) 재판관할 : 중재인의 판정은 최종적인 것으로 당사자 쌍방에 대하여 구속력을 가진다.

(19) TRADE TERMS : Unless specially stated, the interpretation of trade terms under this contract shall be governed and interpreted by the Incoterms 2020.

(19) 거래조건 : 별도로 정한 경우를 제외하고는 이 계약의 거래조건의 해석은 최신 Incoterms 2020에 준거한다.

(20) GOVERNING LAWS : This agreement shall be governed as to all matters including validity, construction, and performance under and by United Nations Convention on Contracts for the International Sale of Goods(1980).

(20) 준거법 : 본 계약의 유효성, 성립 및 이행에 관한 모든 사항에 대하여 유엔국제물품매매협약(1980)에 준거한다.

4. 청약

청약이란 매매거래의 조건을 구체적으로 상대방에게 제시하면서 그러한 조건으로 물품을 판매 또는 구매하겠다는 제의를 의미하며, 피청약자의 승낙이 있으면 계약을 체결하겠다는 의사표시이다.

무역계약은 불요식계약의 속성이 있다. 따라서 서면이든 구두든 의사표시를 하여 계약이 성립되지만, 계약 이후 발생할 수 있는 분쟁에 대비하기 위하여 서면으로 작성하는 것이 일반적이다.

[표 3-6] 청약의 기준

CISG 제14조(청약의 기준)
(1) 1인 이상의 특정한 자에게 통지된 계약체결의 제의는 그것이 충분히 확정적이고 또한 승낙이 있을 경우에 구속된다고 하는 청약자의 의사를 표시하고 있는 경우에는 청약으로 된다. 어떠한 제의가 물품(goods)을 표시하고, 또한 그 수량(quantity)과 대금(price)을 명시적 또는 묵시적으로 지정하거나 또는 이를 결정하는 규정을 두고 있는 경우에는 이 제의는 충분히 확정적인 것으로 한다.
(2) 1인 이상의 특정한 자에게 통지된 것 이외의 어떠한 제의는 그 제의를 행한 자가 반대의 의사를 명확히 표시하지 아니하는 한, 이는 단순히 청약을 행하기 위한 유인으로만 본다.

청약서에는 보통 청약자(offeror)와 피청약자(offeree)의 상호와 주소가 기재되며 이외 연락처 등이 청약서 머리말로 표시된다. 그리고 물품에 대한 명세, 즉 품명, 규격, 소재, 용도 등 품질과 관련한 내용이 기재된다. 또한 수량, 단가, 금액과 함께 기타 매매조건(선적, 보험, 화인 등)이 표시되며, 발행일자와 유효기간(승낙기간), 그리고 서명이 포함된다.

1) 청약의 종류

청약은 발행주체에 따라 일반적으로 매도인이 이행하는 판매청약(selling offer)을 의미하며, 반대되는 개념은 매수인이 발행하는 매수 또는 구매청약(buying offer)으로 주문(order)이 된다.

구속력에 따른 청약은 확정청약(firm offer)과 불확정청약(free offer)이 있다. 확정청약은 일단 발행되어 법률상 효력이 발생되면 당사자는 이에 구속되어 그 유효기간 내에는 그 내용을 변경하거나 취소할 수 없는 청약이 된다. 무역계약당사자가 청약과 승낙을 통해 합의된 청약서는 확정청약인 것이다. 반대로 불확정청약은 구속력이 없으며, 단순한 제안의 성격이다. 따라서 피청약자가 승낙을 하여도 무역계약은 성립하지 않는다. 하지만 피청약자가 승낙한 이후 청약자의 최종확인(offeror's final confirmation)이 있으면 계약이 성립된다.

보통 확정청약은 유효(승낙)기간이 제시되어 있지만, 불확정청약은 기간이 제시되어 있지 않다. 하지만 유효기간이 표시되어 있더라도 청약의 조건 변경이 가능하다는 표현이 있다면 불확정청약이 된다. 반대로 유효기간이 없더라도 확정적인 표현(firm, irrevocable)이 있다면 확정청약이 된다.

이외 불확정청약의 성격을 가지고 있지만, 그렇게 볼 수 없는 특수한 확정청약이 존재한다. 먼저 무확약청약(offer without engagement)은 제시된 거래조건 가운데 특히 가격이 언제든지 사전통고 없이도 변경될 수 있음을 나타내는 유동적 조항이 포함된 청약이다. 불확정청약처럼 인지되지만, 이를 승낙하면 청약자의 최종 확인 없이 그것만으로 계약이 성립하도록 되어 있다. 특히 가격변동이 심한 물품에 대해 사용된다. 재고잔류조건청약(offer subject to being unsold)은 청약이 승낙되었지만 물품의 재고가 있어야만 계약이 성립한다는 청약으로 선착순판매조건청약(offer subject to prior sale)이라고도 한다. 점검후구매조건청약(offer on approval)은 청약과 함께 물품을 송부하여 피청약자가 이를 점검해 본 후 구매할 의사가 있다면 대금을 지급하고 아니면 반품하도록 하는 청약이다. 반품허용조건청약(offer on sale or return)은 청약과 함께 대량의 물품을 송부하여 피청약자가 이를 판매하며, 판매되지 않은 물품은 반품이 허용되도록 하는 청약이다. 확인조건부청약(subject to confirmation offer)은 피청약자가 승낙을 하여도 그것만으로 계약이 성립하는 것이 아니며, 청약자의 최종 확인이 있어야 계약이 성립되는 청약이다. 확인조건부청약은 불확정청약과 유사해 보이지만, 유효기간이 존재하며, 제시된 매매조건이 임의로 변경 또는 취소불가능하다는 점에서 확정청약의 성격을 가지고 있다.

한편 반대청약(counter offer)은 피청약자가 청약의 내용 일부를 변경해서 원래의 청약자에게 반대로 청약을 하는 것이다. 반대청약을 하게 되면 원래의 청약자와 피청약자가 바뀌게 된다. 따라서 원 청약은 법률상 효력을 상실하게 된다. 피청약자가 청약의 내용을 부가(addition)하거나, 제한(limitation) 또는 변경(modification)을 한 후 승낙한 경우에는 원청약서가 아닌 반대청약을 구성하게 되는 것이다.

2) 청약의 효력

청약의 효력발생 시점은 청약의 성립, 철회 그리고 변경 또는 취소와 관련되어 매우 중요한 사안이다. 비엔나협약에서는 도달주의를 채택하고 있는데, 여기서 도달한다는 것은 피청약자에게 청약서가 전달되는 것을 의미한다. 전달되는 방법은 구두 또는 기타의 방법으로 직접 상대방에게 전달하는 것, 상대방의 영업소나 우편주소 또는 그러한 곳이 없는 경우에는 상주주소로 전달되는 것을 말한다. 대륙법, 영미법, 우리나라 민법 등 대부분의 국가에서는 도달주의를 채택하고 있다.

참고로 표백주의, 발신주의, 도달주의, 요지주의 등의 효력발생시기가 있다. 표백주의는 의사표시가 그 표의자가 그 내용을 명백히 표시한 때로부터 발생한다는 것으로 이러한 견해는 의사표시를 했는지의 여하를 밝힐 수 있는 객관적 입증수단이 없기 때문에 매매거래에서는 채택되지 않고 있다. 발신주의는 의사표시가 상대방에게 발송된 때로부터 효력이 발생한다는 견해이다. 도달주의는 의사표시가 상대방에게 전달(도달)된 때로부터 효력이 발생한다는 견해이다. 요지주의는 상대방이 의사표시의 내용을 알게 된 때로부터 효력이 발생한다는 견해이다. 이는 표백주의와 유사하게 상대방이 의사표시를 알았다는 것을 객관적으로 증명하기 힘들기 때문에 매매거래에서 채택하지 않고 있다.

3) 청약의 취소

청약의 취소와 관련하여 비엔나협약에서 청약은 유효기간이 정해져 있거나 기타 방법으로 취소불능임이 표시된 경우에는 청약의 취소가 불가능하다. 그리고 유효기간이 설정되어 있지 않거나 취소불능임이 표시되지 않은 경우에는, 상대방이 승낙의 의사를 발송하기 전에 청약자의 청약취소 의사가 먼저 상대방에게 도달한 때에 한하여 취소가 가능하다.

참고로 의사표시를 실효시키는 행위에는 철회와 취소가 있다. 철회(withdraw)는 어떤 의사표시의 효력이 발생되기 전에 또는 그 의사표시로 인하여 당사자 사이에 권리의무가 발생되기 전에 그 표의자가 임의로 그 효력을 발생하지 못하게 하는 것이다. 반면, 취소(revocation, cancellation)는 의사표시의 효력이 발생된 후에 일정한 취소원인에 의하여 그것을 소급적으로 실효시키는 행위이다. 우리나라 민법에서는 취소의 원인으로 행위무능력자, 착오로 인한 의사표시, 사기나 강박에 의한 의사표시를 그 원인으로 인정하고 있다.

[표 3-7] 청약의 취소와 거절

CISG 第16条(청약의 취소)
(1) 계약이 체결되기까지는 청약은 취소될 수 있다. 다만, 이 경우에 취소의 통지는 피청약자가 승낙을 발송하기 전에 피청약자에게 도달하여야 한다. (2) 그러나 다음과 같은 경우에 청약은 취소될 수 없다. (a) 청약이 승낙을 위한 지정된 기간을 명시하거나 또는 기타의 방법으로 그것이 철회불능(irrevocable)임을 표시하고 있는 경우, 또는 (b) 피청약자가 청약을 취소불능이라고 신뢰하는 것이 합리적이고, 또 피청약자가 그 청약을 신뢰하여 행동한 경우.
CISG 第17条(청약의 거절)
청약은 그것이 취소불능한 것이라도 어떠한 거절의 통지가 청약자에게 도달한 때에는 그 효력이 상실된다.

4) 청약의 소멸

청약의 효력 소멸원인은 첫째, 청약의 거절, 둘째, 청약의 철회와 취소, 셋째, 유효기간의 경과가 있다. 청약의 거절은 피청약자가 청약을 거절한 경우로 그 청약은 효력을 잃게 된다. 청약의 거절은 거절통지가 청약자에게 전달되었을 경우이다. 한편 청약을 받고도 침묵하거나 아무런 행위도 하지 않는 것은 청약의 승낙으로 보지 않는다. 따라서 유효기간의 경과로 청약의 효력은 상실하게 된다.

청약의 철회와 취소는 앞서 언급한 것과 같다. 유효기간의 경과는 청약에 유효기간 또는 승낙기간이 설정된 경우이며 그 기간이 경과될 때까지 아무런 반응이 없다면 그 청약은 효력을 상실하게 된다. 우리나라 민법에서 승낙기간을 정하지 않은 계약의 청약은 청약자가 상당한 기간 내에 승낙의 통지를 받지 못한 때 그 효력을 잃는다고 정하고 있다.

한편 유효기간이 명시된 경우(예컨대 This offer shall remain effective until August 10, 2024.)에는 큰 문제가 없지만, 유효기간 산정이 애매한 경우(예컨대 This offer shall valid for 10 days.)에는 기산일을 산정하는 방법이 있다. 우편의 경우 청약서에 표시된 날이며, 표시된 날이 없는 경우에는 우편봉투의 표시된 날로부터 산정한다.

전자메일의 경우에는 발송일을 기준으로 한다. 동시적 통신수단의 경우 피청약자에게 도달한 때부터 산정한다. 아울러 일수계산에서 공휴일, 휴무일도 일수계산에 포함된다. 하지만 유효기간의 만료일이 청약자의 영업소의 소재지에서 공휴일이나 휴무일일 경우에는 다음 최초 영업일로 연장된다.

5. 승낙

1) 승낙

승낙은 청약의 내용에 동의하여 계약을 성립시키겠다는 의사표시이다. 대부분의 경우 청약에 대한 상대방의 승낙으로 무역계약은 성립된다. 일반적으로 청약에 대한 승낙은 동의의 의사표시가 청약자에게 도달한 때에 그 효력이 발생한다. 구두의 청약은 별도의 사정이 없는 한 즉시 승낙되어야 한다.

[표 3-8] 승낙의 시기 및 방법

CISG 제18조(승낙의 시기 및 방법)
(1) 청약에 대한 동의를 표시하는 피청약자의 진술 또는 기타의 행위는 이를 승낙으로 한다. 침묵(silence) 또는 부작위(inactivity) 그 자체는 승낙으로 되지 아니한다. (2) 청약에 대한 승낙은 동의의 의사표시가 청약자에게 도달한 때에 그 효력이 발생한다. 승낙은 동의의 의사표시가 청약자가 지정한 기간 내에 도달하지 아니하거나, 또는 어떠한 기간도 지정되지 아니한 때에는 청약자가 사용한 통신수단의 신속성을 포함하여 거래의 사정을 충분히 고려한 상당한 기간 내에 도달하지 아니한 경우에는 그 효력이 발생하지 아니한다. 구두의 청약은 별도의 사정이 없는 한 즉시 승낙되어야 한다. (3) 그러나 청약의 규정에 의하거나 또는 당사자 간에 확립된 관습 또는 관행의 결과에 따라, 피청약자가 청약자에게 아무런 통지 없이 물품의 발송이나 대금의 지급에 관한 행위를 이행함으로써 동의의 의사표시를 할 수 있는 경우에, 승낙은 그 행위가 이행된 때에 그 효력이 발생한다. 다만 그 행위는 전항에 규정된 기간 내에 이행된 경우에 한한다.

2) 승낙의 효력발생

승낙의 효력발생 시기는 각국의 민법이나 매매법에서는 원칙적으로 도달주의를 취하고 있다.

[표 3-9] 승낙의 효력발생

<table>
<tr><th colspan="3">준거법 / 통신수단</th><th>한국법</th><th>일본법</th><th>영국법</th><th>미국법</th><th>독일법 CISG</th></tr>
<tr><td colspan="3">청약 의사표시</td><td>도달주의</td><td>도달주의</td><td>도달주의</td><td>도달주의</td><td>도달주의</td></tr>
<tr><td rowspan="6">승낙의 의사 표시</td><td rowspan="4">대화 자간</td><td>대면</td><td>도달주의</td><td>도달주의</td><td>도달주의</td><td>도달주의</td><td>도달주의</td></tr>
<tr><td>전화</td><td>도달주의</td><td>도달주의</td><td>도달주의</td><td>발신주의</td><td>도달주의</td></tr>
<tr><td>텔렉스</td><td>도달주의</td><td>도달주의</td><td>도달주의</td><td>도달주의</td><td>도달주의</td></tr>
<tr><td>EDI(e-mail)</td><td>도달주의</td><td>도달주의</td><td>도달주의</td><td>도달주의</td><td>도달주의</td></tr>
<tr><td rowspan="2">격지 자간</td><td>우편</td><td>발신주의</td><td>발신주의</td><td>발신주의</td><td>발신주의</td><td>도달주의</td></tr>
<tr><td>전보</td><td>발신주의</td><td>발신주의</td><td>발신주의</td><td>발신주의</td><td>도달주의</td></tr>
</table>

3) 승낙의 취소와 철회

승낙도 청약과 마찬가지로 철회할 수 있다. 하지만 취소는 불가능하다. 청약에 대한 승낙은 계약의 성립을 의미하기 때문이다. 즉 승낙은 목적달성 이후 소멸된다. 대신 승낙의 철회는 인정되지만, 그것은 어디까지나 승낙의 효력발생시기에 있어 도달주의를 취하는 경우에만 가능하며, 발신주의를 취하는 경우에는 불가능하다.

따라서 동시적 통신수단(대화자간)의 승낙인 경우에는 철회가 인정되지만, 격지자간의 통신수단에 의한 승낙의 경우에는 철회가 불가능하다. 한편 비엔나협약에서는 통신수단 여하를 불문하고 승낙의 철회를 허용하고 있다. 하지만 비엔나협약에서도 승낙보다 그 승낙철회의 의사가 청약자에게 도달된 경우 또는 승낙과 동시에 그 승낙철회의 의사가 청약자에게 도달된 경우에만 승낙은 철회된다.

4) 계약을 성립시키지 못하는 승낙

계약을 성립시키지 못하는 승낙은 조건부승낙(conditional acceptance), 일부승낙(partial acceptance), 지연승낙(delay of acceptance), 변경승낙(modified acceptance),

침묵 또는 무행위에 의한 승낙(acceptance by silence or inactivity), 반대청약 후 원청약의 승낙 등이 있다.

[표 3-10] 승낙기간의 해석

CISG 제20조(승낙기간의 해석)

(1) 전보 또는 서신에서 청약자가 지정한 승낙의 기간은 전보가 발신을 위하여 교부된 때로부터, 또는 서신에 표시된 일자로부터, 또는 그러한 일자가 표시되지 아니한 경우에는 봉투에 표시된 일자로부터 기산된다. 전화, 텔렉스 또는 기타의 동시적 통신수단에 의하여 청약자가 지정한 승낙의 기간은 청약이 피청약자에게 도달한 때로부터 기산된다.

(2) 승낙의 기간 중에 들어 있는 공휴일 또는 비영업일은 그 기간의 계산에 산입된다. 그러나 기간의 말일이 청약자의 영업소에서의 공휴일 또는 비영업일에 해당하는 이유로 승낙의 통지가 기간의 말일에 청약자의 주소에 전달될 수 없는 경우에는, 승낙의 기간은 이에 이어지는 최초의 영업일까지 연장된다.

CISG 제21조(지연된 승낙)

(1) 지연된 승낙은 그럼에도 불구하고 청약자가 지체 없이 구두로 피청약자에게 유효하다는 취지를 통지하거나 또는 그러한 취지의 통지를 발송한 경우에는, 이는 승낙으로서의 효력을 갖는다.

(2) 지연된 승낙이 포함되어 있는 서신 또는 기타의 서면상으로, 이것이 통상적으로 전달된 경우라면 적시에 청약자에게 도달할 수 있었던 사정에서 발송되었다는 사실을 나타내고 있는 경우에는, 그 지연된 승낙은 승낙으로서의 효력을 갖는다. 다만, 청약자가 지체 없이 피청약자에게 청약이 효력을 상실한 것으로 본다는 취지를 구두로 통지하거나 또는 그러한 취지의 통지를 발송하지 아니하여야 한다.

조건부승낙은 피청약자가 원청약에 대해 일부 청약내용을 변경하거나 추가하는 것이다. 일부승낙은 청약의 내용 중 일부만을 승낙하는 것이다. 지연승낙은 청약에 대한 승낙의 의사표시가 정해진 기간을 경과하는 것이다. 변경승낙은 청약의 내용을 변경해서 승낙하는 것이다. 침묵 또는 무행위에 의한 승낙은 피청약자가 청약자의 청약에 대해 아무런 행위나 회신을 하지 않고 침묵하는 것이다. 반대청약 후 원청약의 승낙은 청약에 대한 반대청약을 발송하였다가 이를 번복하여 원래의 청약을 승낙하는 것이다.

CHAPTER 04

무역계약 물품조건

학/습/내/용

제1절

품질조건

무역계약에서는 거래목적물의 품명(commodity)이 표시되고 그 물품의 명세가 구체적으로 제시된다. 거래목적물의 크기, 형태, 규격, 색상, 종류 등 그 물품의 특징적 내용을 나타내는 물품명세나 품질수준 표시에 쓰이는 조건이 제시되는데 이것이 품질조건이다. 다시 말해 어떠한 물품을 거래목적물로 하여 인도하기로 하는가를 약정하는 조건이 품질조건이다.

품질조건에서 결정해야 할 사안은 먼저 거래목적물의 명세나 품질수준의 약정기준 및 조건을 결정해야 한다. 즉, 계약한 어떤 물품의 품질기준을 무엇으로 하는가이다.

품질의 기준을 정하는 방법과 함께 약정한 물품을 어느 시점에서 품질의 기준을 적용하여 품질상태를 정의할 것인가를 정해야 한다. 품질의 기준은 시기에 따라 달라질 수 있으며, 특히 국제운송에서 선적 전과 운송 이후 양하한 다음의 품질이 달라져 분쟁이 발생하는 경우가 많다. 따라서 품질조건은 품질의 기준과 품질검사의 시기 문제를 함께 고려하여 결정해야 한다.

1. 물품의 품질기준

무역계약의 대상인 물품의 품질은 화물의 특성에 따라 구분된다. 크게 단위화(unitized)된 공산품과 1차 산물 및 광물 등으로 구성된 벌크화물(non-unitized)로 구분할 수 있으며, 화물의 특성에 따라 품질을 결정하는 기준은 다르다. 특히 벌크화물의 경우에는 품질결정에 있어 표준품매매방식(sales by standard)을 이용한다.

1) 견본매매

견본매매방식(sales by sample)은 견본을 제공하고 그와 같이 제조하여 물품을 인도하는 것이다. 일반적으로 견본매매는 중소형 공산품에 많이 사용되는 품질조건방법이다.

무역거래에서 견본매매 품질약정방식에서는 매매당사자의 일방이 제공한 원견본(original sample)을 품질기준으로 무역거래를 제시하는데 매도인이 견본을 보내는 것이 일반적이다. 이때 견본을 제시한 당사자는 상대방에게 제공한 샘플과 같은 제2견본(duplicate sample)을 보유하여 향후 조회나 분쟁 발생 시 입증용으로 사용할 수도 있다. 이런 용도의 제2견본을 keep sample, file sample, 그리고 checked sample이라고 한다. 제3견본은 제조업자에게 보내는 견본을 말한다. 통상 견본이 확정되면 매도인, 매수인 그리고 제조업자가 각각 1부씩을 보관하는데 이를 보관견본이라고 한다.

이외 견본을 받은 일방이 그 형태나 색상 또는 규격이나 소재 등의 물품명세에 대하여 그 일부 또는 전부를 수정하여 반대로 제시하는 경우가 많은데 이러한 견본을 반대 또는 대응견본(counter sample)이라고 한다. 또한 선적준비가 완료된 이후 별도로 상대방에게 발송하는 견본을 선적견본(shipping sample)이라고 한다.

한편, 실무에서 견본을 이용하여 품질조건을 결정할 경우 주의해야 하는 점은 바로 견본에 대한 설명이다. 물품이 견본과 같다라는 의미는 두 가지로 해석할 수 있는데, 완전하게 동일하다는 것과 완전하게 동일하지는 않지만 유사하다라는 것이다. 전자를 엄밀일치라고 하고 후자를 유사일치라고 한다.

이에 대한 표현은 다음과 같다. 엄밀일치를 기준한 표현에는 same as the sample, up to the sample, fully(exactly) equal to the sample 등이 있으며, 유사일치의 표현에는 as per the sample similar to the sample, about equal to the sample, almost equal to the sample 등이 있다.

2) 상표매매

상표매매(sales by brand/trade mark)는 품질약정 조건 가운데 일반적으로 널리 알려진 제품을 거래대상으로 할 때 견본이 특별하게 필요하지 않는 경우 사용된다. 즉, 국제적으로 널리 알려져 있는 물품을 거래대상으로 하기 때문에 견본제시가 필요 없고 단지 브랜드(brand)sk 상표(trade mark)를 품질의 기준으로 하는 거래이다. 상표매매는 일반적으로 세계일류 유명사유표의 경우 사용될 수 있는 방법이다.

3) 명세서매매

명세서매매(sales by specification)는 제품의 품질에 관한 매수인의 요구조건을 고려한 상세한 기술설명서, 설계도, 사진 등의 명세서에 기초하여 생산된 물품을 매매하는 방식이다. 예를 들어 선박, 철도, 대형기계류 등 거대한 중공업제품이나 산업설비 등의 무역에는 견본이나 상표를 이용하여 품질을 약정할 수 없기 때문에 우에 거래목적물의 설계도나 규격서 또는 설명서에 의하여 거래목적물의 명세를 약정할 수 있다.

4) 규격매매

규격매매(sales by grade or type)는 국제기구나 공인기관이 설정한 기준과 방법에 따라 물품의 규격이나 품질수준에 대해 등급을 부여할 수 있는 제품이 경우에는 사용하는 매매방식이다. 국가별 또는 국제 공인규격이 좋은 사례가 된다.

참고로 물품별 국가별 또는 저역별 해외규격인증은 약 500여개 정도가 있다. 예를 들면 미국(American National Standards, ANS), 미국선급협회(ABS), 한국산업표준(Korean Industrial Standards, KS), EU의 공동체규격(CE), 독일규격협회(DIN), 영국표준협회(BSI), 프랑스 선급협회(BV), 일본표준규격(Japanese Industrial Standards, JIS), 일본선급협회(NK), 인도제품인증(BIS), 중동적합성마크(GCC), 베트남품질안전인증(CR Mark) 등 국가 또는 국제표준 및 규격에 기초하여 규격매매가 가능하다.

5) 점검매매

점검매매(sales by grade or type)는 매수인이 무역계약의 대상인 실제 물품을 직접 확인한 이후 매매계약을 체결하는 것을 말한다. 현물이 아닌 선물이 대부분인 무역거래에서는 보세창고도거래(BWT)나 현물인도지급(COD)방식 등의 거래에서 가능한 매매방식이다. 이런 경우 청약서 역시 점검매매조건부청약 등을 이용할 수 있다.

6) 표준품매매

표준품매매(sales by standard)는 공장에서 생산하는 공산품이 아닌 자연에서 직접 채취 및 수확하는 1차 산물의 품질기준에 적용하는 매매거래방식이다.

(1) 평균중등품질조건

평균중등품질조건(fair average quality term, FAQ)은 당해 연도 당해 지역에서 생산되는 동종 생산물 가운데 대략 중간 정도의 품질에 해당하는 생산물을 기준조건으로 거래목적물을 약정하는 방법이다. 이러한 조건은 곡물이나 과일류에 많이 사용된다.

(2) 판매적격품질조건

판매적격품질조건(good merchantable quality term, GMQ)은 거래목적물의 인도 당시에 그 품질이 판매할 수 있는 상태의 것을 인도하기로 약정하는 것이다. 이 품질조건은 거래목적물의 등급의 여하를 상관하지 않고 인도 당시에 상품성이 보장되는 생산물을 인도하기만 하면 품질조건을 인정받는 조건이다. 특히 목재류, 냉동어류, 광석류 등 잠재하자(latent defect)가 있을 가능성이 많은 생산물의 매매에 사용된다.

(3) 보통품질조건

보통품질조건(usual standard quality term, USQ)은 생산물을 관장하는 공인기관의 판정에 의해 보통수준의 품질의 것을 인도하기로 하는 조건이다. 주로 인삼, 오징어, 원면 등에 사용된다.

2. 물품의 품질결정 시기

물품의 검품시기는 선적품질조건(shipped quality term)과 양륙품질조건(landed quality term)으로 구분한다. 실무적으로 선적품질조건은 수출국(선적지)에서 검사를 최종적으로 하는 것을 조건으로 하는 것으로 공산품 거래에서 가장 많이 사용된다. 선적지에서 공인검사기간의 품질확인을 받음으로써 검사증명서(inspection of certificate)를 발부받기 때문에 운송 중 제품의 하자에 대해서 매도인은 책임을 지지 않게 된다. 양육품질조건의 경우 수입국(목적지)에서 물품의 품질을 최종적으로 검사하는 조건으로 1차 산품에서 수로 활용된다. 양륙시에서 품질검사를 받고 물품이 계약에서의 품질기준과 차이가 없다면 수출업자는 제품의 품질에 대해서는 책임이 없다는 논리이다.

이론적으로는 공산품의 경우 인코텀즈에서 선적지조건인 경우 선적품질조건을 이용할 수 있으며, 도착지조건인 경우 양륙품질조건을 이용할 수 있다. 1차 산품의 경우 FAQ는 선적지품질조건으로, GMQ는 양륙지품질조건으로 사용할 수 있다.

특히 1차 산품 중 곡물의 경우 부패성이 있기 때문에 품질결정시기는 매우 중요한 부분이다. 따라서 곡물거래에 대해서는 보다 구체적인 조건들이 사용되는데 TQ, RT, SD가 이용된다.

먼저 Tale Quale 조건의 경우 선적품질조건으로 as they are, as it is, just as they come이 의미를 가지고 있다. 이러한 맥락에서 선적품질조건이라 할 수 있다. Rye Term의 경우 호밀(rye)에 주로 사용된 조건으로 양륙품질조건이라 할 수 있다.

그리고 Sea Damaged는 원칙적으로는 선적품질조건을 기준으로 하지만 양륙시 다시 검사하여 물품이 손상된 경우에 제한적으로 매수인에게 배상책임을 부과하는 조건이다. 검품의 기준을 SD로 약정한 경우 선적시에는 물품에 이상이 없었지만 양륙시 변질 등이 발생한 경우에 매도인이 그 책임을 지게 된다. 특히 해상에서 발생된 하자일 것이며, 하자발생의 원인이 wet by sea water(fresh water, rain water, vapour) 등 해수, 담수, 빗물 그리고 수증기에 한한 것이며, 습기에 의한 손상(moisture damage), 그리고 곰팡이나 세균에 의한 부패(decay) 등일 경우 매도인은 책임을 지게 된다.

제2절

수량조건

무역거래에서 수량조건은 물품의 개수를 넘어 길이, 넓이, 부피, 중량 등을 포괄적으로 의미한다. 수량조건은 물품거래에 있어 어떠한 수량단위로 어떠한 단위를 사용하는가를 정하는 것이다.

국제적으로 규격화된 도량형이 존재한다. 1875년 미터협약에서 시작한 국제공통단위제도를 위한 국제사회의 노력으로 오늘날 국제단위계(SI)가 확정되어 사용되고 있다. 하지만 과학적 기준 외 무역의 주요 국가들은 관습적 그리고 지배적으로 사용해오던 보편화된 도량형이 존재한다. 국제단위계 형성으로 수량에 대한 절대값은 확정적이지만, 관습적으로 사용해오는 국가 및 지역별 단위체계로 이중표기가 필수적이라고 할 수 있다.

이러한 경우 수량조건에 대한 잘못된 해석으로 무역분쟁이 발생하기 쉽다. 따라서 계약체결 시 수량조건에서는 수량의 단위, 수량의 결정시기, 그리고 과부족용인조항에 대한 주의가 필요하다. 수량은 크게 개수, 길이, 넓이, 부피, 중량, 포장 등으로 구분한다.

1. 주요 단위

1) 개수단위

개수단위는 낱개로 거래되는 공산품의 주요 계산단위로 piece, each, unit, set, dozen, gross(12 dozen = 12×12 = 144 pcs), great gross(12 gross = 1,728 pcs), small gross(10 dozen = 12 pcs) 등의 단위가 사용된다.

2) 길이 및 넓이단위

길이는 meter(m), inch(in, 약 2.54 cm), foot(ft, 1ft=12 inch), yard(yd, 1 yd=3 ft) 등이 있다.

넓이는 square meter(m^2), square foot(ft^2), square yard(yd^2), acre(약 4,177.7 m^2), hectare(약 10,000 m^2), 평(약 3.3 m^2) 등이 있다.

3) 부피(용적)단위

부피를 나타내는 단위는 cbm(cubic meter, m3), cft(cubic feet, ft3), liter, 미국 gallon(3.785 liter), 영국 gallon(4.546 liter), 미국 pint(0.47 liter), 영국 pint(0.57 liter), 미국 quart제(1/4 gallon = 2 pint = 0.95 liter), 영국 quart제(1/4 gallon = 2 pint = 1.14 liter), barrel(158.984 liter), bsh(bushel, 영국 약 8 gallon, 미국 약 9.3 gallon), drum(1 drum = 200 liter) 등이 있다.

4) 중량단위

중량은 pound(lb)[1], kilogram(kg), tonnage(ton)이 대표적이다. 특히 ton의 경우 중량을 표시하는 중량톤과 용적톤이 있다. 중량톤은 다시 long ton(L/T), short ton(S/T), metric ton(M/T)이 있다. 영국계는 주로 L/T(British Ton, Gross Ton)를 사용하고, 미국계는 S/T(American Ton, Net Ton)를 사용하며, 유럽계에서는 M/T(French Ton, Kilo Ton)가 사용된다.

[표 4-1] 톤의 구분

- Long ton(English ton; Gross ton, L/T) = 2,240 lbs = 1,016 kgs (영국식)
- Short ton(American ton; Net ton, S/T) = 2,000 lbs = 907.2 kgs (미국식)
- Metric ton(French ton; Kilo ton, M/T) = 2,204 lbs = 1,000 kgs (프랑스 및 대륙식)

중량은 무역물품의 거래단위 중에서 매우 중요하며, 특히 운송과정에서 화물의 무게는 매우 중요하기 때문에 구분하여 처리한다. 중량의 종류에는 정미중량, 순중량, 법정중량, 총중량 등이 있다. 무역거래에서 범국가적 기준이 되는 비엔나협약(1980)에서는 순중량에 의하여 산출된 금액을 결제금액으로 한다는 원칙을 채택하고 있다. 하지만 물리적 이동에 해당하는 운송에서 있어서는 순중량 외에도 총중량과 부피 등이 고려되어 운임이 산정되기 때문에 중량의 구분은 매우 중요하다. 참고로 선하증권 발행에서는 총중량으로 발행된다.

먼저 정미중량(net net weight)은 제품을 구성하는 주된 원료의 순중량을 의미한다. 순중량(net weight)은 제품 그 자체의 무게로 총중량에서 포장 또는 용기의 무게를 제외한 중량이다. 법정중량(legal weight)은 특정 물품에 대해 포장과 내용

1) 무게를 나타내는 파운드(pound)는 약어로 lb를 사용하는데 어원은 라틴어의 libra로 로마시대 무게단위(리브라 폰도, libra poundo)에 어원을 두고 있다. 리브라는 저울, 폰도는 무게를 의미한다.

물을 무게로 하는 것으로 제품의 겉포장의 무게는 공제하지만 상품이 소매될 때 포장되어 있는 포장의 무게는 포함시킨 무게이다. 마지막으로 총중량(gross weight)은 개포장(unitary packing), 내포장(inner packing), 외포장(outer packing) 모두를 합한 무게를 의미한다. 특히 운송에서는 총중량이 중요하다고 할 수 있다.

참고로 Tare의 경우 'the weight of the wrapping or container in which goods are packed'의 의미로 포장용기의 무게를 의미하기 때문에 공허중량(Tare Weight)은 화물의 용기나 포장이 중량을 의미하는 중량으로 사용한다.

5) 포장단위

포장단위는 벌크화물의 포장화에서 많이 발생하며 주로 면화, 소맥분, 시멘트, 비료, 유류, 통조림 등의 측정기준으로 사용된다. 포장단위의 종류로는 상자(case, c/s), 곤포(bale), 포대(bag), 마대(sack), 깡통(can), 나무통(keg), 통(cask), 드럼통(drum), 다발(bundle), 사리(coil) 등이 있다.

6) 컨테이너

오늘날 포장과 관련해서 가장 많이 사용되는 컨테이너의 경우 외관을 보면 총중량과 순중량 그리고 총부피에 대한 표기가 제시되어 있다. 컨테이너 뒷면에서 제시하고 있는 MGW(Max Grow Weight)의 경우 총중량을 의미하며, Tare는 컨테이너 박스의 무게를 의미한다. 그리고 Net은 적재할 수 있는 화물의 무게를 의미하며, CUCAP(Cubic Capacity)는 컨테이너의 적재 가능한 총부피를 의미한다.

컨테이너 단위인 TEU(Twenty-foot Equivalent Unit)는 총중량 24,000 kg(자체 2,290 kg, 최대적재 21,710 kg), 내부용적 33.10 CBM(내부규격 5.899 m × 2.350

m×2.390 m)이며, FEU는 총중량 30,480 kg(자체 3,890 kg, 최대적재 26,590 kg), 내부용적 67.50 CBM(내부규격 12.034 m×2.350 m×2.390 m)이다. 가장 많이 사용되는 FEU HQ의 총중량은 FEU와 같은 30,480 kg(자체 4,150 kg, 최대적재 26,330 kg), 내부용적 76.10 CBM(내부규격 12.034 m×2.350 m×2.695 m)을 적재할 수 있다.

[그림 4-1] 컨테이너 중량과 부피

참고로 ISO 6346은 국제컨테이너사무국(Bureau International des Conteneurs)에서 관리하는 국제표준 컨테이너 및 부속장비에 부여되는 고유번호를 말한다. 관리하는 사무국의 이름으로 BIC 코드라고도 부른다. 참고로 국제표준 컨테이너는 ISO 668에서 규정하는 국제표준일관운송용기를 말한다. 1961년에 미국표준협회(ASA)에서 처음으로 폭과 높이를 8피트로, 그리고 길이를 10피트(6미터) 단위로 10 ft, 20 ft, 30 ft, 40 ft의 4개 규격을 정하였고, 이 규격이 1961년에 국제표준화기구(ISO)에서 전 세계 표준으로 공식 채택되었다. 이후 ISO규격에 유럽에서 통용되던 5피트 및 6⅔피트 규격을 1964년에 추가하였으며, 1969년에 8피트 6인치 높이 컨테이너를 추가하였다. 이후 1995년에는 10피트부터 49피트 길이까지의 컨테이너들을 표준규격으로 인정하여 지금에 이르고 있다. ISO의 표준을 따르는 국제표준컨테이너는 총 15개의 고유한 디지털 코드를 2줄에 걸쳐 타각해야 한다. BIC 코드가 부여된 컨테이너는 국제거래에 있어 적합성이 부여되었다고 할 수 있으며, 국내에서만 사용한다면 반드시 BIC 코드를 부여해야 하는 것은 아니다.

국제표준컨테이너에 표기하는 컨테이너 코드는 두 줄에 걸쳐 표기되어 있다. 첫줄의 컨테이너 코드는 소유자코드(owner code, 3자리), 유형코드(Category identifier, 1자리), 일련번호(serial number, 6자리), 유효성검정(check digit, 1자리)로 구성되며 이 코드는 컨테이너 윗면과 아랫면에 두 번, 나머지 면에는 한 번씩 표기되어야 하며 번호의 높이가 10 cm를 넘어야 한다. 일반적으로 알파벳과 숫자로 구성된 컨테이너 코드에서 소유자 코드의 알파벳 3자리는 소유회사를 의미한다. 소유자코드는 고유한 소유자로 통상 선주나 선사가 이에 해당하며 한번 발급된 소유자코드는 10년 동안 유지된다. 나머지 1자리는 유형코드(category identifier)이다. 유형코드는 J(컨테이너 부착형 부속장치, detachable freight container related equipment), R(냉동컨테이너, reefer (refrigerated) containers), U(컨테이너, freight containers), Z(트레일러, trailers and chassis)로 구분된다. 일련번호는 소유회사가 지정하며 마지막 체크디지트 1자리는 유효성 확인을 위한 숫자로 관리시스템에서 부여하는 숫자이다.

[표 4-2] 컨테이너 규격 표기

길이	높이	
2 : 20 feet	2 : 8 feet 6 inches	TEU(8ft × 8.6ft × 20ft) 외부(2.438m × 2.581m × 6.058m) 내부(2.390 m × 2.350 m × 5.899 m)
4 : 40 feet	4 : 9 feet	
L : 45 feet	5 : 9 feet 6 inches (HQ)	
M : 48 feet		

다음 줄에 표기되는 글자는 컨테이너 규격과 종류(Size & Type Code)를 의미하는 코드이다.

[표 4-3] 컨테이너 종류 표기

유형	내용	
일반 컨테이너	G0	밀폐된 컨테이너
	G1	통풍구가 있는 컨테이너
	G2	측면을 개방할 수 있는 컨테이너
	G3	측면을 일부 개방할 수 있는 컨테이너
통풍 컨테이너	V0	자연 통풍구가 있음
	V2	기계 환풍기가 있음
	V4	기계 환풍기가 부착되어 있음
드리이벌크 컨테이너	B0	폐쇄됨
	B1	밀폐됨
	B3	수평 상태에서 배출하며, 권장압력 150kPa
	B5	기울인 상태에서 배출하며, 권장압력 150kPa
특수 컨테이너	S1	가축 운반용
	S2	자동차 운반용
	S3	활어 운반용
냉동 컨테이너	R0	냉동 컨테이너
	R1	보온 · 냉동 컨테이너
	R2	자체 전원이 있는 냉동 컨테이너
보온보냉 컨테이너	H0	항온장치 외부부착, 열전도율 0.4W/㎡ · K
	H1	항온장치 내부부착, 열전도율 0.4W/㎡ · K

	H5	항온장치 미설치, 열전도율 0.4W/㎡ · K
오픈탑 컨테이너	U0	일반 컨테이너
	U1	출입문 상단 대들보 제거 가능
	U2	측면이 개방되는 컨테이너
	U5	개방되는 문이 없는 컨테이너
플랫폼 컨테이너	P0	바닥만 있음
	P1	앞뒤로 벽이 있음
	P2	기둥이 있음
	P3	벽이 접힘
	P4	기둥이 접힘
탱크컨테이너	T0	위험물을 취급하지 않는 최고압력 45kPa 이하 탱크
	T1	위험물을 취급하지 않는 최고압력 150kPa 이하 탱크
	T6	위험물을 취급하는 최고압력 600kPa 이하 탱크
	T7	기체를 취급하는 최고압력 910kPa 이하 탱크

4자리로 구성되며 앞의 2자리는 컨테이너 규격을 나타내는 숫자이며 뒤의 2자리는 종류를 나타낸다. 앞의 2자리 중 첫 번째 숫자는 컨테이너 길이이며, 두 번째 자리는 너비와 높이를 조합한 숫자이다. 첫 자리는 10피트에서 40피트의 숫자로 1~4로 표기되며 45피트의 경우 알파벳 L이 부여되어 있다. 두 번째 자리는 2가 8피트 6인치를 의미하며, 4가 9피트, 5가 9피트 6인치를 의미한다. 형식의 첫 자리는 기능별 분류로 G는 일반컨테이너, V는 통풍컨테이너, B는 드라이벌크 컨테이너, S는 특수컨테이너, R은 냉동컨테이너, H는 보온보냉컨테이너, U는 오픈탑컨테이너, P는 플랫폼 컨테이너, T는 탱크컨테이너를 의미한다. 참고로 HQ 컨테이너는 구분의 용이성을 위해 양쪽 모서리 위쪽에 검정색과 노란색 띠를 표시하고 있다.

[그림 4-2] HQ 일반컨테이너(G)와 냉동컨테이너(R)

2. 벌크화물의 수량

살화물(bulk cargo)은 불가산화물로 비포장상태로 거래되는 대량화물을 의미한다. 주요 살화물에는 철광석, 석탄, 곡물 등이 있다. 이러한 살화물의 경우 화물의 특성상 약정된 수량을 정확하게 인도하는 것은 불가능하다. 따라서 일정한 범위 내에서 초과 또는 부족을 허용하는 조건으로 계약하는 것이 현실적이다.

1) 과부족용인조건

과부족용인조건(M/L Clause, MOL Clause, More or Less Clause)은 화물 수량의 과부족의 허용범위를 정해두고 그 범위 내에 속하는 수량을 인도하면 계약상의 물품인도의무를 수행한 것으로 간주하는 조건이다. 즉, 물품 수량의 일정 과부족에 대해 클레임을 제기하지 않는다는 조건이다. 현행 신용장통일규칙(UCP 600)에서는 신용장상에 과부족을 인정하지 않는다는 금지표시가 없는 한 살화물의 경우에는 5%의 과부족(tolerance)이 허용된다는 규정을 두고 있다. 통상 휘발성 유류와 비포장 벌크화물인 곡류, 광물 등의 화물수량에 적용한다.

2) 개산수량조건

개산수량조건(approximate quantity term)에서 개산은 어림 또는 대략의 의미로 무역거래조건에서 물품의 수량을 개략적으로 개산하는 조건을 의미한다. 즉, 과부족을 허용한다는 조건이다. 계약에 있어 화물의 수량을 표시할 때 about, circa, approximately 등의 용어를 사용하여 수량을 표시하면 개략의 개념이 된다.

이러한 개산수량조건에 대한 기준에 대해서는 일반적으로 신용장통일규칙(UCP 600)의 제30조 기준을 따른다. 신용장 수량이나 금액 또는 단가에 대하여 신용장상에 "about" 또는 "approximately"라는 단어는, 그것이 언급하는 금액, 수량 또는 단가에 관하여 10%를 초과하지 않는 범위에서 과부족 편차를 허용한다고 해석한다. 그리고 만일 신용장이 수량을 포장단위 또는 개별단위의 특정 숫자로 기재하지 않고 청구금액의 총액이 신용장의 금액을 초과하지 않는 경우에는, 물품의 수량에서 5%를 초과하지 않는 범위 내의 많거나 적은 편차는 허용된다.

하지만 무역계약 시 구체적인 약정이 없을 때는 향후 분쟁의 소지가 있으므로 이에 대해서 구체적으로 미리 약정 또는 합의를 해 놓는 것이 좋다.

[표 4-4] 신용장통일규칙 제30조

Article 30 Tolerance in Credit Amount, Quantity and Unit Prices

a. The words "about" or "approximately" used in connection with the amount of the credit or the quantity or the unit price stated in the credit are to be construed as allowing a tolerance not to exceed 10% more or 10% less than the amount, the quantity or the unit price to which they refer.

a. 신용장 금액 또는 신용장에서 표시된 수량 또는 단가와 관련하여 사용된 "about" 또는 "approximately" 라는 단어는, 그것이 언급하는 금액, 수량 또는 단가에 관하여 10%를 초과하지 않는 범위 내에서 많거나 적은 편차를 허용하는 것으로 해석된다.

b. A tolerance not to exceed 5% more or 5% less than the quantity of the goods is allowed, provided the credit does not state the quantity in terms of a stipulated number of packing units or individual items and the total amount of the drawings does not exceed the amount of the credit.

b. 만일 신용장이 수량을 포장단위 또는 개별단위의 특정 숫자로 기재하지 않고 청구금액의 총액이 신용장의 금액을 초과하지 않는 경우에는, 물품의 수량에서 5%를 초과하지 않는 범위 내의 많거나 적은 편차는 허용된다.

c. Even when partial shipments are not allowed, a tolerance not to exceed 5% less than the amount of the credit is allowed, provided that the quantity of the goods, if stated in the credit, is shipped in full and a unit price, if stated in the credit, is not reduced or that sub-article 30 (b) is not applicable. This tolerance does not apply when the credit stipulates a specific tolerance or uses the expressions referred to in sub-article 30 (a).

c. 물품의 수량이 신용장에 기재된 경우 전량 선적되고 단가가 신용장에 기재된 경우 감액되지 않은 때, 또는 제30조 (b)항이 적용되지 않는 때에는, 분할선적이 허용되지 않더라도 신용장 금액의 5% 이내의 편차는 허용된다. 이 편차는 신용장이 특정 편차를 명시하거나 제30조 (a)항에서 언급된 표현을 사용하는 때에는 적용되지 않는다.

3. 검량의 기준시기와 정산기준단가

1) 검량의 기준시기

수량검사의 시기를 어느 때로 할 것인가, 즉 어느 시점의 수량을 실제 인도수량으로 인정할 것인가에 대하여는 검품의 기준시기와 마찬가지로 선적수량조건(shipped quantity term)과 양륙수량조건(landed quality term) 두 가지가 있다.

2) 정산기준단가

과부족용인조건을 사용하여 물품을 인도한 경우에는 매수인은 그 수량대로 물품은 인수하되 매수인이나 매도인은 그 과부족수량에 대한 금액은 결제과정에서 정산해 주어야 한다. 이 경우 과부족분에 대한 금액을 산출함에 있어서 적용할 단가를 어떤 가격으로 할 것인가가 문제가 될 수 있다. 이러한 기준으로는 선적시의 시가, 도착시의 시가, 계약단가로 정할 수 있다. 특별히 기준을 마련하지 않은 경우에는 계약단가에 의해 정산한다.

3) 최소 또는 최대 주문량

공산품의 경우에는 원부자재가 확보되고 충분한 시간이 주어지면 물량이 많더라도 생산과 공급에 응할 수 있지만, 거래물량이 적정량이 아니면 생산비와 수출부대비용을 감안할 때 오히려 손해가 발생하거나 소기의 이윤을 기대할 수 없기 때문에, 주문량이 적정하지 않으면 그 거래를 포기할 수밖에 없다. 따라서 최소주문량을 설정하여 그 미만의 소량주문을 거절하는 경우가 많다. 한편, 농산물과 같은 1차 산물의 경우에는 최대수량을 설정하여 계약하는 경우가 많다.

제3절

포장조건

포장은 물품의 운송, 보관, 판매 등에 있어 적정한 재료 및 용기를 이용하여 그 가치와 상태를 유지하기 위해 물품을 보호하는 상태이다. 포장은 기본적으로 내용물을 보호하는 기능이 있으며, 이외 운송, 보관, 하역 등 물류관리에 있어 효율적이고 편리하게 하는 기능이 있다. 무엇보다 개별포장의 경우 소비자의 구매의욕을 불러일으켜 형태적 효용을 가져다주는 기능이 있다.

수출포장조건에서 고민되어야 할 부분은 바로 수출자의 경우 물품의 종류나 특성에 따라 무역거래를 이행함에 있어 운송에 적합하도록 포장을 해야 하는 의무가 매도인에게 있다는 점이다. 이를 전제로 포장의 방법, 포장의 종류와 포장밖에 표기하는 화인을 고민해야 한다.

참고로 인코텀즈에서도 매도인의 의무 A8 점검/포장/하인표시(checking/packaging/marking)에서 매도인은 A2에 따라 물품을 인도하기 위한 목적에서 필요한 점검작업(품질점검, 용적측량, 중량측정, 수량계수)에 드는 비용을 부담하여야 한다. 매도인은 자신의 비용으로 물품을 포장하여야 하되 다만 특정한 거래에서 통상적으로 포장되지 않은 채 매매되어 운송되는 형태의 물품인 경우에는 그러하지 아니하다. 매도인은 당해 운송에 적절한 방법으로 물품을 포장하고 하인을 표시하여야 하되 다만 당사자들이 특정한 포장 요건이나 하인 요건에 합의한 경우에는 그러하지 아니하다라고 기술하고 있다. 한편 매수인의 의무 B8 점검/포장/하인표시(checking/packaging/marking)에서는 아무런 의무가 없다고 기술하고 있다.

1. 포장의 종류

내부포장의 경우 개별포장된 물품의 수송 또는 취급이 용이하고 안전하도록 적정의 재료로 재포장하거나 완충하는 포장이다. 외부포장의 경우 운송 중 화물의 변질, 파손, 도난, 분실방지를 위하여 물품을 상자, 나무, 금속 등의 용기로 최종 포장하는 것을 말한다. 한편 상품의 외형을 미화시켜 소비자의 구매욕구를 자극하고자 목적하는 포장을 상업포장이라고 하며, 운송 또는 유통과정에서 화물을 보호하기 위하여 행해지는 포장을 공업포장이라고 한다.

포장은 화물을 운송, 하역 및 보관함에 있어 물품의 가치 또는 상태를 보존하기 위해 적절한 재료, 용기 등을 물품에 부가하는 기술 또는 상태를 말한다. 포장은 완제품 생산의 마지막이자 출발점이다. 포장은 물류의 수송, 보관, 거래, 사용 등에 있어서 그 가치 및 상태를 유지하기 위한 적절한 재료, 용기 등을 이용하여 보호하는 기술 및 보호한 상태를 말하며 개별포장(낱포장), 내부포장 및 외부포장으로 분류한다. 참고로 개별포장은 상업포장이며, 내부포장과 외부포장은 공업포장이다.

먼저 개별포장은 물품을 소매단위인 낱개로 포장한 것으로 소비자에게 직접적으로 노출되기 때문에 물품의 가치를 부가한다는 점과 보호한다는 점을 동시에 보유하고 있다. 물품 개개의 포장인 개별포장은 물품의 상품가치를 높이거나 물품 개개를 보호하기 위하여 적절한 재료 및 용기 등으로 물품을 포장하는 방법 및 포장한 상태이다. 내부포장은 포장된 화물의 내부포장으로 물품에 가해지는 수분, 습기, 광열 및 충격 등을 방지하기 위하여 적합한 재료 및 용기 등으로 물품을 포장하는 방법 및 포장한 상태를 말한다. 마지막으로 외부포장은 화물의 외부포장으로 물품을 상자, 자루, 나무통 및 금속 등의 용기에 넣거나 용기를 사용하지 않고 그대로 묶어서 기호 또는 표식을 나타내는 포장이다. 특히 수출입에 있어 외부포장은 화물의 보호 및 식별에 있어 중요하다.

2. 화인

화인은 포장화물의 표면에 기입하는 특정한 기호, 번호, 목적지, 취급상의 주의문구 등을 총칭한다. 다른 화물과 구분할 수 있도록 포장 속에 있는 화물에 대한 정보를 표시하는 것으로 포장단위마다 하나씩 부착한다. 일반적으로 박스(carton)로 포장해서 출고하는 제품이라면 박스에 마크를 부착하며 팔레트(pallet) 단위로 출고하는 제품이라면 팔레트 래핑 위에 부착하여 포장 내부를 확인하지 않고 쉽고 빠르게 화물을 구분할 수 있다. 화인의 목적은 화물취급자가 다른 물품과 구분하여 사용자의 편의 및 선적서류와 물품과의 대조에 편의를 제공하는 것이다. 국제거래에서 부정확한 화인의 경우 화물의 운송 및 처리과정에서 혼동을 야기하므로 화인의 내용에 대해서 계약서에 명확하게 표기하여야 한다.

화인은 크게 주표시, 부표시, 품질표시, 목적지표시, 수량표시, 주의표시, 원산지표시, 기타 등으로 구분된다. 화인에 기재된 숫자 또는 기호는 제품을 관리하는데 사용되기에 공급자의 Packing List의 정보와 일치해야 한다. 주화인(Main

Mark)은 특정한 기호(Symbol)를 표시하고 그 안에 수입자의 상호 등의 약자를 표시하며 부화인은 공급자의 약자를 표시하며 화번(Case Number)은 송장(Invoice), 적하목록(Manifest, M/F), 기타 운송서류와 대조하여 식별, 확인하기 위해서 매외장에 표시하는 일련번호이다. 착항표시(Port Mark)는 화물의 오송방지를 위한 필수적인 화인으로써 복수항로의 경우 New York via Seattle 등으로 표시한다. 중량표시(Weight Mark)는 운임계산, 통관, 하역작업 등을 용이하게 할 수 있도록 순중량(Net Weight)과 총중량(Gross Weight)을 표시한다. 원산지표시(Origin Mark)는 생산국을 외장의 맨아래 표시하며 주의표시(Care Mark Side Caution Mark)는 화물취급상 특히 주의할 점(This side up, Freight, Keep dry)을 통상외장의 측면에 표시하며 기타의 표시로는 수입자의 요청에 따라 주문표시(Order No.), 지시표시(Attention Mark), 물품의 등급(Grade) 또는 품질표시(Quality Mark)가 있다.

[표 4-5] 주요 화인

주마크 (Main Mark, Principal Mark	Consignee's name (수취인의 이름) ex) KMU Co., Ltd.	KMU Daegu, Korea No : 3-8 MADE IN CHINA
	Destination (도착지) ex) Daegu, Korea	
	Carton Serial Number (상자번호) ex) 8개 상자 중 3번째인 경우 3/8 or 3-8	
	Country of origin (원산지표시) ex) MADE IN CHINA	
중량 및 용적표시 (Weight & Measurement Mark)	ITEM (제품명)	ITEM NO : 13585 Q'TY : 1 PCS G.W : 4 KGS N.W : 3 KGS MEAS : 50*40*55 CM
	Q'TY (수량)	
	G.W Gross Weight (총중량)	
	N.W Net Weight (순중량)	
	MEAS Measurement Mark (용적)	

주의마크 (Handle with Care, Care Mark, Caution Mark, Side Mark)	USE NO HOOKS, WITH CARE, KEEP DRY, THIS SIDE UP, OPEN HERE, FRAGILE 등 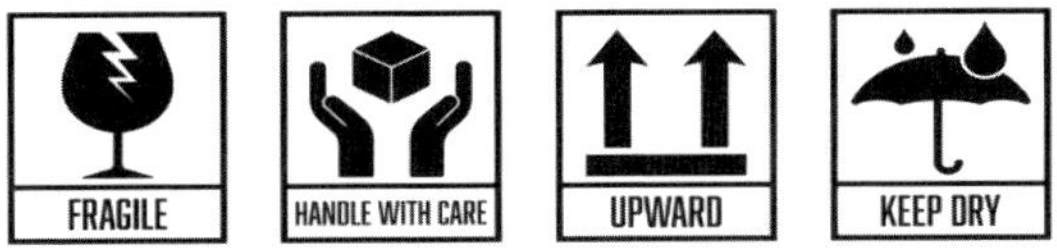
위험물 표시 (Dangerous Goods Markings)	9개 등급의 위험물에 해당하는 화물을 운송하는 경우 상자에 위험기호가 적절히 표시되어야 한다. UN성능포장요건에 의해 잠재적으로 위험물을 운송하려는 회사는 UN기준을 따라야 한다. 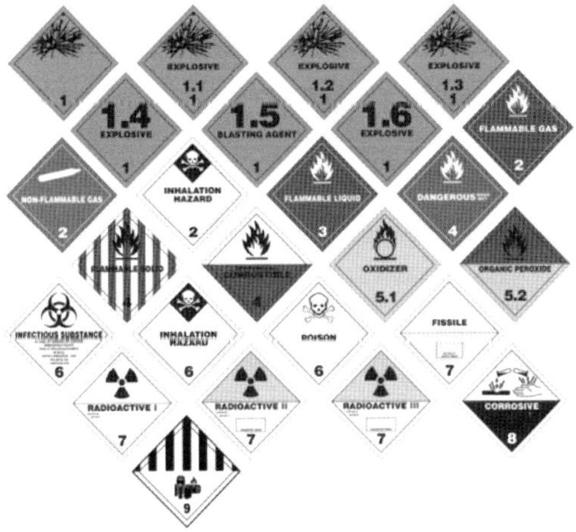

CHAPTER

05 인코텀즈

학/습/내/용

제1절 가격조건

제2절 인코텀즈

제1절

가격조건

매매계약에 있어서 합의를 위해 당사자 간에 협의되는 조건들은 전부 중요하지만 이 가운데서도 가격조건은 대금결제와 함께 민감하고 중요한 부분이라고 할 수 있다. 매도인의 물품공급이 기본 책임인 것처럼 매수인의 대금결제 역시 무역계약에서는 반대급부로 중요한 책임이기에 가격조건은 무역계약의 흐름을 좌우한다. 또한 무역거래가 선물거래이기에 물품의 거래가격은 시장의 수급상황과 시기에 따라 변동되기 때문에 예민한 부분이다. 따라서 매매계약에서 제시하는 가격은 시기를 포함한 해당 물품의 시장상황, 즉 수요와 공급을 반영하는 부분과 국제거래에 따른 비용부분에 대한 내용이 합의의 주된 대상이라고 할 수 있다. 이때 후자부분에 해당하는 국제거래에서 발생하는 비용의 지불 범위를 어떻게 정하느냐가 물품의 단위당 가격, 즉 단가에 가장 큰 영향을 미친다고 할 수 있다.

국제물품거래에 있어 물품가격을 원가기준으로 구분해 보면 크게 생산원가, 수출지 부대비용, 운송비용, 수입지 부대비용, 기타 비용으로 구성된다. 생산원가는 제조원가, 기대이익, 수출용 포장비, 각종 검사 및 인허가비로 구성된다. 수출지 부대비용의 경우 수출지 내륙운송비, CY(Container Yard) 또는 CFS(Container Freight Station) 창고료, 수출관세 및 통관비, 선적비 등으로 구성된다. 운송비용은 주운송비, 그리고 보험비로 구성된다. 수입지 부대비용은 수입항 양륙비, 수입지 창고료, 수입관세 및 통관비, 수입지 내륙운송비 그리고 기타 비용은 환비용, 이자, 수수료, 통신비용 등으로 구성된다. 이러한 원가를 기준으로 계약의 당사자들은 가격에 대한 합의할 수 있지만, 관습적으로 정형화되어 매도인과 매수인의 책임과 의무 그리고 권한을 잘 규정한 것이 인코텀즈이기에 인코텀즈는 보편적 가격조건이 된다.

한편, 보편적으로 사용되는 가격에 관한 규정은 인코텀스이지만, 이외 개정미국외국무역정의(Revised American Foreign Trade Definitions, 1941, 1990 개정), CIF 계약에 관한 바르샤바-옥스포드규칙(Warsaw-Oxford Rules for CIF Contract, 1970) 등의 규칙 역시 당사자의 합의에 따라 가격에 적용할 수 있는 임의규정이다. 그럼에도 오늘날 가장 보편적으로 사용되는 국제물품거래의 가격에 관한 준거규정은 국제상공회의소(International Chamber of Commerce, ICC)에서 제정한 인코텀즈다.

제2절

인코텀즈

1. 인코텀즈

1) 인코텀즈의 개념

인코텀즈는 정형화된 무역거래에 관한 법으로 국제무역거래에서 사용되던 상관습상의 조건을 정형화(package)하여 국제규칙화한 것이다. 무역거래는 무역계약체결에서부터 이행 및 사후처리과정에 있어 아무런 문제가 없다면 어렵지 않다. 그러나 문제가 발생했을 때는 분쟁으로 이어지게 된다. 분쟁이 생기면 가장 먼저 당사자들이 합의했던 강행법규에 따라 조치가 이뤄지고 또한 당사자들이 합의했던 명시된 조건을 따른다.

일반적으로 분쟁은 논쟁의 소지가 있는 곳에서 발생하며, 실무를 이행함에 있어서는 당사자들의 입지에 따라 달리 해석되어 문제가 해결되지 않을 수 있다. 그래서 필요한 것이 관습이고 무역계약에 있어 이 관습으로 정형화된 것이 인코텀즈라 할 수 있으며 인코텀즈 규칙을 이용한다는 것은 묵시적 조건이라고 할 수 있다.

하지만 인코텀즈는 계약당사자의 합의가 있는 경우에만 사용되기 때문에 실정법의 효력은 없다. 따라서 구매자와 판매자에 대해서만 한정적으로 규정하고 있다. 특히 무역거래에서 발생하는 종속계약 등으로 관계한 은행, 운송인, 보험자 등은 제외하고 있다. 또한, 소유권(property, title, ownership)이나 계약위반, 위반에 대한 구제수단, 분쟁해결의 방법 · 장소 · 기준, 지적재산권, 수출입 금지, 관세부과, 대금지급시기 · 방법 등에 관한 것도 다루지 않는다.

인코텀즈를 이해하기 위해서는 자의적인 해석보다는 의무규정을 잘 파악하는 것이 우선되어야 한다. 인코텀즈는 매도인의 관점에서 매도인을 주어로 하여 매매계약에 있어서 위험과 비용의 범위를 한정하고 있다. 따라서 어디서부터 어디까지 매도인이 위험과 비용을 의무적으로 부담해야 하는지에 대한 내용이라고 해도 무방하다. 물론 매수인의 의무 역시 인코텀즈에서 규정하고 있다.

그리고 인코텀즈는 서문에서 명시하고 있는 것처럼 매매대금, 지급방법, 소유권의 이전, 계약위반 등의 내용은 규정하고 있지 않고 있다. 이러한 내용은 계약조건 또는 준거법을 이용한다. 특히 인코텀즈에서 의미하는 포장은 매매계약의 일정한 조건을 준수하기 위하여 물품을 포장하는 것 또는 물품이 운송에 적합하도록 포장하는 것으로 포장된 물품을 컨테이너 및 기타 운송수단에 적입하는 것은 포함하지 않는다.

따라서 인코텀즈 규칙에서는 컨테이너에 적입할 당사자의 의무를 다루지 않으며, 따라서 필요한 경우에 이러한 의무는 당사자들이 매매계약에서 다루어야 한다. 참고로 인코텀즈는 기존의 Incoterms® 2010에서 Incoterms® 2020으로 2019년 9월 10일 발표되어 2020년 1월 1일부터 발효되었다.

2) 인코텀즈 개정

무역에서 보편적으로 사용하는 거래 조건의 해석에 대한 국제통일규칙 '인코텀즈'가 Incoterms® 2010에서 Incoterms® 2020으로 2019년 9월 10일 발표되어 2020년 1월 1일부터 발효되어 적용되었다.

첫째, 새롭게 개정된 인코텀즈 2020의 경우 기존의 인코텀즈 2010과 비교하여 가장 큰 변화는 기존의 DAT(Delivered At Terminal) 조건이 삭제되고 DPU(Delivered at Place Unloaded) 조건이 신설되었다는 점이다. 기존의 DAT의 경우 인코텀즈 11가지 조건 가운데 유일하게 터미널이기만 하면 목적지 어떤 장소든 무관하게 양하된 상태로 인도된다는 점에서 특별하였는데, DPU로 변경된 이후 DPU는 DAT가 가지고 있던 터미널에서만의 한계를 넘어 인도장소가 DAP처럼 어떤 장소든 무관하다는 점과 여기에 양하의무가 추가되었다는 점이다. 결국 DAT 조건이 없어지고 신설된 DPU 조건은 DAP 조건에 매도인의 양하의무를 추가한 조건이라고 할 수 있다. 매도인이 목적지에서 선적화물을 양하한 후에 인도가 이루어지는 조건은 과거 DEQ(Delivered Ex Quay)가 있었으며, DEQ 이후 DAT가 이러한 양하조건을 계승한 바 있다. 이러한 변화는 모두 인코텀즈를 이용하는 화주들의 요구에 의한 것으로 이번 개정에 반영되었다.

둘째, 기존의 인코텀즈 2010을 쉽게 활용하기 위하여 제시되었던 지침서(Guidance Note)는 사용자를 위한 설명문(Explanatory Notes for Users)으로 명칭이 변경되었으며, 보다 자세하고 상세하게 사용지침을 설명하고 있다.

셋째, FCA 규칙에서 매도인과 매수인은 합의하에 매수인이 자신의 위험과 비용으로 운송인에게 선적식 선하증권의 발행을 지시할 수 있으며, 매도인은 은행을 통해 선적식 선하증권을 제공할 의무가 신설되었다. 이는 기존의 FCA 조건은 복합운송조건으로 해상운송에 사용하는 경우 정기선을 이용하게 되므로 은행에서 통상 요구하는 선적식 선하증권이 발행되지 않고 수취식 선하증권이 발행되는 문제를 해결하기 위함이다. 수취식 선하증권은 본선적재표기가 되어야 선적식 선하증권으로 받아들여지기 때문에 시간 차이가 발생한다. 따라서 FCA 조건을 사용하더라도 매도인과 매수인의 합의에 따라 선적식 선하증권이 발행되도록 조건을 변경하였다.

넷째, 인코텀즈에서 매도인의 보험부보의무가 있던 CIP와 CIF의 최소담보의무가 확대되었다. 기존의 CIF는 통상 벌크화물에 해당하는 1차 산품거래에 주로 사용되어 최소담보(ICC C)를 규정하고 있으며, CIP 역시 최소담보(ICC C)로 규정하였다.

하지만 이번 개정에서 CIF 조건은 기존의 부보 범위를 유지하지만, CIP에서는 최대담보(ICC A)로 매도인이 보험을 가입하도록 개정하였다. 결과적으로 기존에 당사자들은 합의하에 최소담보에서 ICC B 또는 최대담보인 ICC A로 매수인의 비용으로 부보의 범위를 확대할 수 있었다면, 이번 개정을 통하여 CIP에서는 당사자 합의로 더 낮은 부보 범위를 결정할 수 있게 되었다.

다섯째, FCA와 DAP, DPU, 그리고 DDP의 경우 매수인이 지정한 목적지까지 운송을 위해 독립된 운송계약, 즉 제3자에 의한 운송을 전제로 하였지만 이번 개정을 통하여 매도인 스스로 운송하는 것을 허용하게 되었다. 운송계약이 미포함된 EXW와 반드시 선박운송이 전제된 FAS, FOB 그리고 매도인이 운송계약의 체결의무가 있는 CPT, CIP, CFR, CIF를 제외한 FCA, DAP, DPU, DDP의 경우 매도인 스스로 운송이 가능하게 되었다. 세부적으로 FCA의 경우 합의된 터미널 인도를 위하여 처음 출발지에서 터미널까지의 운송에 자가운송이 가능하게 된 것이며, D조건들 역시 합의된 최종 목적지까지 주운송 이후 내륙운송에 대해 자가운송이 가능하게 된 것이다.

여섯째, 기존의 연속매매를 위한 조달의 개념이 확대되었다. 연속매매는 운송 중 전매에 필요한 개념이다. 특히 1차 산품 거래에서 주로 이용되었는데 기존의 2010에서는 FAS, FOB, CFR, CIF 등 벌크화물에만 적용되었지만, 이외 EXW를 제외한 모든 규칙에서 조달이 인정되었다.

일곱째, 이번 개정에서는 A4(운송)와 A7(수출통관) 규정에서 보안관련 의무를 부여하면서 A9, B9에서는 보안관련 비용도 규정하고 있다.

이외 개별규칙 내 조항순서의 변경이 이루어졌다.

2. 인코텀즈 조건

무역계약에 있어 가격조건으로 생산원가에 고려되어야 할 비용은 수출입 통관비용, 주운송비용, 적재비용, 양하비용, 그리고 보험료와 기타 비용들이 있다. 특히 가격의 주된 부분은 생산원가이지만, 무역계약에서는 물적이동에 따른 물류비용과 함께 보험료에 따라 가격변동이 크다. 따라서 인코텀즈 2020을 가격조건으로 합의한 경우 11가지 조건에 따라 비용과 위험의 책임은 구분된다.

각 조건들은 무역계약에서 11가지 조건 가운데 합의한 조건을 표시한 후 조건에 맞는 장소명을 기입하고 마지막으로 Incoterms® 2020를 표기하여 인코텀즈 조건을 따름을 명시한다. 조건별 장소 표기는 다음과 같다. EXW(EX Works, insert named place of delivery)는 FCA(Free Carrier, insert named place of delivery), CPT(Carriage Paid To, insert named place of destination), CIP(Carriage and Insurance Paid to, insert named place of destination), DPU(Delivered at Place Unloaded, insert named place of destination), DAP(Delivered At Place, insert named place of destination), DDP(Delivered Duty Paid, insert named place of destination), FAS(Free Alongside Ship, insert port of shipment),

FOB(Free On Board, insert port of shipment), CFR(Cost and Freight, insert port of destination), CIF(Cost, Insurance and Freight, insert port of destination). 개정된 인코텀즈 2020은 모든 운송수단(any mode)에 사용가능한 7개의 조건과 해상운송수단(sea and waterway)에만 사용가능한 4개의 조건으로 구성되어 있으며 주요 내용인 위험이전 및 인도장소, 비용분기점 및 통관비용과 운송비용은 다음과 같다.

인코텀즈는 매도인과 매수인의 비용과 위험에 대한 가격조건이다. 각 조건별로 그 비용과 위험이 다르지만, 기본적으로 일반의무에 대한 이해가 전제되어야 한다. 일반의무로 매도인은 매매계약에 일치하는 물품 및 상업송장과 그밖에 계약에서 요구될 수 있는 일치성에 관한 증거를 제공하여야 한다. 그리고 매도인이 제공하여야 하는 서류는 합의에 따라, 합의가 없는 경우에는 관행에 따라 종이서류 또는 전자적 방식으로 제공될 수 있다. 반면, 매수인은 매매계약에 규정된 바에 따라 물품의 대금을 지급하여야 한다. 수인이 제공하여야 하는 서류는 합의에 따라, 합의가 없는 경우에는 관행에 따라 종이서류 또는 전자적 방식으로 제공될 수 있다.

이와 같이 거래에 따른 구체적인 비용과 위험을 협의하기 전에 매도인은 물품제공에 대한 의무와 매수인은 대금지급에 대한 기본적 일반의무가 반드시 이행되어야 한다.

1) 공장인도조건(Ex Works, EXW)

EXW(지정인도장소 기입) 조건의 위험인도는 매도인이 물품을 지정장소에서 매수인의 처분하에 두는 때이다. 지정장소는 매도인의 영업구내이거나 아니어도 된다. 만약 인도장소를 지정하지 않는 경우 매도인은 그의 목적에 가장 적합한 지점을 선택할 권리가 생겨서 매도인이 지정한다.

매도인은 물품의 수취용 차량 적재의무가 없으며, 수출통관이 요구되더라도 이를 수행할 의무는 없다. 하지만 수출통관에 관하여 매수인이 물품수출을 위하여 요청하는 서류와 정보에는 매도인이 협력해야 한다.

EXW 조건은 실무에서 매도인은 공장에 매수인(또는 지정운송인)이 가져갈 수 있도록 화물을 준비한 다음 매수인이 모든 선적과정을 진행한다. 이 과정에서 매도인의 장비나 도움이 필요할 경우 매수인의 요청(buyer's request)에 의해 매수인의 위험(risk)과 비용(cost)으로 요청할 수 있다. 하지만 이러한 요청에 대해 매도인이 반드시 응할 필요는 없다. 어디까지나 요청이며 매도인의 의무는 아니다.

EXW 조건은 인코텀즈 조건 가운데 매도인 입장에서는 최소의무 조건이며 매수인 입장에서는 최대의무조건이다. 국제거래뿐만 아니라 국내거래에 적용이 가능하며, 국내거래에서 매도인의 영내(seller's premise)거래를 하는 경우에 이용하는 편이다.

EXW비용 = 생산원가(제조원가 + 검사 및 포장비 + 기대이익)

2) 운송인인도조건(Free Carrier, FCA)

FCA(지정인도장소 기입) 조건의 위험인도는 인도장소가 매도인의 영업구내인 경우 매도인이 물품을 매수인이 준비한 운송수단에 적재한 때 이전되며, 인도장소가 그 외의 장소인 경우 매도인의 운송수단에 적재되어 지정장소에 도착하여 운송수단에 적재된 채 양하준비된 상태로 매수인이 지정한 운송인이나 제3자의 처분하에 놓인 때이다. 만약 인도장소를 지정하지 않는 경우 매도인은 그의 목적에 가장 적합한 지점을 선택할 권리가 생겨서 매도인이 지정한다. 또한 FCA 조건은 매도인의 수출통관이 의무이다.

한편 FCA 조건에 대해 인코텀즈 2020은 처음으로 본선적재 표기가 있는 선하증권 발행에 대해 당사자가 합의한 경우 매수인의 요청에 의하여 매수인의 비용과 위험으로 운송인(FCA 경우 매수인이 지정)에게 본선적재표기가 있는 선하증권을 매도인에게 발행하도록 지시할 수 있다.

FCA비용 = EXW비용 + 지정인도장소까지의 적재 및 운송비용
+ 수출통관비용

3) 운송비지급규칙(Carriage Paid To, CPT)

CPT(지정목적지 기입) 조건의 위험인도는 매도인과 운송계약을 체결한 운송인에게 물품을 인도한 때이다. 위험이 운송인에게 인도된 때 위험은 매수인에게 이전되기 때문에 물품이 지정목적지에 양호한 상태로 도착할 것에 대해 매도인은 위험책임이 없다. 모든 운송수단에 적용되는 조건이기 때문에 인도되는 장소와 주운송(해운, 항공 등)을 위한 물리적 장소는 같을 수도 있지만 다를 수 있다. 이 경우 매도인의 위험은 매도인이 지정한 운송인에게 인도된 때 이전되지만, 주운송에 대한 운송계약의 책임은 여전히 매도인에게 존재한다. CPT 조건은 물품의 인도장소와 합의된 목적지가 구분되어 매도인의 위험은 인도장소에서 매수인에게 이전되지민, 비용은 목적지까지 포힘한다.

한편, 목적지에 도착하여 화물이 양하준비된 상태지만 컨테이너와 같은 정기선의 특성으로 양하에 관하여 비용이 발생할 수 있는데 이 경우 매도인은 당사자

간에 합의되지 않은 한 그러한 비용을 매수인으로부터 별도 상환받을 수 없다. 또한 CPT 조건은 매도인의 수출통관이 의무이다.

CPT비용 = FCA비용 + 지정목적지까지의 운송비용

4) 운송비보험료지급조건(Carriage and Insurance Paid To, CIP)

CIP(지정목적지 기입) 조건의 위험인도는 매도인과 운송계약을 체결한 운송인에게 물품을 인도한 때이다. 위험이 운송인에게 인도된 때 위험은 매수인에게 이전되기 때문에 물품이 지정목적지에 양호한 상태로 도착할 것에 대해 매도인은 위험책임이 없다. 모든 운송수단에 적용되는 조건이기 때문에 인도되는 장소와 주운송(해운, 항공 등)을 위한 물리적 장소는 같을 수도 있지만 다를 수 있다. 이 경우 매도인의 위험은 매도인이 지정한 운송인에게 인도된 때 이전되지만, 주운송에 대한 운송계약의 책임은 여전히 매도인에게 존재한다. CIP 조건은 물품의 인도장소와 합의된 목적지가 구분되어 매도인의 위험은 인도장소에서 매수인에게 이전되지만, 비용은 목적지까지 포함한다. 따라서 CIP의 경우 인도장소와 지정목적지를 구체화하여 정해야 한다.

한편, 목적지에 도착하여 화물이 양하준비된 상태지만 컨테이너와 같은 정기선의 특성으로 양하에 관하여 비용이 발생할 수 있는데 이 경우 매도인은 당사자간에 합의되지 않은 한 그러한 비용을 매수인으로부터 별도 상환받을 수 없다. 또한 CIP 조건은 매도인의 수출통관이 의무이다.

그리고 CIP 조건은 지정목적지까지 매수인의 물품의 멸실 또는 훼손 위험에 대하여 보험계약을 체결해야 한다. 다만, 보험약관에 있어 인코텀즈 2020 이전의

CIP는 협회적하약관(C)이나 그와 유사한 약관(ICC(FPA))에 기초하였다면 인코텀즈 2020에서는 ICC(A)약관이나 그와 유사한 약관(ICC(A/R))에 따른 담보조건을 부보해야 한다. 하지만 당사자들의 합의에 의해 낮은 수준의 담보조건으로 부보할 수 있다.

CIP비용 = CPT비용 + 적하보험료(ICC(A) 또는 그와 유사한 약관 기준)

5) 도착지인도조건(Delivered At Place, DAP)

DAP(지정목적지 기입) 조건의 위험인도는 매도인이 물품을 지정목적지에 도착운송수단에 실어둔 채 양하준비된 상태로 매수인의 처분하에 놓인 때이다. DAP 조건은 인도장소로 지정한 목적지까지의 비용은 매도인이 부담하지만 이후 비용은 매수인이 부담한다. 따라서 목적지까지의 운송계약체결의 의무가 매도인에게 있다.

만약 운송계약이 완전하지 못하여 목적지까지 후속운송이 발생한다면 그 비용에 대해서도 매도인이 책임을 진다. DAP 조건에서 매도인은 양하의 의무가 없다. 또한 DAP 조건은 매도인의 수출통관이 의무이다.

한편, 지정목적지(터미널이나 항만)에 도착한 물품이 통관을 하지 못한 채 대기하는 상황에서 위험이 발생하면 이 경우 매수인이 위험을 부담한다. 이런 경우를 피하기 위해서는 DDP 조건을 사용하는 것이 좋다.

DAP비용 = CPT비용 + 지정목적지까지의 운송비

6) 도착지양하인도조건(Delivered at Place Unloaded, DPU)

DPU(지정목적지 기입) 조건의 위험인도는 매도인이 물품을 지정목적지에 도착한 물품을 양하된 상태로 매수인의 처분하에 놓인 때이다. DPU 조건은 인도장소로 지정한 목적지까지 운반하여 물품을 양하하는 데 수반되는 모든 위험을 부담한다. 이 경우 인도와 도착이 같게 된다. DPU는 매도인이 양하의 책임이 있는 유일한 조건으로 지난 인코텀즈의 DAT와 맥락이 유사하다. 따라서 매도인은 목적지에서 양하가 가능한지 확인이 필요하며 만약 불가능할 경우 DAP를 사용해야 한다.

인도장소로 지정한 목적지까지의 비용은 매도인이 부담하지만 이후 비용은 매수인이 부담한다. 따라서 목적지까지의 운송계약체결의 의무가 매도인에게 있다. 만약 운송계약이 완전하지 못하여 목적지까지 후속운송이 발생한다면 그 비용에 대해서도 매도인이 책임을 진다. 또한 DPU 조건은 매도인의 수출통관이 의무이다.

한편, 지정목적지(터미널이나 항만)에 도착한 물품이 통관을 하지 못한 채 대기하는 상황에서 위험이 발생하면 이 경우 매수인이 위험을 부담한다. 이런 경우를 피하기 위해서는 DDP 조건을 사용하는 것이 좋다.

DPU비용 = DAP비용 + 양하비용

7) 관세지급인도조건(Delivered Duty Paid, DDP)

DDP(지정목적지 기입) 조건의 위험인도는 매도인이 물품을 지정목적지에 수입통관 후 도착운송수단에 실어둔 채 양하준비된 상태로 매수인의 처분하에 놓인 때이다. DDP 조건은 인도장소로 지정한 목적지까지 수입통관비용을 포함하여 그러한 인도장소/목적지 또는 인도/목적지점 전의 비용은 매도인이 부담하고 수입비용을 제외한 그 후의 비용은 매수인이 부담한다. 따라서 목적지까지의 운송계약체결의 의무가 매도인에게 있다. 만약 운송계약이 완전하지 못하여 목적지까지 후속운송이 발생한다면 그 비용에 대해서도 매도인이 책임을 진다. DDP 조건에서 매도인은 양하의 의무가 없다. 또한 DDP 조건은 매도인의 수출통관이 의무이다.

한편, DDP에서는 해당되는 경우에 매도인이 물품의 수출통관 및 수입통관을 하여야 하고 또한 수입관세를 납부하거나 모든 통관절차를 수행하여야 한다. 다만 매수인은 매도인이 수입통관을 위해 요구하는 정보는 제공해야 한다.

DDP비용 = DAP비용 + 수입통관비용

8) 선측인도조건(Free Alongside Ship, FAS)

FAS(지정선적항 기입) 조건의 위험인도는 매도인이 물품을 지정선적항에서 매수인이 지정한 선박의 선측(부두 또는 바지선)에 물품이 놓인 때이다. 물품의 멸실 또는 훼손의 위험은 물품이 선측에 놓인 때 매도인으로부터 매수인으로 이전하고, 향후의 모든 비용을 매수인이 부담한다. 또한 FAS에서는 해당되는 경우에 매도인이 물품의 수출통관을 하여야 한다. 다만, 유의해야 하는 부분으로 당사자들은 지정선적항에서 물품이 부두나 바지(barge)로부터 선박으로 이동하는 적재지점을 가급적 명확하게 명시하는 것이 좋다. 그 지점까지의 비용과 위험은 매도인이 부담하고, 이러한 비용과 그와 관련된 처리비용(handling charges)은 항구의 관행에 따라 다르기 때문이다.

FAS비용 = EXW비용 + 내륙운송비용 + 선측까지의 운송비용

9) 본선인도조건(Free On Board, FOB)

FOB(지정선적항 기입) 조건의 위험인도는 매도인이 물품을 지정선적항에서 매수인이 지정한 선박에 물품을 적재한 때 또는 이미 그렇게 인도된 물품을 조달할 때이다. 물품의 멸실 또는 훼손위험은 물품이 본선에 적재된 때 매도인으로부터 매수인으로 이전하고, 향후의 모든 비용을 매수인이 부담한다.

FOB 조건은 당사자들이 물품을 선박에 적재함으로써 인도하기로 하는 해상운송이나 내수로운송에만 사용되어야 한다. 따라서 FOB 규칙은 물품이 선박에 적재되기 전에 운송인에게 교부되는 경우, 예컨대 물품이 컨테이너터미널에서 운송인에게 교부되는 경우에는 적적하지 않다. 이러한 경우에 당사자들은 FOB 규칙 대신에 FCA 규칙을 사용하는 것을 고려하여야 한다.

또한 FOB에서는 해당되는 경우에 매도인이 물품의 수출통관을 하여야 하지만, 물품의 수입을 위한 또는 제3국 통과를 위한 통관을 하거나 수입관세를 납부하거나 수입통관절차를 수행할 의무가 없다.

FOB비용 = EXW비용 + 내륙운송비용 + 본선적재비용

10) 운임포함인도조건(Cost and Freight, CFR)

CFR(지정목적항 기입) 조건의 위험인도는 매도인이 물품을 지정선적항에서 매도인이 운송계약을 체결한 선박에 물품을 적재한 때이다. 물품의 멸실 또는 훼손위험은 물품이 본선에 적재된 때 매도인으로부터 매수인으로 이전하고, 향후의 모든 비용을 매수인이 부담한다. 또한 CFR에서는 해당되는 경우에 매도인이 물품의 수출통관을 하여야 한다.

한편, CFR은 물품을 적재하는 지정선적항에서 위험이 매수인에게 이전하며 매도인은 목적항까지의 운송계약을 매도인의 비용으로 체결해야 한다. CFR에서는 해당되는 경우에 매도인이 물품의 수출통관을 하여야 한다. 그러나 매도인은 물품의 수입을 위한 또는 제3국 통과를 위한 통관을 하거나 수입과세를 납부하거나 수입통관절차를 수행할 의무가 없다.

CFR비용 = FOB비용 + 목적지까지의 해상운임

11) 운임보험료포함인도조건(Cost Insurance and Freight, CIF)

CIF(지정목적항 기입) 조건의 위험인도는 매도인이 물품을 지정선적항에서 매도인이 운송계약을 체결한 선박에 물품을 적재한 때이다. 물품의 멸실 또는 훼손위험은 물품이 본선에 적재된 때 매도인으로부터 매수인으로 이전하고, 향후의 모든 비용을 매수인이 부담한다. 또한 CIF에서는 해당되는 경우에 매도인이 물품의 수출통관을 하여야 한다.

한편, CIF는 물품을 적재하는 지정선적항에서 위험이 매수인에게 이전하며 매도인은 목적항까지의 운송계약을 매도인의 비용으로 체결해야 하며 보험계약도 체결해야 한다. 이때 체결하는 보험의 담보수준은 협회적하약관 ICC(C)나 그와 유사한 약관이다. 물론 당사자 합의에 의하여 담보수준은 변경가능하다. CIF에서는 해당되는 경우에 매도인이 물품의 수출통관을 하여야 한다. 그러나 매도인은 물품의 수입을 위한 또는 제3국 통과를 위한 통관을 하거나 수입과세를 납부하거나 수입통관절차를 수행할 의무가 없다.

CIF비용 = CFR비용 + 적하보험료(ICC(C) 또는 그와 유사한 약관 기준)

3. 인코텀즈의 매도인과 매수인

인코텀즈의 구분은 매도인과 매수인의 책임을 중심으로 한다. 물품의 물리적 이동을 전제로 하며 이동을 위해 발생하는 양하역 및 이에 따른 비용과 위험을 고려해야 한다. 인코텀즈에서 제공하는 설명문은 이후 제시되는 매도인(A1-A10)과 매수인(B1-B10)의 각각 10가지 의무에 의해 작성된 것이다. A1과 B1은 매도인과 매수인의 기본적인 '일반의무(General Obligations)'를 기술하고 있다. A2와 B2는 매도인의 '인도(Delivery)'에 따른 매수인의 '인도의 수령(Taking Delivery)'이며, A3와 B3는 매도인과 매수인의 '위험이전(Transfer Risks)을 다루고 있다. A4와 B4에서는 '운송(Carriage)'에 대해서 각각 운송계약의 체결의무에 대해 기술하고 있으며, A5와 B5에서는 '보험(Insurance)'에 대해 각각 보험계약체결의 의무에 대해 기술하고 있다. 운송과 보험은 당사자 가운데 체결해야 한다는 표현이 의무이기도 하지만 실무적으로는 운송인과 보험사를 선택할 수 있는 권한이기도

하다. 이 외 A6와 B6는 '인도/운송서류(Delivery/transport document)', A7과 A8은 '수출/수입통관(Export/import clearance)', A8과 B8은 '점검/포장/화인표시(Checking/packaging/marking)', A9과 B9은 '비용분담(Allocation of costs)', 마지막으로 A10과 B10은 '통지(Notices)'에 대해 기술하고 있다.

[표 5-1] 인코텀즈 2020

조건	EXW	FCA	FAS	FOB	CFR	CIF	CPT	CIP	DPU	DAP	DDP
포장	매도인	매도인	매도인	매도인	매도인	매도인	매도인	매도인	매도인	매도인	매도인
상차료	매수인	매도인	매도인	매도인	매도인	매도인	매도인	매도인	매도인	매도인	매도인
출발지내륙운송료	매수인	매도인	매도인	매도인	매도인	매도인	매도인	매도인	매도인	매도인	매도인
수출통관료	매수인	매도인	매도인	매도인	매도인	매도인	매도인	매도인	매도인	매도인	매도인
출발지터미널비용	매수인	매수인	매도인	매도인	매도인	매도인	매도인	매도인	매도인	매도인	매도인
선적료	매수인	매수인	매도인	매도인	매도인	매도인	매도인	매도인	매도인	매도인	매도인
항공료/선적료	매수인	매수인	매수인	매수인	매도인	매도인	매도인	매도인	매도인	매도인	매도인
보험료	–	–	–	–	–	매도인	–	매도인	–	–	–
도착지터미널비용	매수인	매수인	매수인	매수인	매수인	매수인	매도인	매도인	매도인	매도인	매도인
도착지내륙운송료	매수인	매수인	매수인	매수인	매수인	매수인	매수인	매수인	매수인	매도인	매도인
관세, 수입통관료	매수인	매수인	매수인	매수인	매수인	매수인	매수인	매수인	매수인	매수인	매도인

매도인과 매수인의 책임을 해석할 때 중요한 것은 인코텀즈는 가격조건이며, 제시되는 가격은 이러한 조건별로 한정된 책임에 대한 가격이라는 점이다. 따라서 생산원가를 포함하여 책임을 이행해야 하는 데 소요되는 비용을 포함한 것이 가격이 된다. 반대로 생산원가만을 제시한다면 국내거래가격이 되는 것이기에 인코텀즈 조건에 따른 추가활동이 국외거래로 발생하는 추가비용이 된다는 논리이다.

[표 5-2] 인코텀즈 당사자의 의무

매도인의 의무	매수인의 의무
A1 일반의무 General obligations	B1 일반의무 General obligations
A2 인도 Delivery	B2 인도의 수령 Taking delivery
A3 위험이전 Transfer of risks	B3 위험이전 Transfer of risks
A4 운송 Carriage	B4 운송 Carriage
A5 보험 Insurance	B5 보험 Insurance
A6 인도/운송서류 Delivery/transport document	B6 인도/운송서류 Proof of delivery
A7 수출/수입통관 Export/import clearance	B7 수출/수입통관 Export/import clearance
A8 점검/포장/화인 Checking/packaging/marking	B8 점검/포장/화인 Checking/packaging/marking
A9 비용분담 Allocation of costs	B9 비용분담 Allocation of costs
A10 통지 Notices	B10 통지 Notices

CHAPTER 06

무역계약 이행조건

학/습/내/용

제1절 대금결제조건

제2절 선적조건

제3절 적하보험조건

제4절 분쟁조건

제1절

대금결제조건

대금결제는 무역계약에서 매도인의 기본적 의무인 물품인도 의무에 대응하는 매수인의 기본적 의무로서 그 의미를 찾을 수 있다. 대금결제에 대해서는 결제시기와 결제방식에 대한 고민이 필요하다.

1. 대금결제시기

결제시기로 대금결제를 구분하면 선지급, 동시지급, 그리고 후지급으로 구분할 수 있다. 선지급은 매도인이 물품을 인도하기 전에 매수인이 대금을 결제하는 방법이다. 주문과 동시에 현금을 지급하는 방법(cash with order, CWO), 송금수표나 우편환 또는 전신환 등을 이용하여 송금하는 방법 등이 있다. 동시지급은 매도인이 현물 또는 현물의 소유권을 갖추고 있는 운송서류를 인도함과 동시에 대금을 수령하는 방법으로 물품인도시지급방식(cash on delivery, COD), 서류상환불(cash against document, CAD), 그리고 추심에서 지급인도방식(documents against payment, D/P), 신용장에서는 일람불(at sight) 형태의 지급 또는 매입방식이 있다. 후지급의 경우 물품의 선적이나 인도 또는 어음의 일람 이후 일정기간 내에 대금결제가 이루어지는 방식으로 추심에서 인수인도방식(document against acceptance, D/A), 신용장에서는 기한부(usance)어음이 발행되는 인수신용장, 기한부매입신용장, 청산계정결제(open account, O/A) 등이 있다.

2. 대금결제방법

결제방법은 크게 신용장을 이용하는 방법과 신용장 외의 방법으로 구분할 수 있다. 신용장의 경우 지급, 연지급, 인수 그리고 매입신용장이 있다. 신용장 외의 대금결제방법은 현금, 송금을 이용한 CWO, CIA, COD, CAD, 그리고 추심방식인 D/P, D/A, 청산계정결제, 에스크로우, 팩토링, 포페이팅 등의 방법이 있다.

제2절

선적조건

무역계약에서의 선적의 의미는 선박에 화물을 적재하는 의미 이상을 포함하고 있다. 과거 신용장 통일규칙 UCP 500의 제46조 (a)항에서는 선적기일을 표시하는데 사용하는 "shipment(선적)"이라는 표현을 "loading on board(본선적재)", "dispatch(발송)", "accepted for carriage(운송을 위한 인수)", "date of post receipt(우편수취일)", "date of pick-up(집하일)"과 그 밖의 유사한 표현, 그리고 신용장에서 복합운송서류를 요구할 경우에는 "taking in charge(수탁)"과 같은 표현을 포함하는 것으로 해석한다라고 정의하였다. 하지만, 2007년에 개정된 UCP 600에서는 상기의 선적기일에 관한 내용이 UCP 600 제19조~제25조의 운송서류에 해당하는 조문들과 연관됨을 알 수 있어 삭제하였다. 그럼에도 무역거래에서 선적의 의미를 파악하기 위해서는 과거 UCP 500의 선적에 대한 정의가 중요하다고 할 수 있다.

선적에 있어 고민되어야 할 부분은 선적의 시기와 지연 그리고 선적 시 화물을 분할할 수 있는지에 대한 분할선적의 유무와 환적에 대한 부분이다.

1. 선적시기

선적시기는 특정일, 특정월, 그리고 즉시선적으로 구분할 수 있다. 특정일 선적의 경우 가장 많이 이용하는 조건으로는 계약서에 특정일 이전 또는 최종선적기일을 약정하여 표기한다. 특정일 이전 선적은 특정기간을 표시하여 그 날짜 이전에 선적을 완료하는 조건이다. 예를 들면, 대금결제 선지급을 받은 날로부터 6개월 이내에 선적을 완료해야 한다는 표현이 이에 해당한다. 최종선적기일조건은 최종선적일이 특정일을 넘지 않도록 기간을 정하는 것이다.

특정월 선적의 경우 선적기간을 월로 표현하는 방법이다. 예를 들면 5월에 선적이 완료되어야 한다고 하는 경우 선적기간은 5월 1일부터 5월 31일까지가 선적기간이 된다. 그리고 연월선적으로 2달 또는 2달 이상으로 선적기간을 지정할 수 있다.

즉시선적은 선적시기를 특정일이나 특정월로 정하지 않고 가능하면 빨리라는 의미로 표현하는 선적이다. 주로 immediate shipment, shipment as soon as possible, shipment without delay, prompt shipment 등의 용어를 사용한다. 이에 대해 미국은 관례상 신용장 발행일로부터 30일 이내, 영국은 관습에 따라 계약 성립 후 2주 이내로 해석하지만 보편적으로는 분쟁의 소지가 있기 때문에 보다 명확하게 표현하거나 사용하지 않는 것이 좋다.

2. 선적일자의 해석

운송서류별로 선적일자를 해석하는 것에는 다소 차이가 존재하지만, 선적의 개념이 다를 뿐 거의 유사하다. 선하증권의 경우 본선적재일 또는 선하증권 발행일이 선적일이 된다. 비유통성 해상화물운송장이나 복합운송서류의 경우 발송일, 인수일, 본선적재일이 선적일이 된다. 항공운송서류의 경우 항공운송서류 발행일 또는 비행일, 운송서류상의 인수 스탬프 일자 또는 발행일을 선적일로 간주한다. 도로, 철도, 내수로 운송서류는 수취 스탬프의 일자 또는 발행일자가 선적일이 되며, 우편이나 국제특배송(courier)의 경우 접수일이나 수령일이 선적일이 된다. 마지막으로 국제물류주선업자인 프레이트 포워더(freight forwarder)가 발행하는 운송주선인 발행서류는 서명이나 확인일이 선적일이 된다.

1) 분할선적

분할선적은 무역계약에서 계약물품을 최소 2회 이상 나누어서 선적을 이행하는 방법이다. 전량선적이 1회에 모두 선적하는 개념이라면, 분할선적은 계약물품을 수차례 나누어 선적하는 것이다. 따라서 계약은 1건이지만, 선적은 두 번 이상 진행하게 되며 이에 따른 운송서류도 건별로 발행한다. 그리고 수출입신고 역시 건별로 진행하여 각각의 면장을 발행할 수 있다. 하지만 선적의무기한 내에 선적을 진행한다면 1건으로 신고를 진행하되 분할 차수와 무관하게 모든 건의 개수와 수량이 수출신고필증과 일치하면 된다.

일반적으로 신용장에서 분할선적을 금지한다는 명시가 없으면 분할선적은 허용한다. 단, 신용장에서 선하증권이나 환어음의 분할발행이 금지하는 경우에는 분할선적 금지로 해석하여 분할선적은 허용하지 않는다고 해석한다. 그리고 분할선적에서 동일 목적지로 동일 항로를 운항하는 동일 선박에 대한 선적은 이를 증명하는 두 세트 이상의 선하증권이 있다고 하더라도, 즉 다른 선적일자 또는 다른 선적항을 표시하더라도 분할선적으로 간주하지 않는다. 반면 동일 목적지 및 동일 일자에 선적하더라도 다른 선박에 선적하는 경우 분할선적으로 간주한다. 즉 선적지가 아닌 목적지를 기준으로 동일 또는 상이한 선박에 선적하는가가 분할선적을 정의하는 기준이 된다.

참고로 할부선적의 경우 계약된 물품의 일정수량을 일정기간으로 나누어 주기적으로 선적하는 것으로, 주의사항은 해당 기간 내에 회차의 누락이 있다면 해당 회차뿐 아니라 이후의 선적은 무효가 된다는 점이다. 예를 들어 5회에 걸쳐 할부선적이 진행될 때 3회차에 선적의 의무를 다하지 못하였다면 3회차뿐 아니라 4회, 5회는 선적을 이행하였다고 하더라도 무효가 된다.

2) 환적

환적은 선적항으로부터 양륙항까지의 운송과정에서 화물을 한 운송수단으로부터 양하 또는 이전하여 다른 운송수단으로 재선적하는 것을 말한다. 일반적으로 신용장에서는 환적의 금지 문언이 없다면 환적을 허용한다.

제3절

적하보험조건

일반적으로 무역거래에서는 장거리, 장시간의 운송을 전제하므로 수출자로부터 수입자에게 인도되기까지 여러 가지 위험이 존재한다. 이러한 위험으로부터 발생할 수 있는 손해에 대비하여 화물에 대하여 보험을 부보하며 이 보험을 적하보험이라고 한다. 해상운송 외의 적하보험에 대한 용어는 항공운송의 경우 항공운송보험, 육상운송의 경우 육상운송보험, 복합운송의 경우 통과보험이라고 부른다. 한편, 적하보험은 해상보험의 일부이며, 해상보험에는 선주를 위한 선박보험 그리고 운송인을 위한 손해배상책임보험이 존재한다.

1. 보험부보의 의무

인코텀즈를 가격조건으로 이용한다면, 보험은 CIF, CIP 조건에서 매도인의 부보 의무사항이며, 그 밖의 인코텀즈 조건에서는 매도인과 매수인은 각자의 판단에 따라 화물에 대하여 적하보험을 들 수 있다.

2. 보험금액

보험금액은 보험사고 또는 소정의 손해가 발생한 경우 보험자가 지급하여야 하는 금액 또는 그 최고한도의 금액으로 보험계약자와 보험자가 약정한 금액이다. 보험료는 보험계약자가 보험자에게 화물(피보험이익)을 부보하고 납입하는 금액이다. 보험금액은 인코텀즈의 CIF를 이용하는 경우 최소부보조건인 협회적하약관(ICC) (C)로 부보하며, CIF 송장금액에 10% 가산하여 부보하는 것이 일반적이다. 단, 협회적하약관을 (A) 또는 (B)로 조정하는 경우 가산비율이 달라지며 당사자의 합의에 따라 가능하나. 안편 인코텀즈 2020에서 CIP의 경우에는 협회적하약관 (A)에 해당하는 최대부보조건을 적용하며, 이 경우에도 당사자의 합의가 있는 경우 (B) 또는 (C)로 부보범위를 조정할 수 있다.

3. 손해보상범위

적하보험의 손해보상범위는 피보험자가 부보한 조건에 따라 보험자가 담보한 위험에 기인하여 발생한 손해만을 보상하며 약관에서 제외하고 있는 위험이나 면책위험의 경우 보상받지 못한다. 보험계약을 체결할 때 담보위험과 면책위험에 대한 이해가 필요하며, 협회적하약관에 따라 면책위험의 범위가 달라질 수 있다는 점을 유념해야 한다. 그리고 특별약관을 통하여 면책위험이 담보위험으로 바뀌는 경우도 있다. 예를 들어, 전쟁약관과 동맹파업약관의 경우 특약을 통하여 면책위험에서 담보위험으로 변경할 수 있다.

제4절

분쟁조건

클레임은 무역거래에 대한 합의가 이루어져 계약이 성립한 이후 무역거래를 이행하는 과정에서 계약당사자 일방이 계약을 위반하여 상대 당사자에게 손해를 입혔을 때 피해자가 가해자에게 자기의 권리 회복을 요구하거나 손해배상을 요구하는 적극적인 행위를 말한다.

일반 거래에서 클레임이 발생하였을 때 법률상 구제방법은 일반적으로 법원 등의 국가공권력이 계약을 위반한 당사자에게 계약의 내용 이행을 명하거나 손해배상을 청구하는 방법이 있다. 하지만 국제적 상거래에 기반한 무역클레임은 국가권력이 다른 국가에 미치지 못할 수 있으므로 이에 대한 충분한 대비가 필요하다. 국제통상과 관련된 분쟁 영역은 그 당사자 주체에 따라 구분할 수 있다. 개별기업들 간의 국제통상분쟁, 개별기업과 국가 간의 국제통상분쟁, 국가들 간의 국제통상분쟁으로 나눌 수 있다.

먼저 개별기업들 간의 분쟁은 무역계약을 기초로 계약당사자가 계약의 의무를 불이행하거나 충족시키지 못할 경우 발생한다. 다음으로 개별기업과 국가 간의 분쟁은 해외직접투자, 공익사업, 자원탐사 및 개발을 위한 국가와 외국투자기업

간의 합작투자 등에서 발생한다. 마지막으로 국가 간 분쟁은 무역거래에 있어서 특정국가가 관련법, 규칙 등을 위반하거나 국제통상협정을 위반하여 다른 회원 및 협정국에게 피해를 끼칠 경우에 발생한다. 국가 간 분쟁은 회원국 간 분쟁, 회원국과 비회원국과의 분쟁, 그리고 비회원국끼리의 분쟁이 있다. 세계무역기구(WTO) 회원국이라면 세계무역기구에서 규정하고 있는 분쟁해결절차에 따라 해결이 가능하지만, 이외의 경우 외교적 수단, 국제기구, 국제중재, 국제재판 등에서 규정한 분쟁해결절차를 이용하여 해결한다.

1. 클레임 처리조건

클레임(claim)이란 권리의 주장, 청구권, 채권의 신청이라는 의미로 계약의 위반에 의한 손해에 관하여 피해자인 당사자가 책임이 있는 상대방에게 제기하는 손해배상청구의 소(訴)를 말한다. 여기서 '소(訴)'는 알리다, 호소하다, 그리고 고소하다의 의미를 가지고 있다. 무역거래에서 클레임은 무역계약의 이행을 하지 않음, 즉 계약의 불이행에 의하여 발생하는 것을 말한다.

무역계약에서 클레임은 일정한 기한 내에 클레임을 처리하지 않으면 그 이후에는 클레임을 제기할 수 없다는 내용의 클레임 제기기한에 관한 조항을 설정한 경우 그 기한 내에 권리행사와 이행이 있어야 한다. 이때 제한된 기한(제척기간)이 경과하면 매수인은 인수한 화물에 하자가 있다고 하더라도 구제권을 행사할 수 없기 때문에 제척기간 동안 매도인은 클레임에 대한 책임을 부담하고 이후에는 면책된다.

2. 준거법 및 재판관할 조항

무역계약을 체결할 때 분쟁조항에서는 준거법, 관할법원, 중재조항 등을 고민하는데 중요한 점은 중재든 소송이든 준거법과 함께 관할법원, 관할중재재판소를 함께 협의해야 한다.

먼저 준거법 조항은 그 계약서를 해석하고 당사자의 권리와 의무를 결정하는데 어느 국가의 실체법을 적용할지를 규정하는 조항이다. 즉, 준거법은 계약이 성립할 때 당해 계약에 대하여 규율할 근거가 되고 규범 밖의 사항을 관할하는 지정된 각국의 국내법을 의미한다.

준거법은 무역계약을 체결함에 있어 계약당사자가 정하며, 지정 준거법이 없거나 당사자의 의사가 불분명할 때에는 법률관계의 성질에 따라 법정지의 국제사법에 정하는 준거법이 적용된다. 국제사법은 대한민국에서의 외국인 및 외국에서의 대한민국 국민의 섭외적 생활관계에 관하여 준거법을 정하는 것을 목적으로 하는 법이다.

다음으로 재판관할조항으로 계약에서 분쟁해결에 관한 규정이 없는 경우 계약당사자가 분쟁에 관하여 새롭게 해결할 것을 합의하지 않는 한 그 계약으로 인한 분쟁은 최종적으로 국가가 행하는 재판에 의하여 해결하게 된다.

일반적으로 계약당사자가 국가를 달리하는 소송은 원고는 피고의 관할법원에 소송하지 않으면 안 된다는 원칙에 따라 피고의 소재지 법원에 소송을 제기하면 그 법원이 재판관할권을 갖고 행사한다.

마지막으로 당사자 간 분쟁해결이 어려울 경우에는 알선, 조정, 중재 그리고 소송의 방법을 통한 제3자의 개입으로 문제를 해결한다. 이 경우 역시 분쟁해결에 대한 문언이 계약서에 명시되어 있어야 하며, 준거법과 관할중재재판소를 협의해야 한다.

3. 클레임 제기와 해결의 형태 그리고 ADR

클레임 제기의 형태는 크게 철회 또는 취소, 거절, 수락으로 구분할 수 있다. 클레임의 철회는 클레임을 제기한 자가 자기가 제기한 클레임을 스스로 철회 또는 취소하여 무효화시키는 행위이다. 클레임의 거절은 클레임을 제기받은 자가 클레임을 제기한 것에 대하여 부당성을 입증할 만한 증거와 이유를 제시하여 거절하는 것이다. 클레임의 수락은 클레임을 제기받은 당사자가 클레임을 수락하는 것으로 전면수락과 부분수락이 있다.

클레임 해결의 형태는 손해배상금의 지급, 대금의 감액, 물품의 반송, 계약의 이행, 해결불능, 중재 또는 소송의 형태로 나타난다. 손해배상금의 지급은 제기된 클레임에 대하여 제기당한 당사자가 상대방에게 계약이 이행된 것과 같은 상태로 회복시킬 목적으로 입힌 손해를 금전적으로 보상하는 것이다. 대금의 감액은 물품대금을 분할하여 지급 또는 후지급의 경우 등 대금잔액이 남아 있는 상황에서 감액하는 방법이다. 물품의 반송은 화물의 인수를 거절하여 다시 선적지로 반송하는 것이다. 계약의 이행은 원 계약대로 의무를 이행하는 것이고, 해결불능의 경우는 클레임을 제기당한 당사자가 파산하거나 소재불명으로 해결이 불가능한 경우이다. 마지막으로 중재와 소송은 당사자 간 해결이 힘들 때 제3자를 통하여 해결하는 방법이다.

클레임의 해결방법은 먼저 거래당사자 자신이 무역실무에 대한 전문성을 갖추는 것으로 실무능력과 경험 그리고 지식을 통하여 무역에서 발생할 수 있는 분쟁의 요소를 제거하거나 최소화할 수 있다. 당사자 간 관점에서의 해결방법에는 클레임의 포기, 타협과 화해 등이 있다. 클레임의 포기는 클레임을 제기한 당사자가 구상액이 적거나 다른 조건에 만족하는 경우 제기한 클레임을 철회하는 것을 말한다. 또한 향후 상대방과의 원만한 거래관계를 위해 클레임을 제기하여 분쟁의 사안을 인지시켰지만 철회나 취소를 할 수 있다. 타협과 화해는 클레임의 포기보다 다소 심각한 분쟁사안으로 쌍방 간에 클레임에 대하여 합리적인 해결방안을 찾는 것으로 적당한 청구액과 구상방법의 합의라고 할 수 있다. 물론 이 경우 쌍방 간에 직접적으로 타협하거나 중개인을 통해 교섭할 수 있다. 쌍방 간의 관점에서 클레임이 해결되지 않는 경우 부득이 제3자의 역할이 발생하며 제3자를 통하여 클레임을 해결하는 방법으로는 보통 알선(intermediation), 조정(conciliation), 중재(arbitration) 그리고 소송(litigation)이 있다.

무역에서는 클레임 해결에 있어서 시간과 비용이 많이 소요되고, 법적 효력 생성에 문제가 생길 수 있는 소송을 제외한 대안적 분쟁해결방안(Alternative Dispute Resolution, ADR), 즉 알선, 조정, 그리고 중재가 일반적으로 이용된다.

CHAPTER 07 해상운송

학/습/내/용

제1절 해상운송

제2절 해상운임

제1절

해상운송

1. 해상운송의 개념

해상운송(carriage by sea)은 바다 위에서 선박(vessel)을 이용하여 사람(passenger)이나 재화(cargo)를 이동시키고 그 대가로 운임(freight)을 받는 상행위이다. 해상운송, 즉 해운은 서비스업으로 공간적 효용을 창출한다. 업종 구분으로는 서비스업이지만 물품의 이동을 전제로 하기 때문에 생산과 밀접한 관계를 가지고 있다. 따라서 해상운송은 공간적 효용의 창출을 통해 다양한 화물들이 또 다른 가치 창출로 이어질 수 있다. 해운사에 있어 영국의 유명한 작가 리디어드 키플링(Rudyard Kipling, 1917)은 "운송은 문명이다(Transportation is civilization)"라고 하였다. 이 한 문장에서 세계 경제에 미치는 운송의 파급효과를 가늠할 수 있다. 이와 맥락을 같이하여 해운은 무역량에 종속적이며, 무역량은 세계 경제(세계총생산)에 종속적인 관계이다. 해상운송은 글로벌 관점에서 큰 비중을 차지하고 있는데 유엔무역개발기구(UNNCTAD)에 의하면 국제교역의 약 80%가 해상운송을 통하고 있다. 특히 우리나라의 수출입화물 가운데 해상운송의 비중은 99.7%로 절대적이다. 산업적 관점에서 해운산업의 수출액은 2023년 기준 383억 달러로 우리나라 수출산업의 7위를 기록할 정도로 비중이 있다.

해상운송을 통한 국제교역의 비율은 기여하며 국민경제에서 상당한 비중을 차지하고 있다. 그리고 수출입화물로 발생하는 국제적 운임수입을 통해 국제수지 개선에 기여하고 있다.

1) 해운관련산업

해운산업은 해운업, 항만운송사업, 그리고 해운항만부대사업으로 구성되어 있다. 해운업에는 해상여객운송사업, 해상화물운송사업, 해운중개업, 해운대리점업, 선박대여업 및 선박관리업이 있다. 항만운송사업에는 항만하역업, 검수업, 검정업, 검량업, 항만용역업 · 물품공급업 · 선박급유업(船舶給油業) 및 컨테이너 수리업이 있다. 그리고 해운항만부대사업으로는 조선업, 해상보험업, 통관업(관세법), 보세운송업(관세법), 보세창고업(관세법) 및 도선업(유선 및 도선 사업법) 등이 있다.

"해상여객운송사업"이란 해상이나 해상과 접하여 있는 내륙수로(內陸水路)에서 여객선으로 사람 또는 사람과 물건을 운송하거나 이에 따르는 업무를 처리하는 사업을 말한다. "해상화물운송사업"이란 해상이나 해상과 접하여 있는 내륙수로에서 선박(예선에 결합된 부선 포함)으로 물건을 운송하거나 이에 수반되는 업무(용대선을 포함)를 처리하는 사업을 의미한다. 여기서 "용대선(傭貸船)"이란 해상여객운송사업이나 해상화물운송사업을 경영하는 자 사이 또는 해상여객운송사업이나 해상화물운송사업을 경영하는 자와 외국인 사이에 사람 또는 물건을 운송하기 위하여 선박의 전부 또는 일부를 용선(傭船)하거나 대선(貸船)하는 것을 말한다. “해운중개업”이란 해상화물운송의 중개, 선박의 대여 · 용대선 또는 매매를 중개하는 사업을 말한다. “해운대리점업”이란 해상여객운송사업이나 해상화물운송사업을 경영하는 자(외국인 운송사업자를 포함)를 위하여 통상(通常) 그 사업에 속하는 거래를 대리(代理)하는 사업을 말한다. “선박대여업”이란 해상여객운송사업이나 해상화물운송사업을 경영하는 자 외의 자, 본인이 소유하고 있는 선박(소유권을 이전받기로 하고 임차한 선박을 포함)을 다른 사람(외국인을 포함)에게 대여하는 사업이다. “선박관리업”이란 선박관리산업발전법에 규정된 국내외의 해상운송인, 선박대여업을 경영하는 자, 관공선 운항자, 조선소, 해상구조물 운영자, 그 밖의 선원법상의 선박소유자로부터 기술적 · 상업적 선박관리, 해상구조물관리 또는 선박시운전 등의 업무의 전부 또는 일부를 수탁(국외의 선박관리사업자로부터 그 업무의 전부 또는 일부를 수탁하여 행하는 사업을 포함)하여 관리활동을 영위하는 업을 칭한다.

2) 해운시장의 분류

해운시장은 화물에 따라 구분될 수 있다. 화물의 구분은 단위화(unitization)에 따라 결정된다. 먼저 단위화가 되는 화물의 경우 개장(unitary packing)을 모아 내장(inner packing)을 사용하여 외장(outer packing)으로 포장할 수 있으며, 팔레트와 컨테이너 등 단위화된 용기를 이용하여 정기선 선박인 컨테이너선을 이용하여 국제운송을 이행한다. 이렇게 형성된 시장이 정기선 시장이다. 한편 단위화되지 않는 화물은 소위 벌크화물(bulk cargo)이라고 불린다. 보통 철광석, 석탄, 곡물, 유류를 4대 벌크화물이라고 한다. 여기서 유류를 따로 분류하여 형성된 시장이 탱커시장이다. 건화물의 경우 벌크선시장으로 분류되며, 정기선과 달리 탱커선과 벌크선은 부정기적으로 자율계약에 따라 화물을 찾아다닌다고 하여 부정기선(tramper)이라고 불린다. 국제운송을 이행함에 있어서 가장 중요한 부분이 바로 화물의 분류이며, 분류된 화물의 속성에 따라 다른 흐름을 가진다.

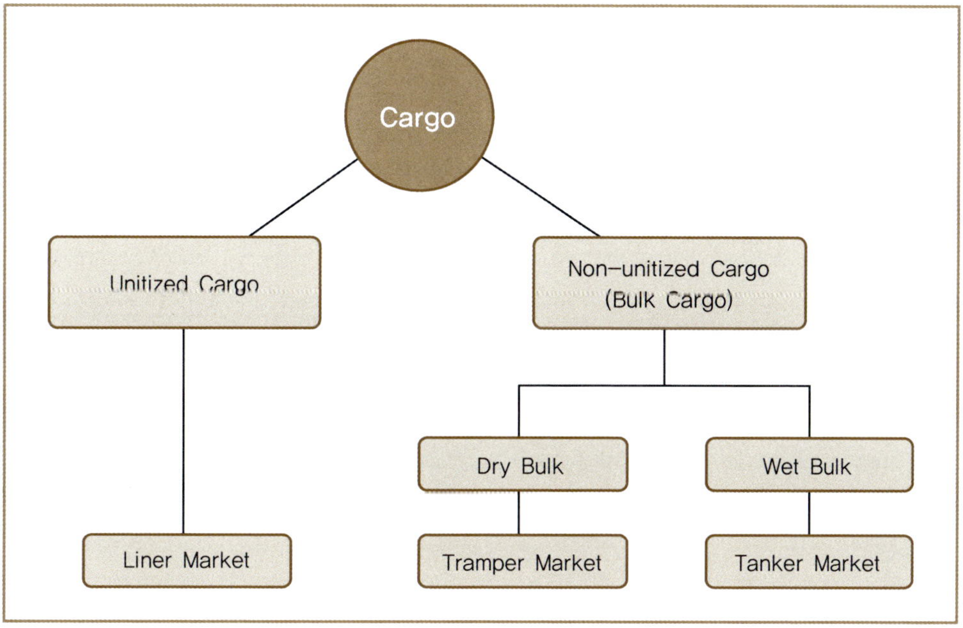

[그림 7-1] 화물에 따른 해운시장의 분류

2. 해상운송 네트워크

해상운송은 국제교역에 있어 가장 중요한 운송수단이라고 할 수 있으며, 이러한 해상운송 네트워크(노선)는 변화하는데 다양한 이유가 있지만 결과적으로 해상운송 서비스에 대한 수요와 공급에 의해 변한다. 선사는 대형 화주의 요청 또는 해운시장의 변화를 인지하여 기항항만, 운송시간, 선적화물 할당 등의 운항 및 영업 전략을 탄력적으로 운영함으로써 화주를 만족시킬 수 있는 서비스 개발과 도입을 추진할 수 있다. 정기선의 경우 정기적인 항로가 존재하며, 부정기선의 경우 전용항만 간의 운송으로 계약 발생 시 부정기적으로 운항하기 때문에 해상운송 네트워크라고 하면 일반적으로 정기선 서비스의 운항 노선을 의미한다. 해상운송 네트워크는 수요와 공급에 맞추어 항로를 연결하는 것이 핵심으로, 해상운송 네트워크는 본질적으로 서비스의 결합이 없는 단일의 구간항로서비스(end to end service)와 구간항로서비스의 결합 형태로 나타난다.

단일의 구간서비스(end to end)는 출발점과 도착점을 연결하는 방식으로 세계일주서비스(round the world service)와 직기항(direct call service)을 파생시키며, 구간항로의 결합으로 제공되는 서비스는 시계추서비스(pendulum service), 전해상서비스(all water service)와 허브앤스포크시스템(Hub & Spoke system) 등을 파생시킨다. 이러한 해상운송 네트워크, 즉 노선의 다변화에는 환적(transshipment)과 분할선적(partial shipment)이 이용된다.

이러한 해상운송 네트워크의 주요 변화요인은 앞서 언급한 수요와 공급이며 세부적으로 경제적 측면에서 수요의 변화, 수급의 균형과 불균형, 항만의 변화, 항로의 변화, 운송수단의 대형화 및 첨단화, 특수상황(국가위험, 자연변화) 등이 해운의 네트워크 변화를 가져오는 요인이다.

해운서비스는 기본적으로 물동량이 대량으로 발생하고 다빈도로 발생하는 지역을 중심으로 제공되기 때문에 수요의 변화에 따라 네트워크의 변화를 가져온다. 그리고 수급의 균형과 불균형의 경우 해운시황이 호황일 경우와 불황일 경우에 노선의 변화가 있을 수 있다. 항만의 변화로 인해 선박의 입항 가능 여부, 항만의 유인책에 따른 기항지 변화 등 역시 네트워크의 변화를 가져올 수 있으며, 운하, 북극해 등 새로운 항로의 개척으로 항로의 변화가 결국 네트워크 변화를 가져온다. 예를 들어 태국의 크라 운하(Kra Isthmus Canal), 니카라과 운하

(Nicaragua Canal) 등은 노선의 변화를 가져올 수 있다.

선박 측면에서 보면 운송수단의 대형화와 첨단화로 인해 초대형 선박의 등장과 함께 항만에서의 하역작업 가능 여부에 따른 기항지 변경으로 노선 변화가 가능하다. 이외 특수상황으로는 중동지역의 전쟁 등 과거 국가차원의 위험 발생 시 노선의 우회가 있었으며, 최근에는 북극해 등의 개방으로 인한 노선의 변화가 가능하다.

[표 7-1] 환적의 유형

유형	내용
분산피더형 환적 (scattering/feedering T/S)	허브항에서 모선(mother vessel)과 피더선(feeder vessel) 사이에서 이루어지는 전형적인 환적형태
항로교차형 환적 (interline T/S)	서로 다른 간선항로(trunk route)가 교차하는 항만에서 모선과 모선 사이에서 이루어지는 환적
우회도회피형 환적 (by-pass T/S)	모선이 여러 군데 기항하는 항만(calling port)이 존재하는 경우 운송시간을 단축하기 위하여 후반에 경유하는 항만의 물동량을 초반 항만에서 분산하기 위하여 환적
전환형 환적 (switching T/S)	주요 간선노선이 북-북노선과 남-북노선 간의 환적으로 Intra-Asia 물동량과 FE-EU, EU-US, FE-US간 물동량의 환적
만회형 환적 (catch-up T/S)	운항일정이 지연될 경우 특정 항만의 기항을 취소하고 해당 항만의 화물을 다음 기항지에서 피더운송으로 연결하는 환적
기타 형태의 환적	환적의 개념은 선박과 선박 간의 물동량 이적재, 다른 운송수단과의 환적을 포함시키기도 함

출처: UNCTAD (1990); 정봉민 (2015).

3. 정기선과 부정기선

1) 정기선

정기선(Liner)은 정해진 항만을 정해진 항로에 따라 정해진 스케줄로 규칙적

운항하는 선박을 의미한다. 해상운송을 정기적인 서비스로 제공하기 위해서는 많은 선박이 필요하며, 아울러 안정적인 공급이 필수적이기 때문에 과거에는 해운동맹을 중심으로 정기선 서비스를 제공하였다.

하지만 2008년 이후부터 유럽연합의 반독점금지로 해운동맹(shipping conference)은 사실상 와해되어 최근에는 얼라이언스(alliance)의 형태로 전략적 제휴를 맺어서 정기선 서비스를 제공하고 있다. 정기선은 여객, 소량 일반화물 및 컨테이너 화물을 취급하며, 개품운송계약으로 선박회사가 불특정다수의 화주와 개별적으로 운송계약을 체결하기 때문에 선박회사는 공공운송인 또는 일반운송인의 성격을 가지고 있다.

한편 운송계약형식은 법정기재사항을 요구하는 요식계약이며, 선하증권이 계약서 역할을 한다. 그리고 헤이그룰이나 함부르크룰 등 준거규칙에 따라 필수기재사항은 다를 수 있다.

2) 부정기선

부정기선(tramper)은 기항항만이나 항로가 화물의 수요와 공급에 따라 부정기적이기 때문에 운임은 화물과 선박의 수급에 따라 결정되므로 탄력적으로 변동된다. 그리고 부정기선은 주로 곡물, 광물, 목재와 같은 대량의 동종 살화물(bulk cargo)을 취급하며, 선복(shipping space)의 전부 또는 일부를 선주로부터 빌리는 용선계약(contract of charter party)을 체결하여 운영한다. 선주는 계약운송인 또는 사적운송인의 성격을 가지고 있다.

[표 7-2] 정기선과 부정기선의 운송계약

구분	개품운송계약	용선계약
형태	불특정다수의 화주로부터 위탁받은 개개화물을 운송	특정 대량화주와 특약에 의해 선박을 빌려주어 화물을 운송
선박	정기선	부정기선
화주	불특정다수	특정 화주
화물	general cargo(unitized cargo)	bulk cargo(wet or dry cargo)
계약	선하증권(B/L)	용선계약서(C/P)
하역비용	berth term(liner term)	berth term, FI, FO, FIO, FIOST
운임	공시요율(tariff rate)	수급에 따른 시세(open rate)

4. 해상운송계약

1) 정기선 운송계약

선복예약을 통한 운송계약체결은 다음과 같다. 선적의뢰서(shipping request, S/R) → 선박회사는 적하예약목록(booking note, B/N)을 작성하여 송하인 및 본선에 통지 → 선박회사는 검량회사에 용적 · 용량증명서(certificate of measurement and weight) 발급 의뢰 → 선박회사는 송하인에게 선적지시서(shipping order, S/O) 발행 → 송하인은 선장(통상 일등항해사, chief mate)에게 선적지시서(S/O) 제시 후 선적하고 확인 후 본선수취증(mate's receipt, M/R)을 교부받아(일반화물이 아닌 컨테이너의 경우는 부두수취증(dock receipt, D/R)을 교부받아 선박회사에 제출 → 선박회사는 선하증권(bill of lading, B/L) 발행 → 선박회사는 수출지 본선에서 제공한 적하목록(manifest)을 수입지 대리점에 송부 → 송하인은 B/L을 수하인에게 송부 → 수하인은 선박회사에 선하증권(B/L) 제시 후 화물인도지시서(delivery order, D/O) 교부받음 → 수하인은 터미널에서 본선에 화물인도

지시서(D/O) 제시 후 화물을 인수한다.

참고로 선적의뢰서(shipping request, S/R)는 화주가 선사를 대상으로 선복을 확보하기 위하여 제출하는 운송의뢰서이다. 선적의뢰서에는 통상 상업송장과 포장명세서를 기반으로 송화인, 수화인, 통지자(notify party), 선적항, 도착항, 화인, 물품의 명세, 중량, 용적 등 선적 이후의 선하증권 작성에 필요한 정보들이 담겨 운송인에게 제출된다. 선적지시서(shipping order, S/R)는 화주의 선적의뢰서(S/R)에 대해 선사가 발행하는 화물적재지시서이며, 통상 일등항해사를 선적책임자로 발급된다. 검수사(tallyman)는 선적화물을 양하역할 때 화물의 수량을 확인하고 증명하는 일에 종사하는 자를 말한다. 검량사(measurer)는 선적화물을 양하역할 때 화물의 용적 또는 중량을 확인하고 증명하는 일에 종사하는 자를 말한다. 감정사(surveyor)는 선적화물 및 선박(부선 포함)에 관련된 증명, 조사, 감정하는 일에 종사하는 자를 말한다.

2) 부정기선 운송계약

선주(ship owner)와 용선자(charterer) 간의 계약 절차는 다음과 같다. 먼저 선복조회(inquiry) → 정보(indication) 교환 → 확정청약(firm offer) → 반대청약(counter offer) → 선복확정서(fixture note) → 용선계약서(charter party)로 계약체결이 진행된다. 하지만 통상 선주와 용선자 사이에 해운중개인(Broker)이 개입하여 계약을 진행하는 것이 일반적이다.

(1) 정기용선(time charter)

용선자가 선박의 전부를 용선기간 동안 빌리고 그 대가로서 용선료(hire 또는 charterage)를 지불하는 선박사용계약이다. 일반적으로 정기용선을 이용하는 용선자는 용선선박의 항해를 통해 운임을 획득하거나 재용선하여 시세차익 획득을 목적으로 하는 운항업자(operator) 전체용선(whole charter)계약을 체결한다.

표준정기용선계약서는 발틱국제해운거래소(The Baltic International Maritime Conference, BIMCO)에서 승인한 양식 중 뉴욕산물거래소(New York Produce Exchange, NYPE)가 제정한 NYPE 93을 주로 사용한다.

(2) 항해용선(voyage charter or trip charter)

선주가 용선자의 특정화물을 특정항(들)으로부터 다른 항(들)까지 운송하여 주고 그 대가로서 해상운임(freight)을 수취하는 일종의 용역계약이자 운송계약이다. 통상 용선자는 단일 또는 복수의 화주이며, 단일화주의 경우는 전체용선, 복수의 화주인 경우는 부분용선(partial charter)을 한다. 참고로 항차별 운임인 선복용선계약(lump sum charter), 1일 단위 용선료를 지불하는 일대용선계약(daily charter)이다.

표준항해용선계약서 역시 BIMCO(발틱국제해사협의회)에서 승인한 양식 중에서 표준항해용선계약서(GENCON, 1994)를 주로 사용한다. 그리고 용선계약선하증권(charter party B/L)을 CONGENBILL라고 하며, 현재는 CONGENBILL (2007)을 사용하고 있다.

제2절 해상운임

1. 해상운임

운임은 운송임의 준말로 운송 서비스에 대한 반대급부로 사람 또는 재화를 수송해 주는 대가이다. 운임은 수요에 대해 탄력적인데 수요가 많아지면 운임이 상승하고 반대로 수요가 적어지면 운임은 하락한다. 수요는 공급과 함께 고려되는데 일정한 수요에도 공급량이 늘어나면 수요가 적어지게 되며 공급량이 줄어들면 수요가 많아지게 된다. 하지만 해상운송의 공급은 선복량(shipping space)으로 선박의 발주, 건조, 그리고 수주에 이르러 시장에 투입되기까지 시간 차이가 존재하며, 수요의 증감세에 공급의 증감세가 바로 대응하기 어렵기 때문에 결과적으로 수요는 운임에 탄력적이지만, 공급은 상대적으로 비탄력적이다.

이러한 해상운임에 대해서는 몇 가지 이론이 존재한다. 먼저 용역가치설은 해상운임은 운송이 창출하는 부가가치에 의해 결정된다는 이론으로 국가 간 상품가격의 차이를 부가가치로 간주하고 국가 간에 상품의 가격 차이가 발생하는 것은 운임이 존재하기 때문이라고 간주한다. 결과적으로 국가별 물품의 가격 차이가 운송비를 결정한다고 판단하는 이론으로 가격 차이가 곧 운임의 상한선이 됨을 의미한다. 생산비설은 해상운임은 운송을 생산(공급)하는 데 발생하는 생산비용을 근거로 결정된다는 이론으로 운임은 생산비와 이윤 그리고 기회비용의 합으로 보고 있다. 결과적으로 화물별로 생산비는 다르기 때문에 전용화물을 이용하는 부정기선에 적합하다. 운임부담능력설은 해상운임은 수요자(화주)가 부담할 수 있는 능력에 따라 결정된다는 이론으로 도착지 물품가격에서 운임의 비중이 크다는 것은 물품가격 대비 운임비가 비싸다는 의미로 저가상품을 의미하며, 반대로 운임 비중이 적다는 것은 물품가격이 운임 대비 비싸다는 의미로 고가품을 의미한다. 운임부담능력설에 따라 종가요율, 등급요율, 차별요율과 같은 운임체계가 형성된다. 마지막으로 절충설은 운임의 최대상한성은 운임부담능력이 되고 운임의 최저하한선은 생산비가 된다는 이론이다.

한편, 운송은 사회적 공공성을 갖고 있기 때문에 통제가 가능한 경제영역에서는 시장의 원리를 적용하기 힘들다. 이러한 운송의 공공성은 안정적인 서비스 제공을 목표로 하고 있어 과거 해운동맹 등의 방법으로 운임의 안정성을 추구하였다. 하지만 오늘날 해운동맹의 와해 등으로 운임은 자유경쟁상태에 있어 특히 외항해운은 시장의 원리가 적용되어 경쟁이 더욱 치열한 상황이다. 참고로 정기선의 경우 불특정다수의 화주를 상대하고 아울러 불특정다수의 화물을 운송하기 때문에 운송의 공공성이 적용되지만, 부정기선의 경우 특정화물과 특정화주를 대상으로 하기 때문에 운송의 개별성이 존재한다.

운임의 부과기준은 크게 중량(weight, metric ton), 용적(measurement, cubic meter), 가격(value), 개수, 특수화물 여부 등에 따라 부과된다. 통상 공급자인 운송인에게 유리하게 가격을 측정할 수 있는 W/M(weight or measurement)이 일반적으로 적용되는 운임톤(freight ton 또는 revenue ton)을 적용한다. 기본적인 운임기준 외 부가적으로 상황에 따라 추가운임 및 할증료가 부가된다.

참고로 운임 부과에 있어 중량기준의 경우 화물의 총중량(G/T)로 계산되며 중량톤(M/T, 1,000 kg)당 운임을 부과한다. 용적기준의 경우 화물의 총부피로 계산되며 용적톤은 CBM으로 포장을 포함하는데, 화물의 고유성 및 포장에 따른 화물 간 손실공간에 대해서는 적하계수(stowage factor)를 적용하여 계산한다. 적하계수(stowage factor)는 화물의 톤당 부피(m^3/ton)로 화물의 중량 1 MT(1,000 kg)을 선적할 때 화물과 화물, 화물과 선체와의 틈 및 화물 자체가 차지하는 전체 공간을 m^3로 표시한 것이며, 적하계수 1을 분기점으로 중량화물과 용적화물로 구분한다. 예를 들어 특정화물(석탄)의 적하계수는 1.05~1.25이며 이는 석탄 1 MT를 적재하는데 1.05~1.25 m^3의 공간이 필요함을 의미한다(이 경우 운임은 1 MT로 산정하지 않고 1.05~1.25 Ton으로 부과됨). 즉 용적화물은 1 CBM 화물이 1 MT를 넘지 않는 화물이며, 중량화물은 1 CBM 화물이 1 MT를 넘는 화물이다. 개수기준은 화물의 개수 단위로 운임을 부과한다. 특수기준은 화물의 취급에 특별한 주의와 장비 등이 사용되어 추가운임이 발생하는데, 예를 들면 위험물, 변질화물, 기피화물, 평균 이상의 중량화물, 부피화물, 장척화물 등에는 할증운임이 부과된다.

2. 정기선 운임

1) 정기선 운임의 구성

정기선 선사의 수입은 해상화물운임 수입에서 운항비를 제외하면 운항순익이 되며, 운항순익에서 선비와 용선료 및 일반관리비를 제외하면 순이익률이 된다. 정기선 운임의 구성(기본료)은 선비, 운항비, 용선비, 일반관리비로 구분된다. 직접선비는 선박운항에 필요한 비용으로 선원비, 수리비, 선용품비, 윤활유이다. 간접선비는 선박 소유에 필요한 비용으로 감가상각, 금리, 선박보험료이다. 운항비는 선박이 항해할 때 발생하는 비용으로 연료비, 항비, 선적 및 하역비, 대리점 수수료 및 중개료, 일반화물비, P&I 보험료이다. 용선비는 선박의 용선으로 발생하는 비용이다. 그리고 일반관리비는 운영비용으로 본사, 해외지사, 대리점 인건비, 업무비, 시설유지비 등이다.

정기선 운임의 속성은 기본료, 할증료, 부대비용으로 볼 수 있다. 특히 할증료(surcharge)에는 체선할증료, 통화할증료, 유류할증료, 중량/장척할증료, 하역항 미확정 및 변경에 따른 할증료, 양륙항 변경할증료, 환적할증료, 안개할증료 등이 있다.

2) 정기선 운임의 종류

정기선의 운임은 지급시기에 따라 선불운임과 후불운임으로 구분할 수 있다. 계산방법에 따라서는 등급운임, 체감운임, 지역운임을 구분된다. 공시 여부에 따라서는 공시운임, 경쟁운임으로 구분된다. 부과방법에 따라서는 종가운임(ad valorem freight), 품목별운임(commodity Rate), 무차별운임(freight all kinds rate), 차별운임, 품목별박스운임, 할증운임, 특별운임, 최저운임 및 소포운임으로 구분된다. 적재정도에 따라서는 만재운임, 혼재운임, 부적운임(dead freight)이 있다. 참고로 부적운임은 화물의 실제 적재량이 계약량에 미달할 경우 그 부족분에 대하여 지불하는 운임이다.

3) 할증료

선박운임의 할증료는 다양하며 그 종류는 다음과 같다.

① **유류할증료(bunker adjustment factor, BAF)**

운송비에 급변한 유가인상분에 의한 추가적인 비용을 보전하기 위하여 부과하는 할증료로 BAF는 주로 유럽항로에 적용되며 fuel adjustment factors는 동남아 북미항로, EBS(emergency bunker surcharge)는 주로 호주항로에 적용된다.

② **저유황사용할증료(low sulphur surcharge, LSS)**

IMO에서 2020년부터 선박 연로에 황(sulphur) 함유량을 기존 3.5%에서 0.5%로 낮게 규제함에 따라 운송료에 부과되는 할증료로 이미 많은 지역에서 적용 중이다.

③ **통화할증료(currency adjustment factor, CAF)**

운임표기 화폐의 약세로 인한 손실을 보전하기 위하여 부과한다.

④ **엔고손실보충요금(yen appreciation surcharge, YAS)**

CAF와 유사하게 엔고로 인한 손실분 보전을 위하여 부과한다.

⑤ **체선료(port congestion surcharge or charge, PCS or PCC)**

항구에서 대기선박 적체로 장기간 대기할 경우 부과된다.

⑥ **수에즈운하할증료(Suez canal surcharge, SCS)**

수에즈운하가 막힐 경우 희망봉 경유로 인해 발생되는 비용을 보전하기 위하여 부과된다.

⑦ 전쟁위험할증료(war risk surcharge, WRS)

전쟁지역이나 전쟁지역 경유 화물에 부과된다.

4) 추가비용

선박의 추가비용 역시 할증료처럼 다양하며 다음과 같다.

① 차별항운임(outport arbitrary)

기지항(base port) 이외의 지역에서 직하 또는 양하되는 화물에 부과된다.

② 환적료(transshipment charge)

선박이 화물의 최종 목적항에 직접 기항하지 않기 때문에 화물의 환적으로 인해 추가로 발생하는 비용을 보전하기 위하여 부과된다.

③ 선택항료(optional charge)

화주가 선적 당시에 최종 목적항을 둘 이상 정하여 최초 항 도착 전에 양하항을 지정하는 경우 적부상의 문제점을 감안하여 부과된다.

④ 항구변경료(diversion charge)

선적 시에 지정했던 항구를 본선 선적완료 후 변경할 경우 부과된다.

⑤ 과중료(heavy lift charge)

화물의 단위당 중량 초과로 특수장비를 이용할 경우 부과된다.

⑥ 장척료(long length charge)

화물의 전장이 너무 길거나 커서 특수장비를 이용할 경우 부과된다.

⑦ 위험물할증료(dangerous goods premium)

화물에 내재한 위험성으로 선적 시 특별한 주의가 필요한 경우 화물에 부과된다.

⑧ 특별운항료(special operating service charge)

항만 내 파업 발생으로 선박이 예정된 항구에 기항하지 못하고 인접항에서 화물을 양하할 경우 추가로 소요되는 육상운송료 등을 보전하기 위하여 부과된다.

⑨ 포기선하증권발행비(surrender charge, SRD)

원본의 선하증권 발행 이후 빠른 화물의 인수를 목적으로 원본을 반납하고 surrender B/L을 발행하는 경우 2번의 선하증권 발행이 되어 발생하는 비용으로 일반적으로는 surrender B/L만 발행한다.

⑩ 봉인비(seal fee, SLF)

컨테이너 봉인(seal)을 할 때 봉인사용료로 일반적으로 선사에서 화주들에게 부과하며 화주들 자체 봉인의 경우 선사가 인정하는 경우 추가비용 없다.

⑪ 컨테이너수급불균형비용(container imbalance charge, CIC)

컨테이너 수급불균형에 따른 공컨테이너 운송비용 보전을 위해 부과된다.

5) 부대비용

부대비용은 선사들이 운항비의 증가 또는 운항수입의 감소를 보전하기 위해 기본운임의 일정비율로 컨테이너 또는 톤당 일정액을 정하여 공시한다. 부대비용의 종류는 다음과 같다.

① 터미널화물처리비(terminal handling charge, THC)

수출화물의 경우 화물이 터미널에 입고된 순간부터 본선의 선측까지 또는 수입화물의 경우 본선의 선측에서 터미널의 게이트를 통과하기까지의 구간에서 화물의 이동에 따라 소요되는 비용으로 OTH(terminal handling charge at origin)와 DTH(terminal handling charge at destination)로 구분되는데 일반적으로 운임에 포함되어 결과적으로 화주가 부담한다.

② 컨테이너화물조작장작업료(CFS Charge)

선적지와 도착지의 CFS에서 컨테이너 하나의 적재량을 채우지 못하는 소량화물(LCL)의 혼재 또는 분류작업으로 발생하는 비용으로 포워더가 화주로부터 징수하여 CFS 운영자에게 지불한다.

③ 도착지화물인도비용(destination delivery charge, DDC)

북미에 도착하는 화물에 대하여 도착항에서 터미널 작업비용과 도착지의 내륙운송비용을 포함한 비용이다.

④ 컨테이너세(container tax)

항만, 배후도로, 건설 등 운송시설의 확충을 위하여 항만 배후도로를 운송하는 컨테이너 차량에 대해서 부과하는 교통유발부담금이다.

⑤ 서류발급비(documentation fee)

선사에서 선하증권(B/L)과 화물인도지시서(D/O) 등의 서류를 발급할 때 발생하는 행정비용이다.

⑥ 지체료(detention charge)

화주가 대여받은 컨테이너 또는 트레일러를 규정된 시간 내에 반환하지 못한 경우에 지불해야 하는 벌과금이다.

⑦ 부두사용료(wharfage)

화물입출항료로 수출 시 항만시설 사용에 대한 톤 기준으로 부과한다.

3. 부정기선의 운임

1) 부정기선 운임의 구성

부정기선의 운항원가는 선비 및 운항비로 구분되며, 선비는 직업선비와 간접선비로 구분된다. 직접선비는 선박을 운항 가능한 상태로 유지하기 위한 비용으로 선원비, 수리비, 선용품비, 윤활유비 등이다. 간접선비는 선박을 소유하는 데 필요한 비용으로 감가상각, 금리, 선박보험료 등이다. 운항비는 선박의 항해에 필요한 비용으로 연료비, 항비, 선적 및 하역비 등이다.

2) 항해용선 묵시보증

항해용선 묵시보증은 선주측과 용선주측이 있는데 선주측은 감항성, 정당한 조출, 이로불허이며, 용선주측은 선주가 아닌 선장이 화물을 인수해도 손실과 손상시 용선주에 대한 보상 및 배상책임이 있다. 항해용선은 선박스펙, 항해 기항지, 화물상세, 부적운임 및 운임과 수수료, 적/양하비 부담조건, 정박시간(laytime), 항해용선과 책임담당자 등의 내용을 중심으로 계약서를 작성한다.

3) 항해용선의 종류

항해용선은 가장 일반적인 부정기선 운송으로 먼저 항해용선계약(voyage or trip Charter)은 운임을 톤당 책정하여 계약체결을 한다. 선복용선계약(lump sum charter)은 선복의 일부 또는 전체로 계약체결을 진행한다. 일대용선계약(daily charter)은 하루의 운임을 기준으로 계약을 체결한다. 총용선(gross term charter)은 선주가 일체의 하역비(stevedorage) 및 항비(port charge)를 부담하는 조건이다. 단, 부선작업(lightering)의 경우 부선료 및 부선노임을 화주가 부담하고 선주는 본선에서의 선내비용을 부담한다. 순용선(net term charter)은 화주가 화물을 선박에 선적하고 양륙하는 비용과 함께 선적항과 양륙항의 항비 등을 추가로 부담하는 조건으로 해당 조건은 화주가 선주가 잘 모르는 항로를 이용하거나 화주가 선적 및 양륙시설을 보유하고 있는 경우 사용된다.

4) 정박기간(laytime, layday)

항해용선에서 선적 및 양하작업을 위하여 용선자에게 허용된 시간으로 선적 및 양하작업이 종료되어 선주는 각각의 항구에서 계약된 시간 내에 작업이 완료되었는지를 체결한 하역조건을 기준으로 산정하여 체선료와 조출료 및 미정산 운임을 정산한다.

정박시간(laytime)은 선적 및 양하작업을 위하여 용선자에게 허용된 시간으로 합의된 정박시간을 초과하면 용선자는 체선료(demurrage money)를 선주에게 지불하고 반대로 허용된 시간보다 일찍 하역을 종료하게 되면 선주는 용선자에게 조출료(despatch money)를 지급한다.

정박시간(laytime)[1)]은 선박이 항만에 도착한 일시와 장소, 그리고 용선계약서(C/P)에 규정한 조건대로 선적/양하준비가 되어 있다는 내용을 담고 있는 하역통지서(notice of readiness, N/R)가 제출된 이후 시작되는데 통상 건화물의 경우 하역통지서 제출이 선박이 도착한 날의 운영시간(office hours) 안에 이루어지면 다음 작업일(working day)의 오전 8시에 시작되며, 유조선의 경우에는 N/R 제출 후 6시간 이후 시작된다. 참고로 종료시점은 건화물의 경우 작업종료시점이며, 유조선의 경우 호스 분리시점이다.

정박시간의 성립을 위해서는 선박이 항구의 통상적인 대기장소에 도착해야 하며, 선적/양하 준비가 되어야 하며, 마지막 하역통지서가 제출되어야 한다. 정박시간은 정박일 계산서(statement of facts, SOF)에 의해 산정되며, 하역통지서 제출 날자와 시간 그리고 작업의 시작 날짜와 시간, 일일 작업사항, 날씨를 포함하여 기타 작업 중단 사유 등의 내용이 기재된다.

정박시간의 종류는 크게 관습적조속하역(CQD), 연속정박기간(Running days), 작업일(WWD)로 구분할 수 있으며 다음과 같다.

---

1) Gecon C/P 2022 Part II(10~12조 Laytime)

① 관습적 조속하역(Customary Quick Dispatch, CQD)

항만의 관습에 따라 조속히 하역하되 정박시간을 항만의 관습에 따라 산정한다.

② 연속정박기간(Running Days)

작업 불가능일과 휴일 및 공휴일 등에 대한 고려 없이 하역을 시작한 시점부터 종료할 때까지의 모든 시간을 정박시간으로 간주한다.

③ 작업일(Working Days)

항만에서 기상상태가 좋아 작업이 가능한 날을 의미하며, 항만의 관습에 따라 작업 가능 시간은 다르다. 작업일 조건에는 WWD, SHEX, SHEXUU, SHEXEIU 등이 있다.

- Weather Working Days(WWD) or Working Days, Weather Permitting는 Working Days(8시간~24시간으로 항구마다 다름)에서 날씨의 영향을 받지 않고 선적 및 양하작업을 한 시간만을 산정한다.
- Even If Used(EIU)는 선적 및 양하작업 시간에서 제외하기로 한 날에 작업을 해도 정박시간 계산에 넣지 않는다는 의미이다.
- Unless Used는 선적 및 양하작업 시간에서 제외하기로 한 날에 작업을 하면 정박시간 계산에 넣는다는 의미이다.
- Sundays and Holidays Excepted(SHEX)는 일요일과 공휴일은 정박시간 계산에서 제외하는 의미이다.
- Sundays and Holidays Included(SHINC)는 일요일과 공휴일은 정박시간 계산에 산입한다는 의미이다.

5) 정기용선

정기용선은 기간용선계약이라고도 하며 일정기간동안 선박을 빌리는 계약방식이다. 정기용선은 하계 만재흘수선에 의한 재화중량톤수를 기준으로 일대일 용선료 또는 월단위 용선료로 계약을 하며 일반적으로 정기용선료는 1개월 또는 반개월마다 선불로 지급한다. 정기용선계약은 일항차 정기용선계약(Time Charter Trip, TCP)과 기간용선계약(Period Time Charter)으로 구분할 수 있다.

정기용선에서 선주는 선박의 선체, 기관, 속구 등을 언제나 항해가 가능한 상태로 유지해야 하며, 선원비, 선체보험료, 수리비, 선용소모품비 등의 선비를 부담해야 한다. 정기용선에서 용선주는 선박항해에 필요한 연료비, 항비, 청수비, 화물비 등의 항해비를 부담한다.

[표 7-3] 용선별 운임 구조

구분	정기용선 (time charter)	항해용선 (voyage charter)	나용선 (bare boat charter)
선주	직접선비 간접선비	직접선비 간접선비 운항비	간접선비
용선인(주)	운항비		직접선비, 운항비

주) 직접선비 : 선원비, 선용품비, 수리비, 검사비 등
간접선비 : 보험료, 선박등록세 등
운항비 : 항만사용료, 연료비, 운반비 등

6) 하역비

오늘날 정기선은 통상 컨테이너선을 지칭하며 하역비는 운임에 포함되어 있다. 반대로 부정기선의 경우 화물의 하역비는 큰 비중을 차지하고 있기 때문에 선주

와 화주 간 부담을 결정해야 한다. 하역비는 부정기선 용선계약 시 주로 이용되며 보통 화주와 선주의 선적 및 양륙시설 보유나 활용 정도에 따라 정해진다. 하역비의 조건은 다음과 같다.

① Berth Term(liner term)

선주의 책임과 비용으로 화물을 선적하고 양륙하며 운임에 하역비가 포함된다. 주로 정기선에서 이용되지만 항해용선에서도 적용가능한데 항해용선에서 해당 조건을 사용하면 조출료와 체선료가 발생하지 않게 된다.

② Free In(FI)

선적은 화주의 책임과 비용으로 이루어지며 양륙은 선주의 책임과 비용으로 이루어진다.

③ Free Out(FO)

선적은 선주의 책임과 비용으로 이루어지며 양륙은 화주의 책임과 비용으로 이루어진다.

④ Free In & Out(FIO)

선적과 양륙이 모두 화주의 책임과 비용으로 이루어지는데 해당 조건의 경우 선적항과 양륙항에서 조출료와 체선료가 발생할 수 있다.

⑤ Free In and Out, Stowed and Trimmed(FIOST)

선적, 양륙, 적부, 트리밍의 비용이 모두 화주의 책임과 비용으로 이루어진다. 여기서 적부(stowed)는 화물을 선내에 적재하는 것을 의미하며, 트리밍(trimmed)은 살화물 등의 벌크화물을 다지는 작업이다.

CHAPTER

08 선하증권

학/습/내/용

제1절 선하증권의 의미

제2절 선하증권의 구분

제1절

선하증권의 의미

1. 선하증권의 정의

선하증권(bill of lading, B/L)이란 화주(송화인)와 선박회사 간의 해상운송계약에 의하여 선박회사가 발행하는 유가증권이다. 선하증권은 선박회사가 화주로부터 위탁받은 화물을 목적지의 양륙항까지 운송하여 그 증권의 소지자에게 증권과 상환으로 운송화물을 인도할 것을 약속하는 요식 · 요인증권이자 제시증권이다. 아울러 선하증권은 유가증권이므로 인도나 배서(endorsement)에 의하여 전매될 수 있고, 소지인(bona fide holder 또는 bearer)은 선적화물을 소유하고 있는 것과 동일한 효과를 지니며 물품에 대한 지배권을 갖는다. 이러한 속성으로 선하증권의 인도는 물품의 인도와 동일한 효력을 갖는다.

선하증권은 이상의 정의와 특성으로 권리증권, 요인증권, 채권증권, 요식증권, 문언증권, 유통증권, 지시증권의 속성이 있으며, 무엇보다 선적화물수취증의 기본 기능을 가지고 있다.

[표 8-1] 선하증권의 기능

운송계약의 증빙	정기선운송에서는 별도의 운송계약서가 없고, B/L상에 운송계약의 내용이 상세히 기재되어 있어 운송계약의 정적인 증거서류로 인정됨
화물수취증	운송인이 송하인으로부터 화물을 인수 또는 선적하였음을 추정적으로 증명함
권리증권	목적항에서 증권이 지시하는 정당한 소지인에게 물품을 인도할 것을 약정하고 있으므로 선하증권에 기재된 화물을 대표하며 선하증권의 양도는 양도와 동일한 효력을 가짐

선하증권의 대체서류에는 해상화물운송장(sea waybill, SWB)이 있다. 해상운송에서 선하증권 대신 사용하는 물품의 수령 및 운송계약의 증빙서류로서, 물품의 신속한 인도를 위해 유통성 선하증권 대신에 도착지에서 화눌을 인도받을 때 원본 서류의 제시가 필요 없는 비유통성 서류를 말한다. 선하증권은 기명식으로만 발행되는 단순 화물 수취증이자 운송계약의 추정적 증거로서 권리증권성이 없다. 권리증권이 아니므로 서류 분실에 대한 위험이 없다. 화물의 통관, 수령을 신속하게 할 수 있다.

[표 8-2] 선하증권과 해상화물운송장 차이

구분	선하증권	해상화물 운송장
유통성	유통 증권	비유통성 서류
원본 요구	화물의 인도를 위해서 원본 선하증권의 제시가 필요함	해상화물운송장 원본의 제시 없이도 기명된 수하인 물품을 수령
발행 형식	다른 방법으로도 발행되나 일반적으로 지시식	기명식

2. 선하증권의 기재사항

선하증권의 법정기재사항은 선하증권에 반드시 기재하여야만 효력이 발생하는 내용으로 선하증권의 표면(전면)난에 기재되는 내용을 말한다. 선하증권의 법정기재사항의 존재는 선하증권이 요식증권임을 의미한다. 선하증권은 준거법에 따라 그 요식이 다르다. 예컨대 헤이그룰과 함부르크룰의 선하증권 법정기재사항은 다르다. 우리나라에서는 헤이그룰을 따르고 있으며, 이를 기반으로 '상법'(제853조)에서 법정기재사항을 명시하고 있다. 따라서 준거법을 어떻게 하느냐에 따라 선하증권의 요식은 다르게 변할 수 있다. 하지만 최소의 주요 기재사항은 공통성을 가지고 있다.

선하증권을 발행할 때 우리나라 상법에 기초하면 선하증권에는 다음의 선하증권 기재사항을 기재하고 운송인이 기명날인 또는 서명하여야 한다. 단, 운송물의 중량 · 용적 · 개수 또는 기호가 운송인이 실제로 수령한 운송물을 정확하게 표시하고 있지 아니하다고 의심할 만한 상당한 이유가 있는 때 또는 이를 확인할 적당한 방법이 없는 때에는 그 기재를 생략할 수 있다. 아울러 운송인이 선하증권에 기재된 통지수령인에게 운송물에 관한 통지를 한 때에는 송하인 및 선하증권 소지인과 그 밖의 수하인에게 통지한 것으로 본다.

한편, 법정기재사항 외 임의기재사항에는 운송인과 송하인 사이의 특약사항으로 대부분이 운송인의 면책사항이 기재되어 있어, 본선항해번호(voyage no.) 화물도착통지처(notify party), 운임지급지 및 환율, 선하증권의 번호, 컨테이너 번호 및 봉인(sealing)번호, 선주의 면책조항(general clause or exceptions) 등이 있다.

면책조항에는 위험 제외에 관한 사항으로 천재지변(Act of God) 및 해난(perils of the sea), 전쟁위험 제3자의 행위에 기인하는 위험 등이 있으며, 책임의 면책에 관한 조항으로 과실조항(negligence clause), 잠재하자조항(latent defect clause), 이로조항(deviation clause), 부지조항(unknown clause), 파손 및 누손조항(breakage, leakage clause), 고가품 조항, 위험품 조항 손해배상조항 등이 있으며, 기타 조항으로 뉴제이슨 조항(new Jason clause)[1], 공동해손조항(general average clause) 등이 있다.

[표 8-3] 선하증권 법정기재사항(상법 853조)

1	선박의 명칭 · 국적 및 톤수
2	송하인이 서면으로 통지한 운송물의 종류, 중량 또는 용적, 포장의 종별, 개수와 기호
3	운송물의 외관상태
4	용선자 또는 송하인의 성명 · 상호
5	수하인 또는 통지수령인의 성명 · 상호
6	선적항
7	양륙항
8	운임
9	발행지와 그 발행연월일
10	수통의 선하증권을 발행한 때에는 그 수
11	운송인의 성명 또는 상호
12	운송인의 주된 영업소 소재지

3. 선하증권의 준거법

1) 헤이그규칙

헤이그규칙은 1924년 선하증권이 발행되어 선하증권에 관한 법률관계와 해석에 대해 통일을 위해 규정한 '선하증권에 관한 통일조약(International Convention for the Unification of Certain Rules Relating to Bills of Lading)'이라는 정식명칭으로 제정되었다. 헤이그규칙은 운송인의 책임에 관하여 선장, 선원, 기타 운송인의 대리인의 항해 또는 선박 취급상의 행위와 태만 또는 과실(항해상과실)에 대해

1) 뉴제이슨조항(New Jason Clause)은 통상 공동해손의 경우 발생원인(선원과실 포함) 여하를 불문하고 그 손해에 대하여 화주도 분담하는 반면 화물의 손해가 아닌 선체의 손해에 대해서는 기존의 화주의 분담책임이 없다는 해석에 대하여 선주도 선체의 손해를 화주에게 분담청구할 수 있다는 취지의 약관을 말한다.

운송인이 면책됨을 규정하고 있다. 한편 화물의 선적, 적부, 운송, 보관, 양륙 등에 대한 과실(상업상과실)은 면책되지 않는다고 규정하고 있다. 결과적으로 운송인의 대리인 또는 사용인의 고의 또는 과실에 기인하지 않는 모든 손해는 운송인의 면책으로 하고 있다. 단, 멸실 또는 손상이 고의 또는 과실에 기인하지 않음을 증명해야 한다. 화물에 대한 운송인의 배상책임은 화물의 포장당 또는 단위당 100 스털링 파운드(Sterling Pound)로 한도하고 있다. 참고로 선하증권 주요 기재사항은 주요한 화인, 송화인이 서면으로 제출한 포장물품의 개수, 수량 또는 중량, 그리고 물품의 외관상 상태 기재로 비교적 단순하게 정의하고 있다.

2) 헤이그-비스비규칙(Hague-Visby Rules)

헤이그규칙이 변화하는 해상운송의 여건에 부합하지 않는다는 판단 아래 헤이그규칙의 개정이 요구되는 상황에서 1968년 '선하증권 통일조약 개정의정서(Protocol to Amend the International Convention for the Unification of Certain Rules of Law Relating to Bills of Lading)'의 명칭으로 일명 헤이그-비스비규칙이 채택되었다. 헤이그-비스비규칙은 운송인의 책임한도액을 상향하여 운송인의 책임의 무게를 무겁게 하였지만, 여전히 운송인의 면책조항을 두어 운송인 중심의 국제조약이라고 평가된다.

3) 함부르크규칙

함부르크규칙은 1968년 헤이그-비스비규칙의 발효 이전에 개발도상국들이 UNCTAD에 기존의 운송인 중심의 조약이 아닌 화주의 권익을 보호할 수 있는 조약에 대한 요구로 새로운 선하증권조약안을 요구하였다. 결국 1978년 독일의 함부르크에서 개정된 유엔해상물품운송조약(UN Convention on the Carriage of Goods by Sea, 1978)이 만들어져 일명 함부르크규칙으로 개정되었다. 함부르크규칙은 기존의 헤이그규칙이 순수한 해상운송구간만을 커버하는 데 비해 컨테이너 운송과 관련하여 집화와 인도를 위하여 해상운송에 인접한 육상운송까지 커버하고 있다. 특히 운송인의 책임범위 확대, 항해과실 면책의 폐지, 화재 면책의 폐지, 면책 카탈로그 폐지, 지연손해에 관한 운송인의 책임 명문화, 클레임 제기기간 2년으로 연장 등이 주요 변경내용이다.

운송인의 책임한도액은 포장당 또는 단위당 835 SDR(특별인출권, special drawing rights) 또는 총중량의 kg당 2.5 SDR 가운데 많은 금액을 배상액으로 한다. 지연손해에 대한 운송인의 한도액은 지연화물운임의 2.5배로 하되 운송계약하에서 지급되는 운임총액을 초과할 수 없도록 하였다. 참고로 함부르크규칙의 선하증권 기재사항은 송화인이 통고한 물품의 일반적 성질, 주요 화인, 위험물의 경우 위험성에 대한 명시적 문언, 포장 또는 개품의 수 및 물품의 중량 또는 수량, 물품의 외과상태, 운송인의 명칭 및 영업소, 송화인의 명칭, 수화인의 명칭, 선적항 및 인도일자, 양륙항, 증권발행수, 발행일자, 운송인의 서명, 운임, 갑판적 운송이 되는 경우 그 취지의 문언, 양륙항에서의 물품인도 기간, 고액책임제한액 등이다.

제2절 선하증권의 구분

1. 선하증권의 종류

1) 선적선하증권

선적선하증권(shipped or on board B/L)은 본선 상에 물품이 적재된 이후 발행하는 선하증권이다. 선하증권의 발행은 실질적인 물품의 선적을 의미한다. 증권면에 “shipped in apparent good order and condition on board the vessel” 또는 “loaded in apparent good order and condition on board the vessel”의 문언이 기재되어 있다.

2) 수취선하증권

수취선하증권(received B/L)은 운송인이 물품을 수령한 후 선적 전에 발행하는 선하증권이다. 의미상으로는 부두수취증 또는 창고수취증의 의미이며, 증권면에

"received in apparent good order and condition for shipment on board the vessel"의 문언이 기재되어 있다.

참고로 수취선하증권에 선적 후 적재 완료되었다는 문언과 일자를 기입하고 발행자가 서명하는 것을 본선적재표기(on board notation)라고 하는데, 이러한 문언이 기입되면 선적선화증권으로 전환된다. 이 경우 본선적재표기 선하증권(on board endorsement B/L)이라고 하며 이것은 선적선하증권으로 취급된다.

3) 무사고선하증권

무사고선하증권(clean B/L) 또는 무고장선하증권은 물품이 본선에 양호한 상태와 신고된 수량대로 선적되어 선하증권의 비고(remarks)란에 운송물의 수량이나 포장상태에 이상상태가 기재되지 않고 발행된 것을 말한다.

신용장통일규칙(UCP 600)에서는 무고장선하증권만 수리가 가능하도록 규정되어 있으나, 부지약관(unknown clause)이 있는 경우에도 무고장선화증권으로 간주된다. 부지약관은 운송물품의 내용 표시가 없이 "shipper's load and count" 또는 "said by shipper to contain" 등과 같이 화주에 의해 화물이 검수 및 적재된 경우에 해당한다. 그리고 무포장화물(unprotected, unboxed) 또는 외관상의 하자가 수선된 경우(repaired, mended, reviewed, repacked)에도 무고장선화증권으로 간주된다.

마지막으로 중고 포장재료 사용(second-hand packaging materials used), 낡은 포장재료 사용(old packaging materials used), 수리된 포장재료 사용(reconditioned packaging materials used), 해상운송을 위해 충분하지 않은 포장(packing may not be sufficient for the sea journey) 등 역시 무고장선하증권으로 간주된다.

4) 사고부선하증권

사고부선하증권(foul or dirty B/L) 또는 고장부선하증권은 선사가 물품을 인수할 당시 파손, 유손 등 포장상태가 불완전하거나 수량이 부족하여 비고란에 이러한 사실을 기재하여 발급된 선하증권을 말한다. 예를 들면, 선하증권 비고란에 bags torn, cased broken, packaging holed, goods deformed, goods scratched, the packing is not sufficient for the sea journey 등이 이에 해당한다.

사고부선하증권의 경우 송화인이 파손되거나 문제가 있는 화물을 재포장하거나 보충해야 하지만 시간적 한계로 운송인인 선사에게 수출업자와 은행을 연대보증인으로 한 파손화물보상장(letter of indemnity, L/I)을 제출하고 무고장선하증권을 발급받는 방법을 이용하기도 한다. 즉 차후에 파손화물에 대하여 문제가 제기된다면 송화인이 운송인에게 보상책임을 지게 되므로 문제된 화물에 대해 수화인과 보험회사에 사전통보하여 차후 추가선적이나 가격공제 또는 할인 등의 양해를 구해야 한다. 아울러 보험회사는 L/I에 대해 보상책임이 없기 때문에 송화인은 보험회사에 고지해야 한다.

5) 지시식선하증권

지시식선하증권(order B/L)은 수하인란에 특정 이름이 기재되지 않고, 단순히 지시인(order)만 기재되어 있는 선하증권이다. 수하인의 이름이 기재된 기명식 선하증권(straight B/L)에 상대되는 개념으로, 대부분의 무역거래에서 원칙적으로 사용된다. 기명식 선하증권이 제3자에게 양도되지 않는데 비하여 양도될 수 있다. 수화인란에 특정인을 기재하지 않고 “to order”, “to order of shipper”, “to order of bank”라고 표기되어 유통을 목적으로 한 선하증권을 말한다. 참고로 수입업자의 구체적인 이름과 주소는 착하통지처(Notify Party)란에 기재한다.

지시식선하증권의 경우 선하증권 뒷면에 백지배서(blank endorsement)를 통하여 물품에 대한 권리를 이전시킨다. 지시식선하증권의 경우 송화인이 백지배서를 통해 은행에 인도하면 인도된 후에는 단순히 증권의 인도만으로 물품에 대한 권리가 이전된다. 일반적으로 단순지시식(to order) 또는 송화인 지시식(to order of shipper)이 많이 쓰인다.

6) 기명식선하증권

기명식선하증권(straight B/L)은 화물을 받는 수하인(consignee)란에 수입업자의 이름이 구체적으로 표시된 선하증권이다. 수하인란에 이름이 적혀 있지 않은 지시식선하증권(order B/L)에 상대되는 개념으로, 주로 이삿짐이나 개인물품 등의 화물운송에 많이 이용된다. 무역거래에서는 유럽 국가들 간의 거래 또는 수입국에 수출업자의 대리인이 있을 경우에 국한하여 사용된다. 유통되지 않으므로 송하인의 배서는 필요하지 않으며, 특정인에게 화물을 인도해야 하므로 양도가 불가능하다. 하지만 발행인 배서양도를 금지하고 있지 않은 한 화물을 양도한다는 배서는 할 수 있다.

기명식선하증권은 선하증권의 수화인란에 물품의 수취인으로 수입업자나 은행 등의 특정인의 상호가 기재된 선하증권으로 기명된 특정인만이 물품을 인수할 수 있기 때문에 운송 중 물품의 전매나 유통이 제한적인 비유통증권이다. 따라서 배서양도할 수 없다.

하지만 우리나라 상법 제820조 및 제130조에서는 기명식선하증권이라 하더라도 배서금지의 문구(no negotiable)가 없는 경우에는 배서에 의하여 양도할 수 있도록 규정하고 있다. 다만 양도가 행해질 때는 운송인에게 통지해야 한다. 일반적으로 기명식선하증권은 비유통성 때문에 선지급, 청산결제 등 유통이 필요 없는 거래에서 사용된다.

7) 유통선하증권

유통선하증권(negotiable B/L)은 증권으로 표시된 권리가 소지인 또는 증권면에서 지정하고 있는 지시인에게 배서 또는 교보로 자유롭게 양도될 수 있다는 취지가 명시되어 있는 증권으로 지시식, 지참식선하증권(bearer B/L)이 이에 해당한다.

8) 유통불능선하증권

유통불능선하증권(non-negotiable B/L)은 권리의 양도나 유통이 불가능한 선하증권으로 기명식선하증권이 이에 해당한다. 특히 원본 외에는 모두 'non-negotiable'이라는 도장 또는 문구가 표시되어 있어 사본으로는 화물 상환과 은행 매입이 진행되지 않는다.

9) 해양선하증권

해양선하증권(ocean B/L)의 경우 국내에서 사용되는 내국선하증권(local B/L)의 상대개념으로 통상의 국외거래에서 사용하는 선하증권은 해양선하증권이다.

10) 내국선하증권

내국선하증권(local B/L)은 통운송의 경우 제2의 운송인이 자신의 운송구간에 대하여 발행하는 선하증권 또는 국제해상운송에 이어지는 경우 국내의 해상운송에 대하여 발행되는 선하증권이다.

11) 집단선하증권

집단선화증권(master or groupage B/L)은 운송할 화물이 LCL 화물인 경우 포워더가 화물을 혼재하여 동일한 목적지의 물품을 하나로 만들어 선적할 때 발행되는 선하증권이다. 즉, 포워더의 혼재화물에 대해 선사가 1건으로 발행하는 선하증권을 말한다.

12) 혼재화물선하증권

혼재선하증권(house B/L) 또는 운송주선인선하증권은 화물 혼재를 주선한 포워더가 운송인으로부터 원선하증권(master B/L)을 받고 각 화주들에게 발행해주는 선하증권이다.

일반적으로 포워더가 발행한 house B/L은 권리증권이 아니기 때문에 신용장상에서 이러한 선하증권을 매입한다는 표기가 없다면 수리되지 않는다. 다만 house B/L의 서명란에 포워더가 실제 선사(운송인)를 대행하여 발행한다는 “Acting as agent for...”라는 문구가 있다면 수리된다.

13) 일관선하증권

통선하증권 또는 일관선하증권(through B/L)은 해상을 포함하는 2개 이상의 운송수단을 이용하여 운송하는 경우 최초의 운송인이 전 구간의 운송에 대해 책임지고 발행하는 운송증권이다.

14) 복합운송선하증권

복합운송선하증권(combined transport B/L)은 복합운송증권과 달리 반드시 해상운송을 포함하며, 해상, 육상, 항공 중 적어도 두 가지 이상의 이종 운송방식을 이용하여 운송하는 경우 복합운송인이 전 구간의 운송에 대하여 책임을 지고 발행하는 증권이다. 특히 발송지와 도착지를 아우른다.

15) 기간경과선하증권

기간경과선하증권(Stale B/L)은 신용장상에 서류제시기간이 정해져 있는 경우에는 그 기간 내에 운송서류와 금융서류가 지정된 은행이나 매입은행에 제시되어야 하며, 이러한 제시기한이 없는 경우에는 통상 운송일자 후 21일 이내에 서류가 제시되어야 하는데 그렇지 못한 선하증권을 말한다.

선하증권이 선적되어 발행된 날로부터 21일이 경과되어 은행에 제시된 경우 해당 선하증권은 기간경과 선화증권이라고 하고 수리가 거절된다. 하지만 'stale B/L acceptable'이라는 문구가 신용장에 기재된 경우 은행에서 매입하기도 한다. 참고로 stale은 썩은, 오래된, 신선하지 않은 등의 의미를 가지고 있어 서류가 기간이 경과된 경우에 stale document라는 표현을 사용한다.

16) 제3자선하증권

제3자선하증권(third party B/L)은 무역거래를 통한 수익자가 송화인(수출자)이 아닌 제3자가 송화인이 되는 경우에 발행되는 선하증권으로 중계무역에서 주로 이용된다. 즉 무역거래의 수출자가 송화인이 아닌 실제 물품 선적자가 송화인이 되어 제3자선하증권이라고 한다.

17) 스위치선하증권

스위치선하증권(switch B/L)은 신용장이나 무역관계서류상의 조건을 충족시키기 위해 최초의 선적항이나 최종 양륙항이 아닌 중계항에 있는 중계인의 명의로 전환한 선화증권을 말한다. 즉, 중계국의 운송인이 중계인에게 발행하는 중계무역용 선하증권이다. 제3자선하증권과 switch B/L의 차이점은 수입자의 입장에서 원수출자를 파악할 수 있는 경우가 제3자선하증권이라면 swtich B/L의 경우 중계지에서 선하증권이 재작성되어 원수출자를 알 수 없다는 것이다.

18) 적색선하증권

적색선하증권(red B/L)은 전체가 적색으로 인쇄된 증권이며, 선화증권과 보험증권을 결합시킨 것으로 이 증권에 기재된 화물이 운송 중 사고가 발생하면 당해 화물에 대하여 선사가 보상해 주는 선화증권이다. 즉, 운송인이 화주를 대신하여 보험에 부보하였다는 보험조항이 기재된 선하증권을 말한다. 오늘날에는 거의 사용되지 않으며 보험에 관한 지식이 부족한 무역업자가 선사에 위임하여 발행되었다.

19) 반납선하증권

반납선하증권(surrender B/L)은 수화인이 도착항에서 물품을 신속하게 인수할 수 있도록 송화인이 처음부터 선하증권의 원본을 선박회사에 반납하는 것을 말한다. 즉, 발행된 선하증권을 선사에 반납함으로써 송화인이 수화인에게 B/L을 보내는 절차를 생략하기 위하여 선사나 포워더에게 선하증권을 반납하는 것이다. 이러한 선하증권의 유가성을 포기하는 것은 서류보다 선박이 더 빨리 도착하는 경우에 사용될 수 있으며, 매도인과 매수인의 신뢰관계가 매우 높은 경우 사용될 수 있다. 예를 들어 우리나라의 경우 일본과 중국을 대상으로 무역을 하는 경우 반납선하증권을 사용하고 있다.

20) 용선계약선하증권

용선계약선하증권(charter party B/L)은 화주가 살화물(bulk cargo) 형태의 대량화물을 운송하기 위하여 특정한 항로(voyage) 또는 일정기간(time) 동안 부정기선(tramper)을 용선하는 경우, 화주와 선박회사 사이에 체결된 용선계약(charter party)에 의하여 발행되는 선화증권을 말한다.

한편 신용장통일규칙(UCP 600)에서는 신용장상에 'charter party B/L is acceptable'이라는 특약이나 허용한다는 명시조항과 선화증권으로써 일정한 요건을 갖추면, 은행에서 수리가 허용되는 것으로 규정하고 있다.

2. 선하증권의 활용

1) 선하증권의 배서

어음의 수령인 및 그 후의 어음의 소지인이 일정사항을 증권배면에 기재하여 타인에게 교부하는 행위를 말한다. 어음유통을 위한 권리의 양도방법인 요식의 부속적인 어음행위이다. 즉 배서는 신용장 환어음 매입 시 그리고 선하증권의 배서에 기명날인하여 유가증권에 특유한 간편한 양도방법이다.

(1) 기명식 배서(Full Endorsement or Special Endorsement)

피배서인(Endorsee)의 성명 또는 상호를 기재하고 배서인(Endorser)이 서명하는 방법이다.

예) Endorsee : Deliver to A.B.C Co., LTD. Endorser : Korea Trading Co., LTD.(Signature)

(2) 지시식 배서(Order Endorsement)

지시식 선하증권(Order B/L)은 특정한 수하인을 기재하지 않고 Order만 기재하여 유통을 목적으로 하는 선하증권이다. 피배서인으로 Order of A.B.C. Co., LTD. 라고 기재하고 배서인이 서명하는 방법이다.

예) Order of A.B.C. Co., LTD.

(3) 백지식 배서(Blank Endorsement)

피배서인에 대해서 아무 것도 기재하지 않는데 배서인이 서명하는 방식이다. 즉 어음이나 수표의 뒷면에 피배서인을 지정하지 않고 배서인의 서명만 한다. 특정의 피배서인 또는 본권지참인이라고 기입하고 배서인이 서명하는 방법이다.

예) A.B.C. Co., LTD. or Bona-fide Holder(Bearer)Korea Trading Co., LTD.(Signature)

(4) 소지인(BEARER)

환어음이나 선하증권과 같은 유통증권을 소지하고 있는 자를 말한다. 유가증권의 유통방식에는 배서양도와 교부가 있는데, 지시식인 경우에는 배서하여 양도하지만, 소지인(bearer) 앞으로 발행된 경우에는 소지인이 제3자에게 교부하면 유통이 가능하다.

2) 선하증권의 위기

(1) 수입화물선취보증서

수입화물선취보증서(Letter of Guarantee, L/G)는 매수인이 은행의 보증으로 발급받아 선사에 B/L 없이 제출하여 수입화물을 선취할 때 사용하는 서류로, 매수인이 물품을 Original B/L 없이 찾아갈 수 있게 하는 은행의 보증제도이다. 전자식 B/L을 발급하는 경우 L/G를 발급받을 필요가 없어진다. 실무적으로 수입화물이 수입지에 이미 도착하였음에도 불구하고 운송서류가 도착하지 않아 수입업자가 화물의 인수가 불가능할 때 동화물의 인수가 가능하도록 운송서류 원본을 제시하지 않고서도 화물을 인수하는 것과 관련한 모든 책임을 은행이 진다는 내용의 보증서이다. L/G의 발급은 운송서류의 원본을 인도하는 것과 동일한 효과를 가져오며 신용장조건과 일치하지 않는 서류가 내도하여도 화물이 수입업자에게 인도된 후이므로 수입업자는 매입은행에 대하여 수입어음의 인수 또는 지급을 거절할 수 없다. 따라서 L/G의 내용으로는, 선하증권이 도착하면 지체 없이 선박회사에 제출할 것을 명시하고, L/G에 의하여 인도된 화물에 대하여 발생되는 모든 손해는 화주 및 보증은행이 책임지며, 양육지 지급운임 및 기타 비용과 선적지에서의 미납선임 및 비용 등 일체를 지급할 것을 명시하여야 한다.

은행은 L/G 발급에 따라 화물에 대한 책임문제가 발생하기 때문에 L/G 발급 시에는 의뢰자의 신용에 따라 대금결제 및 담보제공을 요구하게 된다. 선취보증서 발급에는 다음의 서류가 필요하다.

[표 8-4] 수입화물선취보증서 발급에 필요한 서류

① 발급은행은 소정의 선취보증서 및 선취보증신청서 각각 1부씩을 작성, 보증신청서는 은행에서 보관하고 선취보증서는 수입자가 선사에 제출하여 화물을 인도받도록 한다.
② 선하증권 사본은 선취보증서 발행 증빙서류로서 은행에 제출한다.
③ 상업송장 사본은 L/G 등의 내용과 일치하는가를 심사하기 위한 자료로 은행에 제출하면 된다.
④ 선박회사의 화물도착통지서(Arrival Notice)
⑤ 기타 필요하다고 인정되는 서류(각서 등)

외국환은행이 L/G를 발급하게 되면 화물이 수입자에게 바로 인도되므로 매입은행에 대하여 서류상의 하자를 이유로 대금지급을 거절할 수가 없다. L/G발급은 선적서류의 원본을 인도하는 것과 동일한 효과를 발생시키므로 수입보증금으로 L/G 금액의 일정비율을 현금예치토록 한다. 선적서류가 내도되면 선하증권의 원본에 개설은행이 배서하여 선박회사에 제출, L/G를 회수한다.

(2) 수입화물대도

수입화물대도(Trust Receipt, T/R)는 신용장 개설은행이 매수인에게 금융을 제공하여, 선적서류를 인도한 후 신용을 지속적으로 공여할 필요가 있을 때, 담보를 수입화물로 하여 취득하는 것을 말한다.

기한부신용장을 개설한 은행은 선적서류를 인도한 후 일정기간 대금지급을 유예하면서 수입자에게 신용을 공여하고 해당 수입물품을 담보로 확보하는 경우를 말한다.

(3) L/G와 T/R의 차이

수입화물선취보증서(L/G)와 수입화물대도(T/R) 둘의 차이는 L/G의 경우 수입화물은 도착하여도 원본선적서류가 도착하지 않아 물품을 인수하지 못할 때 운송인에게 화주에게 물품을 인도하여도 된다는 것을 은행이 보증해주는 서류이다. T/R은 이에 비해 수입화물이 도착하고 원본선적서류도 도착하였으나 수입화주가 자금 부족으로 인해 은행에 대금지불을 못하여 대금지불 전에 먼저 수입화물을 인수하여 시장에 유통시켜 얻은 대금으로 은행에 대금을 결제하는 것을 말한다.

3) 부지약관과 무사고선하증권

부지약관(unknown clauses)은 운송자가 물품이 어떻게 검수되고 적재되었는지를 모른다는 의미로 하자가 발생할 경우 운송인의 책임이 없다. 단일 수출상이 하나의 컨테이너를 채우는 Full Container Load(FCL)가 되면 대부분 자신의 공장에서 수출통관절차를 마친 후 자신의 공장에서 컨테이너에 화물을 적입(Stuffing)하고 컨테이너를 봉인한다. 이 경우 선박회사는 화물의 보존상태를 확인할 수 없기 때문에 화물파손의 책임을 벗어날 목적으로 선하증권에 부지약관을 표시한다.

부지약관은 운송물품의 내용표시가 없이 "shipper's load and count" 또는 "said by shipper to contain" 등과 같이 화주에 의해 화물이 검수 및 적재된 경우에 해당한다. UCP600 제26조 "갑판적재", "내용물 부지약관"과 운임에 대한 추가비용

b항에 의해 선적인이 적재하고 검수했다는 조항이 있는 운송서류는 은행에서 수리를 허용한다. 수출에 있어 수출의 포장에 대한 책임은 매도인에게 있다. 무사고 선하증권 또는 무고장선하증권은 물품이 본선에 양호한 상태와 신고된 수량대로 선적되어 선하증권의 비고(remarks)란에 운송물의 수량이나 포장상태에 이상상태가 기재되지 않고 발행된 것을 말한다.

신용장통일규칙(UCP 600)에서는 무고장선하증권만 수리가 가능하도록 규정되어 있으나, 부지약관(unknown clause)이 있는 경우에도 무고장선화증권으로 간주된다. 무포장화물(unprotected, unboxed) 또는 외관상의 하자가 수선된 경우(repaired, mended, renewed, repacked)에도 무고장선화증권으로 간주된다. 마지막으로 중고 포장재료사용(second-hand packaging materials used), 낡은 포장재료사용(old packaging materials used), 수리된 포장재료사용(reconditioned packaging materials used), 해상운송을 위해 충분하지 않은 포장(packing may not be sufficient for the sea journey) 등 역시 무고장선하증권으로 간주된다.

CHAPTER

09 대금결제

학/습/내/용 제1절 신용장 외 결제방식

제1절

신용장 외 결제방식

1. 어음

어음은 기본적으로 발행인이 일정한 일시에 일정한 장소에서 일정한 금액을 수취인에게 본인이 직접 지급하거나 또는 제3자로 하여금 지급하게 할 의사를 기재한 유가증권을 뜻한다. 어음은 요식증권이며, 유가증권이다. 그리고 자유로운 양도가 가능하며 어음의 지급이나 인수가 거절되면 상환청구(소구)가 가능하다. 무엇보다 어음은 지급기일 이전에 할인이 가능하다. 참고로 어음은 요식증권으로 법정필수기재사항이 존재하며, 그 내용에는 ① 환어음의 표시 ② 지급인 ③ 지급기일 ④ 수취인 ⑤ 지급지 ⑥ 발행일 및 발행지 ⑦ 발행인의 기명날인 또는 서명 ⑧ 무조건 위탁문언 등이 있다.

어음은 크게 약속어음(promissory note)과 환어음(bill of exchange)으로 구분할 수 있다. 먼저 약속어음은 발행하는 사람(drawer)이 수취인(payee)에게 일정한 금전의 지급을 약속하는 유가증권으로 국내거래에서 주로 사용한다. 하지만 환어음은 제3자에게 어음에 기재된 금액을 수취인에게 지급해 달라고 의뢰하는 증서로 국제거래에서 주로 사용한다. 특히 격지자 간의 국제거래인 무역거래에서는 발행인이 아닌 제3자가 지급인(drawee)이 되어 지급하는 경우로서 이때 환어음이 사용된다. 다시 말해 약속어음의 경우 발행인(drawer)이 지급인(drawee)이 되지만, 환어음의 경우 발행인(drawer)과 지급인(drawee)이 구분되어 있다. 통상 무역이 발생하면 수출자는 발행인(drawer), 수입자는 지급인(drawee), 그리고 환어음이 사용되는 매입신용장과 인수신용장에서는 매입은행과 인수은행이 수취인(payee)이 된다.

지급인(drawee)은 일정한 금액을 지급하도록 증권상에 지정되어 있는 자를 말하며, 어음과 수표에만 있다. 특히 수표법에 따르면 수표의 경우 지급인은 은행이어야 한다고 규정하고 있다. 어음에서 수취인(payee)은 어음에 정한 금액을 지급받을 자 또는 지급받을 자를 지시할 자를 의미하며 환어음상의 표시위치는 무조건 지급위탁문언인 'pay to' 다음이다.

1) 환어음

환어음은 국제상거래에서 채권자가 채무자에 대하여 그 채권금액을 지명인 또는 소지자에게 일정한 시일 및 장소에서 지급할 것을 무조건 위탁하는 요식유가증권이다. 환어음의 효력은 원칙적으로 행위지의 법률에 의해 처리되게 되고, 보통 2통이 발행되어 하나가 결제되면 나머지는 무효로 된다.

즉, 환어음은 어음의 작성자인 발행인이 제3자인 지급인에 대하여 증권상의 권리자에게 증권상에 기재된 금액을 일정일에 지급하도록 위탁하는 문언을 기재한 불요식의 문언적 · 요식적 유가증권을 말하는 것이다.

2) 수취인에 따른 환어음의 형식

환어음은 수취인에 따라 보통 4가지 형식이 존재하며, 기명식, 지시식, 소지인식, 선택적 무기명식이 있다.

먼저 기명식은 지급받을 자를 특정하여 그의 이름만을 기재하며 일반적으로 매입은행을 표시한다. 표기 예는 'pay to XX bank'이다. 지시식은 지급받을 자의 명칭 및 그가 지시하는 자라는 의미의 'order of'로 표시한다. 표기 예는 'pay to the order of XX bank' 또는 'pay to XX bank or order'이다. 소지인식은 지급받을 자의 명칭이 생략되고 대신 'bearer'라는 단어를 기입한다. 표기 예는 'pay to bearer'이다. 마지막으로 선택적 무기명식은 지급받을 자의 명칭과 'bearer'라는 단어가 동시에 표기된다. 표기 예는 'pay to XX bank or bearer'이다.

3) 환어음의 지급방식

환어음은 주로 원격지에 송금하는 수단으로 사용되고 있다. 또한 신용을 이용하는 수단으로도 사용되는데, 그것은 주로 어음의 할인에 의한다. 환어음은 지급위탁형식의 어음인 점에서 지급약속형식인 약속어음과 본질적으로 다르다.

즉, 약속어음에 있어서는 발행인이 동시에 그 어음의 지급을 하여야 할 자이나, 환어음에 있어서는 원래 지급을 하여야 할 자는 지급인으로 발행인의 계산에서 지급인이 지급을 하는 것이다.

4) 환어음의 당사자

환어음의 당사자는 신용장과 추심에 근거하는 당사자가 구분된다.

① 신용장에 근거한 환어음의 당사자

발행인(Drawer)은 환어음을 발행하고 서명하는 자, 즉 수출업자인 채권자이다. 지급인(Drawee, Accountee)은 환어음의 지급을 위탁받는 채무자, 즉 발행은행이다. 수령인(Payee)은 환어음의 지급을 받는 자로서 발행인이 될 수도 있고 발행인이 지정하는 제3자도 될 수 있다.

② D/P, D/A 에 근거한 환어음의 당사자

추심의뢰인(Principal)는 "seller", "exporter", "drawer", "consignor", "customer"를 의미한다. 추심의뢰은행(Remitting bank)은 의뢰인으로부터 추심을 의뢰받은 수출국의 은행을 의미한다. 추심은행(Collecting bank)은 추심의뢰은행 이외의 추심과정에 참여하는 은행을 의미한다. 제시은행(Presenting bank)은 지급인에게 제시를 하는 수입국의 추심은행을 말한다. 지급인(Drawee)은 수입상, 즉 "buyer", "importer", "consignee"를 말한다.

5) 환어음의 기재사항

① 필수기재사항

- 환어음표시 : Bill of exchange라는 표시
- 무조건 위탁문언(Unconditional order in writing) : 지급에 조건을 붙이거나 지급자금, 방법을 한정시키는 문언이 없음
- 지급인(Drawee) : "the person to whom the bill is addressed"
- 지급기일 : 일람출급(at sight), 일람 후 정기출급/일부 후 정기출급, 확정일출급(on a fixed date)
- 수령인의 표시 : 기명식(payable to a specified person), 지시식(payable to

order, payable to the order of specified person), 무기명식(payable to bearer)

- 지급지의 표시
- 발행일 및 발행지의 표시
- 발행인(Drawer)의 기명날인

② 임의기재사항

- 발행인(Drawer)의 기명날인어음번호, 신용장번호 신용장 발행일자, D/A · D/P어음의 표시, 환율 및 이자문언 등

6) 만기일에 따른 어음의 구분

① 일람불어음

일람불어음은 발행인(Drawer)의 기명날인어음이 제시되면 즉시 지불되는 조건으로 제시일이 만기일이다.

② 기한부어음

기한부어음은 제시일, 또는 기준일로부터 일정시간 후에 지불된다. 기한부어음에는 일람 후 정기출급과 발행일자 후 정기출급으로 구분된다.

일람 후 정기출급(after sight)은 어음이 제시되면 지급인이 해당 환어음의 만기일에 지급할 것을 약속하는 취지의 날인을 한다. 지급인의 행위를 인수(Acceptance)라 하며 인수일부터 일정기일 이후 만기일이 된다. 예를 들어, "25 d/s"는 제시일에 인수하고 25일 후에 지급한다. D/S는 Days after Sight를 의미한다.

발행일자 후 정기출급(After date)은 발행일로부터 일정기일 경과 후 지급되는

방식이다. 예를 들어, "25 days after date(25 D/D)"로 표현된다. D/D는 Days after Date를 의미한다.

2. 송금

송금결제방식이란 매수인(채무자)이 매도인(채권자)에게 직접 매매계약상 지급하기로 한 금액을 송금환을 통해 지급하는 결제방식을 말하며 일반적으로 현금결제란 송금결제방식을 의미하고 은행의 지급확약이 없어 온전히 당사자 간의 신용만을 바탕으로 하는 결제방법이다.

은행의 직접적인 개입이 없고 은행의 지급보증이 없기 때문에 매도인과 매수인의 신용에만 의지하므로 신용위험과 상업위험이 높다. 신속하고 간편하며 수수료가 낮다. 송금결제는 은행이 선적서류 송부 및 대금청구에 일체 개입하지 않는 당사자 간의 거래다. 무역계약의 내용에 따라 수출자가 물품을 선적한 후 별도의 대금청구절차를 취하지 않더라도 계약 당시 합의한 때가 되면 수입자가 자발적으로 물품대금을 수출자에게 보내주는 방식이다. CWO, CAD, COD, OA 등이 송금의 시기별 대표적 방법이다.

송금결제는 특별한 국제규칙이 없다. 송금결제를 T/T라고 말하는 것은 전신에 의하여 지급지시서를 발송하기 때문으로 실무에서는 Wire Transfer라고도 사용한다. 이러한 지급지시서는 과거 전신(cable)방식에서 오늘날에는 인터넷을 통한 SWIFT 방식을 주로 사용하다.

SWIFT란 'Society for Worldwide Interbank Financial Telecommunication'의 약자로서 국제은행 간 자금결제 통신망이란 의미다. 이는 원래 유럽 은행들끼리 가입하여 사용해 왔는데 요즘에는 전 세계의 많은 외국환은행들이 이 SWIFT망에 가입되어 있고 우리나라의 외국환은행 모두가 가입되어 있다. SWIFT를 사용하는 은행의 고유한 식별코드를 BIC(Business Identifier Code)라고 한다.

1) 사전지급방식

수출입대금을 물품이 선적이나 인도되기 전에 미리 결제하는 방식으로 송금을 통한 선지급방식의 대표적인 유형으로는 주문시지급방식(Cash With Order, CWO)이 있으며 선지급방식(Cash or Payment in Advance), 단순송금방식 등으로도 불린다. 사전송금방식의 특징은 매수인이 물품을 입수하기 전에 대금을 송금하는 방식이고 매도인에게 가장 유리한 방식이지만 매수인에게는 불리한 결제방식으로 매수인은 매도인에게 A/P Bond(Advance Payment Bond)를 요구하여 상업위험을 관리할 수 있다.

2) 동시지급방식

동시지급방식(Concurrent Payment)이란 매도인이 물품이나 서류를 인도하여 매수인이 이를 확인한 후에 대금지급이 이루어지는 방식을 말하며 물품 또는 서류와 상환하여 대금이 지급되므로 대금상환도방식이라고도 한다. 대표적인 동시송급지급방식인 COD와 CAD는 선적 후에 물품의 대금지급이 이루어지기 때문에 사후송금방식으로도 분류할 수 있다.

(1) 현물상환지급방식

현물상환지급방식(Cash on Delivery, COD)은 수출자가 물품을 인도하면 수입자가 이를 검사한 후에 물품의 인도와 상환으로 대금을 송금하여 결제하는 방식으로 수입국에 소재하고 있는 수출자의 대리인에게 물품을 송부하여 수입자에게 물품을 인도하도록 하고 대금을 결제받는 경우가 일반적이다.

수입자가 대금지급 전에 물품의 품질을 검사할 수 있는 결제조건으로 직접 물품을 검사하기 전에는 품질을 정확히 파악하기 어려운 물품들, 보석류나 귀금속 등 고가품 거래에 적합하다.

(2) 서류상환지급방식

서류상환지급방식(Cash Against Documents, CAD)은 수출자가 물품을 선적하고 이를 증명하는 선적서류(Shipping Document)를 인도하면 수입자가 인도된 서류와의 상환으로 대금을 결제하는 방식으로, 수입자는 실제로 인도된 물품이 아니라 서류만을 수령한 후 대금을 지급하기 때문에 서류와 수령한 물품이 일치하지 않을 수 있는 위험을 부담한다.

수출자는 물품이 수입국에 도착하였는지 여부와 관계없이 서류인도 시에 대금을 수령할 수 있고 수입자는 수출국에 주재하는 자신의 대리인에게 물품의 제조, 선적과정을 점검하도록 하거나 수출자에게 선적전검사(Pre-Shipment Inspection, PSI)증명서를 요구하여 위험을 줄일 수 있다.

3) 사후지급방식

사후지급방식(Later/Deferred Payment)은 물품, 운송서류가 인도된 후 일정한 기간이 경과되어야 대금결제가 이루어지는 방식으로 대표적인 사후지급방식에는 O/A(Open Account)가 있고 계약서 및 상업송장에 'O/A 30 Days', 'T/T in 30 Days'와 같이 기재된다. 사후송금방식은 매도인이 매수인에 대해 신용을 공여하는 일종의 외상거래임로 매도인에게 매우 불리한 결제방법이고, 매수인은 대금결제의 유예를 통해 현금유동성을 확보할 수 있으나 매도인은 매우 높은 신용위험을 부담하며 이자를 부담하므로 물품가격이 높게 결정될 수 있다.

또한 매수인 우위 시장에서 매수인이 사후송금조건의 계약을 요구하며 이에 응하는 경우 매도인의 경쟁력이 높아진다. 최근 우리나라에서도 사용 비중이 높아지고 있고 매도인은 대금을 지급받지 못할 신용위험에 대비하기 위해 계약체결 전에 또는 최소한 선적 전에는 신용조회를 통해 매수인의 신용을 확인하여야 한다. 매도인은 한국무역보험공사(K-SURE)의 수출보험에 가입하거나 국제팩토링계약 등을 통해 위험을 관리할 수 있다.

(1) 청산결제

청산결제방식(Open Account)은 사전송금방식과는 정반대로 매매계약에 의하여 수출자가 먼저 물품을 선적한 후에 선적서류 원본을 수입자에게 직접 송부하면, 수입자는 물품매매계약서상의 송금 조건에 따라 선적일을 기준으로 일정기간이 경과한 후에 거래 건별로 수출자가 지정한 은행의 계좌로 대금을 송금하여 결제하는 방법이다. 청산결제방식은 선적통지 조건부도 가능하나 대개는 상업송장(Commercial Invoice) 발행 시 수출자의 매출채권이 생성되며 수입자는 일정기간을 단위로 발생된 매입채무를 정해진 기한에 한꺼번에 송금하기 때문에 청산결제방식이라고도 한다.

(2) T/T Credit

물품선적일을 기준으로 하지 않고 별도의 약정일을 기준으로 하는 외상거래를 의미한다. O/A가 선적일을 기준으로 일정기간이 경과한 후에 수출자가 지정한 은행계좌로 대금을 송금하여 결제하는 방법이라면, 수입자의 요청에 따라 물품이 수입자가 지정하는 특정 장소에 도착한 후 또는 도착한 날로부터 일정기간 후 대금을 지급하거나, 최종 검사가 끝나면 지급하거나 혹은 제품보증기간(warranty period)이 끝나면 지급하는 등의 선적일을 기준으로 하지 않는 여러 가지 사후송금방식도 있다.

4) 기타 방식

(1) 혼합지급방식(Mixed Payment)

대금의 일부가 선지급, 동시지급, 후지급으로 나뉘어 지급되는 방식이다.

(2) 누진지급방식(Progressive Payment)

주로 결제대금이 고액이거나 장기간이 소요되는 계약인 경우 대금 전액을 한 번에 지급하지 않고 여러 차례로 나누어 지급하는 방식이다.

(3) 분할(할부)지급방식(Installment Payment)

약정기간 동안 정해진 분량의 의무를 이행하기로 하는 분할이행계약에서 해당 분할부분의 이행이 이루어지면 대금을 지급하는 방식이다.

3. 청산계정

1) 청산계정의 특징

청산계정(Open Account, O/A)은 정상적인 금융거래가 어려운 경우에 당사자끼리의 직교역을 위해 체결하는 일종의 금융협정이다. 즉, 상호간 무역거래에서 그때 그때 현금결제를 하지 않고 대차관계를 장부에 기록했다가 매년 정기적으로 그 대차차액만을 현금결제하는 제도다. 청산계정 혹은 open account의 첫 글자를 따서 O/A라고도 한다. 특수한 관계나 거래가 빈번한 회사 사이에 행하는 결제방식으로 외상거래이자 신용거래이다.

O/A 결제방식은 수출업체가 선적을 완료하고 수입자에게 선적 사실을 통보함과 동시에 채권이 발생한다는 의미로서 "선적통지조건부 사후송금 결제방식"이라고도 한다.

이 방식은 주로 본 · 지사 간 또는 고정거래처 간에 지속적으로 수출입거래를 하는 경우 거래할 때마다 대금을 결제하지 않고 3개월, 6개월 등 미리 정한 결산 시기에 채권 · 채무를 상계한 후 차액만을 결제하는 상호계산을 의미하기도 하는데, 이러한 상호계산으로 결제하기 위해서는 외국환거래법에 의거 사전에 거래 외국환은행에 신고해야 한다.

2) 청산계정의 준거규칙

청산계정은 국제통일규칙(URBPO 750)에 준거한다. 청산계정은 매매의 양당사자가 상호간에 수출입거래를 빈번하게 하는 경우에 각 거래마다 대금을 지급하지 않고 일정기간의 거래에서 발생하는 채권 · 채무의 총액에 대하여 상계하고 그 잔액을 현금결제하는 방법을 말한다. 2국간의 협정무역에 있어서의 결제방법으로, 협정국 간에 개설된 청산을 위한 계정에 무역의 대차를 기록하고 일정기간에 차액을 현금결제하는 방법이다.

오늘날 국제간 무역거래의 거의 90%가 O/A방식에 의해 결제가 이루어지고 있는 것이 현실이다. 하지만 O/A방식하에서는 수출자가 신용장에 부합하는 확실한 지급보장을 받을 수 없기에 이를 보완하고자 BPO 제도가 등장한 것으로 볼 수 있다. 요약하자면, BPO 제도는 O/A 거래에 따른 구매주문서, 상업송장, 선적통지서 및 선하증권 등의 선적정보가 공급기반 애플리케이션상에서 실제 선적물품과 일치하게 될 때 의무은행이 특정일자에 수취은행에게 지급을 하겠다는 취소불능한 확약이 되는 것이다. 이러한 BPO는 일치하는 데이터에 의거 화환신용장거래의 비즈니스 이익과 안전성을 확보하고 전통적인 무역금융의 물리적 단점을 제거시킬 수 있는 역할을 할 것이다.

4. 추심

추심이란 추심은 단어의 의미로 보면 은행이 수표나 어음을 소지한 사람의 의뢰를 받아서 수표나 어음을 지급인에게 제시하고 대금을 지급하게 하는 일이다.

무역에서 추심은 은행의 서류취급을 통해 대금을 지급받는 결제방식을 말하며 수출자(Principle)가 추심의뢰인으로 은행에 환어음과 선적서류 등을 첨부하여 대금회수를 위임하고 위임을 받은 추심의뢰은행(Remitting Bank)은 수입자 앞으로 대금지급을 요청하고 이때 수입자는 지급인(Drawee)이 된다. 통상 환어음을 사용하므로 어음법이 적용되고 은행의 지급확약이 없어서 신용이 높은 당사자 간의 거래에서 사용되고 신용장거래보다 수수료가 낮다.

추심의 당사자는 추심의뢰인, 추심의뢰은행, 추심은행, 제시은행, 지급인으로 규정되고 있다. 먼저 추심의뢰인(Principle)은 자신의 거래은행(추심의뢰은행)에 추심지시서를 작성 및 제출하여 추심을 의뢰하는 수출자로, 수출대금을 청구하는 채권사이다. 추심의뢰은행(Remitting Bank)은 보통 수출자의 거래은행으로서 수출자로부터 추심을 의뢰받은 은행을 말한다.

추심은행(Collecting Bank)은 보통 수입자의 거래은행으로서 추심의뢰은행의 요청에 따라 지급인에게 추심하여 대금을 보내며, 추심의뢰은행 이외에 추심과정에 참여하는 모든 은행을 말한다. 제시은행(Presenting Bank)은 추심은행 중 수입자에게 추심서류를 제시하는 은행을 말하며, 보통 수입자의 거래은행이다. 지급인(Drawee)은 추심의뢰에 대한 최종지급을 하는 수입자로서, 추심지시서에 따라 환어음의 제시를 받는다.

1) 지급인도조건

지급인도조건(documents against payment, D/P)은 동시지급방법으로 먼저 수출자가 물품 선적 이후 무역서류와 함께 일람출급(at sight) 환어음을 발행한다. 이후 수출지에 있는 은행(추심의뢰은행)에게 추심을 의뢰하면 추심의뢰은행은 수입지에 있는 추심은행 앞으로 어음대금을 추심한다. 추심은행은 수입자에게 환어음을 제시하고, 수입자는 대금을 지급하여 선적서류를 인도받는다. 추심은행은 선적서류를 인도하고 수취한 대금을 추심의뢰은행에게 송금하고 이후 수출업자가 수출대금을 영수하는 조건이다.

2) 인수인도조건

인수인도조건(documents against acceptance, D/A)은 지급인도조건과 달리 후지급방법으로 수입자가 미래의 확정된 일자에 대금을 지급해야 할 의무를 인수(acceptance)함에 따라 그에 상응하여 무역서류를 획득하는 조건이다. 수출자는 수출물품을 선적하고 무역서류와 함께 기한부환어음(usance)을 발행하여 수출지의 추심의뢰은행에게 추심을 의뢰한다. 이후 추심의뢰은행은 수입지의 추심은행 앞으로 어음대금을 추심하면 추심은행은 수입자에게 환어음을 제시한다. 이때 수입자는 어음상에 인수의 표시와 서명으로 무역서류를 인도받을 수 있다. 어음의 만기일에 도래하면 추심은행은 수입자로부터 대금을 받아 추심의뢰은행에 송금하고 수출업자는 수출대금을 영수하는 조건이다.

3) 기한부 D/P

일반적으로 D/P방식은 일람 후 즉시 지급이지만 서류나 어음의 발행 후 일정기간 후에 서류를 인도해야 하는 경우 기한부 D/P(D/P Usance)방식이 활용된다. D/A방식에 따른 수출자의 위험부담과 D/P방식에 따른 수입자의 자금부담을 덜어주고 주로 "D/P at ~days after B/L date"라고 표시되어 송부되어 온 서류를 은행이 보관하고 있다가 B/L 일자 이후 ~일에 서류를 제시하여 대금지급을 요청한다. 화물이 지정된 일자 이전에 도착하여 수입자가 인도를 요구하는 경우라도 미리 인도하기 위해서는 추심의뢰은행의 승인을 받아야 한다.

[표 9-1] D/P와 D/A

구분	D/P방식	D/A방식
구조	대금지급의 근거가 되는 서류를 받으면 즉시 대금을 지급하는 방식	대금지급의 근거가 되는 서류를 받은 후 일정기간이 경과한 후에 대금을 지급하는 방식
환어음 발행	일람불환어음(Sight Bill) 발행 (일람 후 즉시 지급해야 하는 환어음)	기한부환어음(Usance Bill) 발행 (일람 후 일정기간 후 지급하는 환어음)
거래당사자의 부담	• 수출자부담: 은행이 지급을 확약하는 것이 아니기 때문에 수입자가 대금을 지급하지 않을 위험을 부담해야 하며, 지급거절되는 경우 선적된 물품을 회수하는 등 후속조치가 필요 • 수입자부담: 물품을 입수하기 전에 서류가 송부되어 온 시점에 대금을 지급해야 하는 지급부담	• 출자 부담: 서류 인도 후 바로 대금지급을 받을 수 없기 때문에 대금수령과 물품회수 모두에 대한 보장 없이 수입자의 신용도만을 믿고 거래해야 하는 위험

참고) 은행은 선적서류의 인도방식이 D/P방식인지 D/A방식인지 명시되어 있지 않을 경우, D/P방식으로만 인도한다.

D/P와 D/A 그리고 D/P Usance와 D/A를 각각 비교해 보면 〈표 9-1〉과 같다.

D/P와 D/A는 대금지급시기에서 차이가 나는데 D/P Usance의 경우 시기와 서류인도의 차이가 존재한다. D/A는 서류도착 즉시 서류인수 후 일정기간 후(물품인수) 대금지급이지만, D/P Usance는 서류도착 후 만기일에 서류인도와 대금지급을 동시에 하는 차이가 있다.

[표 9-2] D/A와 D/P Usance

D/A	서류도착 즉시 서류인수 후 일정기간 후(물품인수) 대금지급
D/P Usance	서류도착 후 만기일에 서류인도 및 대금지급

그리고 추심 후 매입은 추심대금이 추심은행에 입금되었다는 통지를 받고 난 후 추심의뢰인에게 지급되는 일반적인 지급형태이지만, 추심전매입(Negotiation before Collection)이란 은행이 추심 전에 어음의 만기에 관계없이 대금을 먼저 추심의뢰인에게 지급하고, 사후에 추심한 대금으로 지급받는 은행의 신용공여를 말한다.

추심전매입의 경우 지급인(Drawee)이 추심대금을 취급하지 않을 위험이 있으므로 매입은행은 추심의뢰인이나 지급인의 신용에 따라 매입여부를 결정한다. 그리고 지급인의 인수거절(Non-acceptance)이나 지급거절(Non-payment)이 있으면 매입은행은 추심의뢰인에게 선지급했던 대금의 반환을 요구할 수 있다.

5. 현물 및 서류상환

매도인이 물품이나 서류를 인도하여 매수인이 이를 확인한 후에 대금지급이 이루어지는 방식을 말하며 물품 또는 서류와 상환하여 대금이 지급되므로 대금상환도방식이라고도 한다. 대표적인 동시송급지급방식인 COD와 CAD는 선적 후에 물품의 대금지급이 이루어지기 때문에 사후송금방식으로도 분류할 수 있다.

1) 현물상환방식

현물상환방식(cash on delivery, COD)은 수출자가 물품을 인도하면 수입자가 이를 검사한 후에 물품의 인도와 상환으로 대금을 송금하여 결제하는 방식이다.

수입국에 소재하고 있는 수출자의 대리인에게 물품을 송부하여 수입자에게 물품을 인노하노록 하고 대금을 결제받는 경우가 일반적이고 수입자가 대금지급전에 물품의 품질을 검사할 수 있는 결제조건으로 직접 물품을 검사하기 전에는 품질을 정확히 파악하기 어려운 물품들, 보석류나 귀금속 등 고가품 거래에 적합하다.

2) 서류상환방식

서류상환방식(cash against documents, CAD)은 수출자가 물품을 선적하고 이를 증명하는 선적서류(Shipping Document)를 인도하면 수입자가 인도된 서류와의 상환으로 대금을 결제하는 방식으로 수입자는 실제로 인도된 물품이 아니라 서류만을 수령한 후 대금을 지급하기 때문에 서류와 수령한 물품이 일치하지 않을 수 있는 위험을 부담한다.

수출자는 물품이 수입국에 도착하였는지 여부와 관계없이 서류인도 시에 대금을 수령할 수 있고 수입자는 수출국에 주재하는 자신의 대리인에게 물품의 제조, 선적과정을 점검하도록 하거나 수출자에게 선적전검사(Pre-Shipment Inspection, PSI)증명서를 요구하여 위험을 줄일 수 있다.

6. 특수결제방식

1) 국제팩토링

국제팩토링(international factoring)은 판매자(Client)가 구매자(Customer)에게 물품이나 서비스를 제공함에 따라 외상매출채권과 관련 팩토링회사가 판매자를 대신하여 구매자에 관한 신용조사 및 신용위험인수(지급보증), 매출채권의 기일관리 및 대금회수, 금융의 제공, 기타 회계처리 등의 업무를 대행하는 금융서비스이다.

국제팩토링은 전 세계 팩터의 회원망을 통하여 수입상의 신용을 바탕으로 이루어지는 무신용장 방식의 새로운 무역거래방법이다. 즉, 팩터는 수출상을 위하여 수출채권과 관련된 대금회수를 보장하고 회수업무에 따른 장부기장 등 회계업무와 전도금융에 이르기까지 제반 서비스를 제공한다.

팩토링 결제를 이용하면 수입상에게는 수입을 위한 신용장을 공여하여 해외로부터 신용으로 상품을 구매할 수 있다. 국제팩토링은 기존의 신용장방식에 의한 거래에 비해 매우 간편하기 때문에 이미 미국이나 유럽 지역에서는 일반화되고 있으며, 특히 중소규모의 무역거래에서 활발히 이루어지고 있다.

특히, 오늘날 세계무역환경 변화추이에 따라 종전 Seller's Market에서 Buyer's Mareket으로의 이행, 소액 · 소량주문에 따른 신용장 발행의 회피, 구미제국 수입상들의 상거래관행에 따른 신용구매요구 등에 기인하여 외상수출은 증가추세에 있다.

그러나 외상거래, 특히 D/A거래는 대금회수에 대한 확실한 보장이 없기 때문에 외화채권의 부실화가 우려되고 있고, 중소수출업체의 경우에는 신용이 좋은 수입상에게 수출하면서도 은행의 여신한도에 제한을 받게 되어 자금회전에 어려움을 겪는 경우가 많다. 국제팩토링은 이러한 문제에 대하여 편리하게 대응할 수 있다. 국제팩토링의 주요한 기능에는 신용위험의 인수, 전도금융의 제공, 회계업무의 대행 등을 예시할 수 있다.

수출팩토링에서 수입팩터는 수출팩터와의 약정에 따라 수입상에 대한 신용조사 및 신용위험을 인수하고, 수출채권의 양수 및 송금 등 대금회수를 보장한다. 수출팩터는 수출상과의 약정에 따라 수출채권을 관리하고 전도금융을 제공함으로써 효율적인 운전자금을 조달하도록 한다. 또한 수출팩터는 회계업무를 대행함으로써 수출채권과 관련한 회계장부를 정리하여 준다.

2) 포페이팅

포페이팅 수출금융은 해외 수입국은행에서 개설한 신용장과 관련하여 발행된 환어음 및 선적서류를 수출입은행(Forfaiter)이 수출자로부터 무소구(without recourse)조건으로 매입하는 수출금융의 일종이다. 무소구조건은 수입국은행(수입자)이 환어음의 만기일에 수출대금을 상환하지 못할 경우에도 수출자에게 대금을 청구하지 않는 조건이다.

환어음 만기일에 수출입은행(Forfaiter)이 수입국은행으로부터 수출대금을 회수하기 때문에 수출자는 환어음 만기일에 수입국은행의 지급거절 위험을 피할 수 있다. 수출입은행은 수출자 앞으로 할인료를 제외한 수출대금을 지급한다. 포페이팅은 기계류, 플랜트, 선박 등 거액의 수출거래에서 발주처에서 자금부담 때문에 일정기간 후 일시불 또는 연불로 지급하기를 원하는 경우 유용하다.

포페이팅은 연지급 신용장(Usance L/C)이나 보증(Aval)에 대하여 적용한다. 따라서 형식적 절차에 따라서 할인료는 수출자가 부담하는 것이라고 할 수 있다. 하지만 포페이팅의 할인은 항상 고정된 신용도 비율에 따라 달라지는데, 할인료는 수입업자가 요청한 대금지급 연기조건에 대하여 수입업자의 비용으로 계산된다. 따라서 수출대금에서 수출자가 기대하는 금액 외 수입자에 의해 발생할 수 있는 할인료는 수출자가 대금에서 추가하여 산정하기 때문에 최종적으로 할인료는 수입자의 부담이라고 할 수 있다.

국제팩토링과 포페이팅 비교를 비교하면 국제팩토링은 단기간(소액결제), 상환청구 가능한 것과 불가능한 것 두 종류의 팩토링이 존재하며, 포페이팅은 장기간(거액결제), 상환청구 불가능한 것만 존재(무소구권이 포페이팅의 특징)한다.

[표 9-3] 무역금융제도 비교

구 분	수출팩토링	포페이팅	수출환어음매입
결제방식	사후송금방식	신용장방식	추심방식
대상채권	송장(Invoice), 외상매출채권	화환어음, 약속어음	화환어음
결제기간	180일 이내(단기)	30일~2년 미만(중장기)	30일~2년 미만
상환청구권 여부	있음(with) 또는 없음(without)	없음(without)	있음(with)
금융비율	80~100%	100%	100%

3) 에스크로

에스크로(escrow)는 조건부 제3차 예탁증서로 믿을 만한 제3자에게 수입대금을 맡겨 놓고 수입상품의 인수 후 품질이 계약조건과 일치하는 경우에만 수출자에게 대금을 지급하는 방식이다.

4) SURF

SURF(Settlement Utility for Managing Risk and Finance)는 무역결제업무를 수행하는 공유기반 관리시스템으로 볼레로(bolero)상 전자결제시스템이다. 볼레로를 기반으로 한 매도인과 매수인 간의 지급 확약이 포함된 상업송장, 포장명세서, 선하증권 등의 교환을 관리하는 자동화한 무역결제과정을 수행하는 프로그램이다.

5) 볼레로 프로젝트

세계은행 간 금융통신망(society for worldwide inter bank financial tele-communication, SWIFT)[1)]에 의하여 주도되는 볼레로 프로젝트(bolero project)는 무역거래에 필요한 종이서류를 전자메시지로 전환하여 안전하게 교환할 수 있는 기반을 제공하는 방식이며, 무역서류의 전자화 시스템으로 L/C방식의 거래형태를 그대로 남겨둔다.

6) 트레이드 카드

트레이드 카드(trade card)는 기존 신용장(L/C)방식 무역의 비효율성을 개선하기 위해 세계무역센터협회(World Trade Center Association, WTCA)가 주도적으로 개발해온 전자무역결제시스템이며 세계 최초의 국제 간 무역자동화서비스이다.

---

1) SWIFT는 국제은행 간 통신협정으로 1973년 유럽 및 북미의 주요 은행들이 가맹하여 발족한 비영리조직이며 본부는 브뤼셀에 있다. 각국의 주요 은행을 묶어 컴퓨터 네트워크를 구성하고 은행 상호 간의 지급 · 송금업무 등을 위한 데이터 통신의 교환을 목표로 1977년 유럽 일부에서 시스템 가동을 개시했다.

국내 무역업체가 인터넷을 통해 무역거래를 수행할 때 거래 한 건당 일정액의 수수료만 지불하면 기존 거래금융기관을 변경할 필요 없이 온라인에서 결제 절차를 마칠 수 있는 솔루션이다. 즉 무역신용카드란 수출자와 수입자가 국제무역을 전자식 시스템으로 처리하고 무역대금도 신용으로 결제할 수 있는 방식으로 수입자는 거래은행의 신용보증만 받으면 건별로 신용장을 개설하지 않고 무역거래가 가능하다.

CHAPTER

10 신용장

학/습/내/용

제1절 신용장 결제

제2절 신용장 결제방식

INTERNATIONAL TRADE PRACTICE

제1절

신용장 결제

1. 신용장 개요

1) 신용장의 개념

신용장통일규칙(Uniform Customs and Practice for Documentary Credits, UCP600) 제2조 제8문에 의하면 신용장(letter of credit, L/C)은 명칭이나 기술과 상관없이 신용장 발행은행(issuing bank)이 일치하는 서류 제시에 대해 지급, 연지급, 인수 또는 매입을 이행하겠다는 취소불능의 확약을 구성하는 모든 약정을 의미한다. 요컨대, 신용장은 매수인(발행의뢰인, applicant)의 거래은행인 신용장 발행은행이 약정기간 내에 매도인(수익자, beneficiary)에 의하여 제시된 서류가 신용장의 모든 조건과 일치하는 경우 매도인에게 대금지급을 확약하는 증서로써 신용장 발행은행의 조건부 지급확약서라고 할 수 있다.

실무에서 신용장을 사용하는 경우 수입업자는 수입승인을 받은 후 자신의 거래외국환은행에 신용장의 발행을 신청해야 한다. 신용장발행은행은 신용장을 발행한 후, 이를 수출국에 위치하는 환거래은행(correspondent bank)인 통지은행으로 신용장의 통지를 요청하고, 통지은행은 수익자(수출업자)에게 신용장발행을 통지하여 신용장을 전달하게 된다. 이러한 신용장의 발행은 발행은행이 해외수출업자에게 신용장조건과 일치하는 서류가 제시되면 수입화물의 대금을 지급하겠다는 조건부 지급확약으로서, 발행시점부터 결제시점까지 발행은행이 수익자 또는 제3자에게 최종적인 지급책임을 부담하는 일종의 여신행위이다.

따라서 발행은행은 발행의뢰인(수입업자)의 신용도, 수입화물의 환가성 등을 면밀히 검토할 뿐만 아니라 장래에 발생할지도 모르는 채무에 대비하여 수입신용장발행 전에 외화지급보증약정의 체결이나 전액 담보금을 요구하기도 한다. 이러한 신용장은 은행이 수입상의 대금지불을 확약함으로써 무역에 따른 신용위험(credit risk)이 제거되어 무역거래를 원활하게 이루어지도록 하는 무역결제수단이다.

2) 신용장통일규칙

신용장통일규칙(UCP600)은 신용장 업무를 취급할 시 준수사항과 해석기준을 정한 국제적인 통일규칙으로서, 각국의 제도와 상관습, 교통과 통신의 취약성, 환거래를 위한 금융기관의 여건 상황 등으로 인해 발생할 수 있는 국제상거래의 혼란을 막기 위해 통일시킨 규칙이다. 국제상업회의소의 제정하에 2006년까지 6차례 개정되었으며, 제6차 개정된 UCP600은 2007년 7월 1일 이후 국제상거래에서 사용하고 있다. UCP600은 총 39개 조항으로 구성되어 있으며 주로 화환신용장을 위한 목적으로 만들어졌다. 강제성은 없으며 거래당사자의 사전협의하에 적용가능하다. 또한 해당국의 법규와 다른 경우 법규가 우선되며 거래당사자 간의 일부규정을 배제, 변경하여 적용 가능하다. 참고로 UCP600에는 화환신용장이 아닌 보증신용장에 대한 규정도 있는데 보증신용장(Standby Credit)의 경우 보증신용장에 대한 통일규칙인 ISP 98(International Standby Practices)이 우선 적용된다.

한편, 무역거래에서 전자상거래의 활성화에 따라 국제상업회의소(ICC)에서는 2002년 신용장통일규칙(UCP 500)의 추록으로 전자신용장통일규칙(eUCP V1.0)을 시행하였다.

[표 10-1] UCP에 대한 eUCP의 관계

[Article e2] Relationship of the eUCP to the UCP	[제e2조] UCP에 대한 eUCP의 관계
a. An eUCP credit is also subject to the UCP without express incorporation of the UCP. b. Where the eUCP applies, its provisions shall prevail to the extent that they would produce a result different from the application of the UCP. c. If an eUCP credit allows the beneficiary to choose between presentation of paper documents or electronic records and it chooses to present only paper documents, the UCP alone shall apply to that presentation. If only paper documents are permitted under an eUCP credit, the UCP alone shall apply.	a. eUCP 신용장은 UCP 편입의 명시적인 문구가 없더라도 UCP에 따른다. b. eUCP가 적용되는 경우, 그 조항은 UCP의 적용과 상이한 결과를 낳을 수 있는 범위에 우선한다. c. 만약 eUCP 신용장이 수익자가 종이서류 또는 전자기록의 제시 사이에 선택할 수 있도록 허용하고 수익자가 오직 종이서류의 제시만을 선택하는 경우, UCP는 그와 같은 제시에 독자적으로 적용된다. 만약 eUCP하에서 오직 종이서류만이 허용되는 경우, UCP가 독자적으로 적용된다.

이후 UCP 500이 UCP 600으로 개정되면서 2007년 전자신용장통일규칙도 eUCP V1.1로 개정되었으며 ICC 은행위원회에서 무역금융의 디지털화의 가속화를 예상하여 이에 대한 대응책으로 eUCP V1.1를 다시 업데이트하기로 결정하여 2019년 eUCP V2.0을 시행하여 사용되고 있다. 2023년 국제상공회의소는 eUCP V2.1을 발표하였다.

eUCP V2.1은 총 14개의 조항으로 구성되어 있으며 전자기록 단독 또는 종이서류와 결합에 의한 서류의 제시를 수용하기 위한 신용장통일규칙의 추록이다. eUCP는 UCP에 대한 추가기록인 추록에 해당하며 UCP의 정의가 적용 가능하다는 점을 강조한다. eUCP가 적용되는 경우, 그 조항은 UCP의 적용과 상이한 결과의 범위인 경우 우선한다.

3) 국제표준은행관행(ISBP 745)

국세표준은행관행(International Stand Banking Practice, ISBP)는 신용장통일규칙(UCP)의 적용에 관한 실무적 보완서로 ICC 은행위원회에 의하여 2002년 UCP 500이 적용되던 시기에 제정되어 2007년과 2013년에 각각 개정된 UCP 600하에서의 서류심사를 위한 국제표준은행관습을 말한다. 초기 ISBP 645는 ISBP 681로 개정되었고 마지막 개정버전이 ISBP 745이다. ISBP는 UCP를 상호보완하기 때문에 UCP 개정에 따라 자연스럽게 개정되었다고 할 수 있다. ISBP 745는 기존의 버전인 ISBP 681과 동일하게 UCP 600과 독립적으로 사용하는 것이 아니라 UCP600과 함께 사용한다. ISBP의 구성은 크게 예비적 고려사항, 일반원칙, 운송서류, 보험서류 및 기타 서류 등으로 주로 서류와 관련한 부분만을 언급하고 있다. 기존의 ISBP 681은 총 11장 89절 185개 항으로 구성되어 있었으나 ISBP 745에서는 주요 논의 대상을 항목별로 A~Q로 구분하여 각 항목 내에서 번호를 부여하여 총 16장 129절 298항으로 되어 있다.

[표 10-2] ISBP 745 구성요소

ISBP 745 (16장 129절 298항)	구분
예비적 고려사항(PRELIMINARY CONSIDERATIONS)	i ~ vii
일반원칙(GENERAL PRINCIPLES)	A1-41
환어음과 만기일 계산(DRAFTS AND CALCULATION OF MATURITY DATE)	B1-18
송장(INVOICES)	C1-15
적어도 두 가지 다른 운송방식을 표시하는 운송서류 (TRANSPORT DOCUMENT COVERING AT LEAST TWO DIFFERENT MODES OF TRANSPORT) "multimodal or combined transport document"	C1-32
선화증권(BILL OF LADING)	E-28
비유통해상화물운송장(NON-NEGOTIABLE SEA WAYBILL)	F1-25
용선계약 선화증권(CHARTER PARTY BILL OF LADING)	G1-27
항공운송서류(AIR TRANSPORT DOCUMENT)	H1-27
도로/철도/내수로 운송서류(ROAD, RAIL OR INLAND WATERWAY TRANSPORT DOCUMENTS)	J1-20
보험서류 및 담보범위(INSURANCE DOCUMENT AND COVERAGE)	K1-23
원산지증명서(CERTIFICATE OF ORIGIN)	L1-8
포장명세서(PACKING LIST, NOTE OR SLIP ("Packing List")	M1-6
중량명세서(WEIGHT LIST, NOTE OR SLIP ("Weight List")	N1-6
수익자증명서(BENEFICIARY'S CERTIFICATE)	P1-4
기타 서류(검역, 품질, 수량 등) (ANALYSIS, INSPECTION, HEALTH, PHYTOSANITARY, QUANTITY QUALITY AND OTHER CERTIFICATES ("certificate")	O1-11

ISBP 745에서는 각 항목별로 구체적인 사례를 예를 들어 설명하여 관계당사자들이 보다 이해하기 쉽도록 내용을 설명하고 있다. ISBP 745는 기존의 ISBP 681과 마찬가지로 UCP 600을 개정하는 것이 아니고 UCP600과 관련된 관행이 서류취급자들에게 어떻게 적용되는지를 보다 구체적으로 설명하고 있다. ISBP와 UCP는 각각 독자적으로 검토하여 적용하는 것이 아니라 UCP 600을 기준으로 하여 상호 보완적으로 검토한다.

2. 신용장의 특성

1) 독립성의 원칙

신용장의 독립성 원칙(independence principle of the credit)은 신용장이 그 성질상 매매계약 또는 기타의 계약에 근거를 두고 있으나 이러한 계약과는 별개의 거래이며, 은행은 신용장에 그러한 계약에 관한 어떠한 언급을 포함하고 있더라도 아무런 관계를 갖지 않으며 또한 구속되지 않는다는 의미이다. 수출상과 수입상 산에 체결된 매매계약이지만 일단 신용장이 발행되면 신용장은 매매계약으로부터 독립되어 그 자체로서 별도의 법률관계를 형성하는데, 이를 신용장 거래의 독립성이라 한다.

신용장의 독립성이 보장되어야 하는 근거는 신용장은 매매계약에 의해 존재하지만 신용장 거래 자체는 그 매매계약에 의해 어떠한 제약이나 위축을 받지 않고 신용장 거래 자체가 매매계약으로부터 독립적으로 이루어져야 신용장 거래에 따른 관련은행 보호 및 신용에 기반한 원활한 무역이 진행된다는 것이다.

관련은행 중 먼저 지정은행이 화환어음에 대해 지급 · 인수 또는 매입을 하였을 때 발행의뢰인이 수익자의 매매계약 위반을 항변 이유로 이미 지급 · 인수 또는 매입한 것에 대해 거절할 경우 이에 대한 손해보상을 받을 수가 없다. 신용장의 독립성과 이에 따른 발행은행의 지급약정을 믿고 은행들은 화환어음을 지급 · 인수 또는 매입하는데, 신용장의 독립성이 없으면 발행의뢰인이 당해 물품을 입수하여 만족한다는 증거 없이는 어떤 은행도 수익자가 제시한 화환어음을 지급 · 인수 또는 매입을 하지 않을 것이다. 따라서 신용장 거래에서 녹립성이 있기 때문에 수입상의 대금지급 여부와 관계없이 지정은행들은 안심하고 지급 · 인수 또는 매입을 하는 것이다.

다음으로 발행은행은 신용장에 의거하여 화환어음을 지급 · 인수 또는 매입을 행한 은행에 대하여 지급을 해야 한다. 그러나 만일 수출상의 매매계약 위반을 이유로 수입상인 발행의뢰인이 신용장에 의하여 발행된 화환어음에 대해 지급 · 인수를 거절하거나 발행은행에 대하여 대금지급을 거부한다면 발행은행도 이와 같은 이유를 들어 수익자나 지급 · 인수 또는 매입은행에 대하여 대금지급을 거절할 수밖에 없고 이미 지급한 경우에는 상환청구를 할 것이다. 따라서 발행은행에게도 신용장의 독립성을 부여하여 매매계약 위반으로 일한 항변으로부터 보호받고 오직 신용장에 명시되어 있는 신용장 조건을 충족한 서류와 상환으로 대금지급을 이행할 필요가 있다.

아울러 무역금융 공여은행을 보호하는데 독립성은 필요한데 무역금융을 취급하는 은행은 신용장의 독립성이 존재하지 않는다면 신용장 조건만 믿고 무역금융을 해 줄 수 없을 것이다. 은행이 무역금융을 공여하는 것은 신용장 발행은행이 신용장을 근거로 수익자가 발행하는 화환어음을 지급약정하기 때문에 믿고 무역금융을 공여하는 것이다. 신용장이 매매계약으로부터 독립되어 있지 못하면 계약당사자 중 일방의 계약취소로 인하여 신용장이 취소될 경우 무역금융을 공여한 은행은 신용장이라는 담보물건이 없어지게 되어 은행입장에서는 융자회수에 어려움이 있기 때문에 신용장의 독립성이 필요하다.

2) 추상성의 원칙

신용장 추상성의 원칙(abstraction principle of the credit)이란 신용장의 모든 관계 당사자는 계약물품과 관계없이 단지 서류에 의해서만 거래한다는 것을 의미한다. 즉, 은행은 매매계약에서 언급된 물품과 신용장상의 조건이 불일치하거나 물품이 인도되지 않은 경우에도 신용장에서 요구하는 서류만을 가지고 대금지급 여부를 판단한다는 것이다. 따라서 신용장 거래는 추상성의 원칙으로 인해 '서류에 의한 거래'라고 말한다.

실무적 관점에서 수출상이 아무리 훌륭한 물품을 선적하였다 하더라도 서류준비에 소홀하게 되면 대금지급을 거절당할 수도 있으며, 수입상의 매입은행 등은 수출상의 물품선적 사실을 조사할 의무와 책임을 지지 않고 서류만 검토한 후 매입에 응하게 된다. 따라서 만일 수출상이 계약내용을 성실하게 이행하지 못할 때에 수입상은 불량상품을 입수하게 되고 위조서류 제출로 인하여 사기를 당할 염려가 있다.

[표 10-3] 신용장 거래의 독립성·추상성 원칙의 장단점

당사자	장점	단점
발행은행	신용장 조건과 일치하는 서류가 제시되면 발행의뢰인에게 상환청구권을 가짐	발행의뢰인의 재정상태 악화로 상환지연 또는 손해발생 가능
발행의뢰인	특별한 이익은 없음	신용장 조건과 일치하는 서류가 제시되면 물품의 상태 등을 이유로 지급을 거절할 수 없음
지정은행	지급 · 인수 또는 매입을 수권받은 지정은행은 신용장 조건과 일치하는 서류를 제시하면 발행은행으로부터 상환받을 수 있음	불리한 점 없음
수익자	신용장 조건과 문면상 일치하는 서류를 제시하면 대금지급 확실	제시한 서류가 신용장 조건과 일치하지 않았을 때 대금지급 불확실

3) 신용장 특성에 따른 한계

독립성과 추상성이라는 신용장 특성에 따라 신용장 사용상에 있어서 한계성이 존재한다. 독립성의 경우, 거래당사자인 수입자의 부재로 인하여 매매계약이 파기되더라도 신용장발행은행의 대금결제 확약에 따라 수출자는 대금을 받을 수 있는 가능성은 높아지지만, 발행은행도 파산의 가능성이 있으므로 신용장이

100% 대금결제를 보증하는 수단은 될 수 없다.

또한 서류에 의한 거래라는 추상성의 원칙으로 인해, 수출자가 신용장에서 요구하는 서류를 완벽하게 구비하면 수출자가 선적한 물품에 하자가 있더라도 수입자는 발행은행으로 하여금 대금결제를 하지 않도록 강제할 수 없다. 이처럼 원칙의 수준까지는 아니지만 신용장 활용에 있어 한계성이 존재함을 인지해야 한다.

3. 신용장의 당사자

신용장의 당사자(Letter of Credit Parties or Concerned Parties)는 기본 당사자와 기타 당사자로 나눌 수 있다. 기본 당사자는 신용장 거래에서 직접적인 권리와 의무를 갖는 당사자로서, 신용장 발행 후 수익자가 접수할 때까지의 당사자와 신용장 접수 후 사용 단계에서의 당사자로 구분할 수 있다.

전자의 경우는 발행의뢰인(applicant), 발행은행(issuing bank), 수익자(beneficiary)를 말하며, 후자는 발행은행(issuing bank), 수익자(beneficiary), 그리고 신용장의 종류가 확인신용장(confirmed letter of credit)의 경우에는 확인은행(confirming bank)도 기본 당사자에 해당한다.

기타 당사자는 신용장 거래에서 직접적인 권리와 의무는 갖고 있지 않지만 신용장 거래를 원활화하기 위해 간접적으로 협조하거나 대행하는 역할을 갖는 당사자이다. 기타 당사자에는 통지은행(advising or notifying bank), 지급은행(paying bank), 인수은행(accepting bank), 매입은행(negotiating bank), 양도은행(transferring bank), 상환은행(reimbursing bank) 등이 있다.

1) 기본 당사자

(1) 발행의뢰인

발행의뢰인(applicant)은 매도인과 매매계약 조건에 따라 매도인 앞으로 자신의 거래은행에 신용장의 발행을 신청하는 자로서, 보통 매수인인 수입업자를 말한다. 원칙적으로 발행의뢰인은 매수인을 의미하지만, 매수인의 거래처인 제3자(예를 들어 수입업자의 의뢰에 의해 발행의뢰인이 되는 경우, 수입위탁을 행한 제조업자가 발행의뢰인이 되는 경우)가 발행의뢰인이 되는 경우도 있다. 발행의뢰인은 매매계약의 이행단계에 따라 수입업자(importer), 매수인(buyer), 계정지급인(accountee), 계정귀속인(account party), 수화인(consignee), 여신수령인(grantee), 신용제공인(accreditor), 신용수령매수인(accreditee buyer) 등 여러 명칭으로 불린다.

(2) 발행은행

발행은행(issuing bank)은 주로 매수인과 거래가 있는 은행이며, 신용장발행인(매수인)의 요청과 지시에 따라 수익자(매도인) 앞으로 신용장을 발행하고 그 수익자가 발행한 환어음에 대해 대금지급을 확약함으로써 환어음 지급에 책임을 부담하는 은행을 말한다. 즉, 수익자가 제시한 서류가 신용장 조건과 일치할 경우, 수익자가 발행한 환어음을 지급, 연지급, 인수 또는 매입할 것을 확약하는 상환의 의무를 부담하는 은행이다. 발행은행은 개설은행(opening bank), 신용공여인(grantor), 어음지급인(drawee)이라고도 하며, UCP 600상에서는 발행은행, UCC상에서는 발행인(issuer)이라는 용어를 사용한다.

(3) 확인은행

확인은행(confirming bank)은 발행은행의 수권이나 요청에 따라 제3의 은행이 신용장에 의해 발행된 환어음 지급, 연지급, 인수 또는 매입을 하겠다고 추가로 확약하는 은행이며, 수익자에 대해 발행은행과 동등한 의무와 책임을 갖는 은행이다. 신용장 확인은 수익자가 발행은행의 신용을 믿지 못하는 경우에 신용이 있는 제3의 은행에게 환어음 지급, 연지급, 인수 또는 매입을 추가로 확약하게 하는 것을 의미한다. 보통 매도인 소재지의 제3의 은행이 확인은행이 되며, 신용장 확인은 발행은행과는 독립적인 확인은행의 확약이다. 확인은행은 항상 존재하는 것은 아니며, 신용장의 종류가 확인신용장일 경우에만 존재한다.

(4) 수익자

수익자(beneficiary)는 발행은행으로부터 신용장을 수취하여 신용장 조건에 따른 권한과 대금의 지급을 받아 이익을 얻는 자로서, 보통 매도인인 수출업자를 말한다. 수익자는 신용장 조건에 일치하는 서류를 제시할 의무를 가지며, 발행은행 또는 확인은행에 신용장에 의한 확약의 이행을 청구한다. 수익자는 매매계약의 이행단계에 따라 수출업자(exporter), 매도인(seller), 환어음발행인(drawer), 송화인(consignor), 사용자(user), 수신인(addressee) 등 여러 명칭으로 불린다.

2) 기타 당사자

(1) 통지은행

통지은행(advising bank)은 통상적으로 수익자의 소재지에 있는 발행은행의 본점, 지점 또는 환거래은행으로서, 발행은행의 위탁을 받아 수익자에게 신용장의 발행 사실이나 그 내용을 단순히 통지해 주는 은행을 말한다. 통지은행은 advising bank 외에도 notifying bank, transmitting bank 등으로 부른다.

통지은행이 수익자에게 신용장을 통지하였다는 것은 신용장의 외견상 진정성

(authenticity)을 스스로 점검하였으며, 그 통지가 송부받은 신용장의 조건들을 정확하게 반영하고 있다는 것을 의미하므로 하자가 발견될 경우 그 책임을 부담하여야 한다.

(2) 지급은행

지급은행(paying bank)은 수익자가 제시한 선적서류에 대하여 직접대금을 지급하여 주는 은행으로서 발행은행으로부터 지급을 위임받은 은행을 지급은행이라 말한다. 지급은행은 발행은행의 환거래약정은행으로서 발행은행의 예금계정에서 해당 금액을 자감하기 때문에 지급과 동시에 상환을 받는다.

지급은행은 지급행위에 대하여 아무런 책임 없이 단순히 대금을 지급해 주는 역할만을 수행한다. 지급은행은 서류가 지급은행에 제시되는 즉시 대금을 지급해 주는 일람지급은행(sight paying bank)과 일정기간(연지급기간) 후에 대금을 지급하는 연지급은행(deferred paying bank)으로 구분한다.

(3) 매입은행

매입은행(negotiating bank)은 수익자가 물품의 선적을 완료한 후 신용장의 조건에 따라 발행은행 앞으로 환어음을 발행하고 신용장에서 요구하는 서류를 준비하여 신용장과 함께 그 환어음의 매입을 의뢰하는 은행을 말하는데, 통상 통지은행이나 수익자의 거래은행인 경우가 대부분이다.

매입은행은 수익자가 제시한 선적서류가 신용장의 조건과 일치하는지의 여부를 점검한 후 일치하는 경우에만 환어음을 매입한다. 매입은행은 매입인(purchaser), 매입당사자(negotiating party) 등으로 불린다.

(4) 인수은행

인수은행(accepting bank)은 수익자가 발행하는 환어음이 일람불이 아니고 기한부환어음일 경우 이러한 기한부어음을 인수하는 은행을 인수은행이라고 하며, 인수은행은 그 환어음의 만기일에 지급은행이 된다. 인수은행에서 인수한 환어음에는 발행은행의 지급약정이 존재한다. 즉, 인수은행은 수익자가 제시한 기한부환어음의 표면에 인수표시를 한 경우 만기일에 대금지급을 거절할 수 없다.

(5) 양도은행

양도은행(transferring bank)은 양도업무를 취급하는 은행으로 원수익자(first beneficiary)의 요청에 따라 제2수익자(second beneficiary) 또는 제2수익자들(second beneficiaries)에게 신용장의 양도하고 이에 따라 지급, 연지급, 인수 또는 매입을 행하는 은행을 말한다. 양도은행은 신용장의 양도를 취급한다는 의미에서 양도취급은행이라고도 한다.

(6) 상환은행

상환은행(reimbursing bank)은 신용장에서 지급, 연지급, 인수 또는 매입은행에 대한 상환을 발행은행을 대신하여 상환업무를 수행하는 은행을 말한다. 수익자에 의해 발행된 환어음을 발행은행으로부터 위탁받아 발행은행을 대신하여 상환청구에 응하므로 상환은행 또는 보상은행이라고 한다. 그리고 신용장 대금의 최종 결제를 담당한다는 측면에서 결제은행(settlement bank) 또는 어음지급은행(drawee bank)이라고도 한다.

4. 신용장의 기능

신용장은 무역거래에서 물품인도와 대금결제 간의 시간적 간격으로 인하여 발생할 수 있는 신용위험을 회피하고 문제를 해결해 주면서 신용장이 가지는 성질로 인하여 얻을 수 있는 기능을 가지고 있는데, 그 중요한 기능으로서는 다음과 같은 것들을 들 수 있다.

1) 신용위험의 회피

국제무역에서 신용위험(credit risk)이란 수입상이 무역계약상의 대금결제조건에 따라 대금을 지급하지 않음으로써 발생하는 수출상의 대금회수 불능위험을 말한다. 이 위험은 수입국의 국내경기 하락으로 수입상이 부도나 파산할 수도 있고 또한 지급자금의 부족으로 주문을 취소하거나 화물인수를 거절할 수 있는데, 이로 인한 수입상의 대금지급불능이나 대금지급거절에 의하여 발생한다.

신용장은 그 발행을 의뢰하는 수입상의 신용과는 관계없이 신용과 자산이 충실한 은행이 대금지급을 약정하는 것이기 때문에 수입상의 대금지급불능이나 지급거절이라는 위험이 배제되어 안전하고 확실하게 대금지급을 받을 수 있는 기능이 있다.

2) 외환이전제한 위험의 회피

외환이전제한 위험(transfer risk)이란 수입국에서 외환관리, 특히 수입제한정책의 채택 내지 강화 또는 외환사정의 악화 때문에 대외지급의 정지 · 지연 등의 외환조치로 인하여 수입상이 대금결제의 의사와 능력을 갖고 있더라도 자신의 의사와 관계없이 대외지급이 불가능하게 되는 위험을 말한다.

신용장이 발행되어 수출상에게 통지되면 수입국에서 외환사정의 급격한 악화로 수입제한정책이나 외환제한조치를 강화하더라도 그러한 조치는 이미 발행된 취소불능신용장에 의한 외환이전에는 영향을 주지 않는 것이 일반적이다. 왜냐하면 이미 발행된 신용장에 대해서는 경과조치를 인정하는 것이 국제무역거래에서 통례로 인정되고 있기 때문이다. 따라서 신용장은 수입국의 수입제한정책이나 외환제한조치의 강화 등으로 인하여 영향을 받지 않기 때문에 외환이전제한 위험을 회피할 수 있다.

3) 금융수혜

수출상과 수입상에게는 신용장을 통하여 실제적인 금융수혜를 받는 것과 같은 기능을 가진다. 수출상은 신용장을 이용함으로써 물품을 선적하기 전에 수출금융, 즉 수출물품의 생산 · 가공에 필요한 자금을 융자받을 수 있고 물품이 선적된 후에는 신용장 발행은행이 지급약정을 하기 때문에 수출물품의 대금회수를 위한 환어음 매입의뢰에 따른 은행의 환어음 매입을 용이하게 한다.

수입상은 거래은행을 통하여 신용장을 발행하면 수입상의 신용이 부족하고 무역계약 당시 지급할 자금이 부족하더라도 신용장 발행은행이 수출상이 발행한 환어음에 대하여 지급약정을 하고 있기 때문에 선지급할 필요가 없고 물품이 선적되고 환어음이 수입상에게 제시될 때까지 상당 기간 동안 유예되기 때문에 실제적인 금융수혜를 받는 것과 같은 효과가 있다.

4) 무역거래의 확정

무역거래를 하기 위해 계약이 체결되었더라도 신용장이 발행되지 않은 경우에는 그 계약이 일방적으로 취소되거나 변경될 가능성이 있다. 이유는 수입상 자신이 계약취소의사가 없더라도 수입국에서 경제사정의 악화 등으로 인하여 수입제한 또는 외환거래제한조치를 채택하거나 강화함으로써 신용장이 발행되지 않은 계약은 수입제한의 대상이 될 수 있기 때문이다.

[표 10-4] 매도인과 매수인의 신용장의 기능

매도인	매수인
• 대금회수의 확실성과 신속성: 수입상의 신용과 관계없이 발행은행의 신용으로 대금지급이 약속되므로 대금회수가 확실하다. 또한 수출대금은 선적 후 수출상 소재지의 은행에서 매입절차를 거쳐 즉시 회수할 수 있다. • 무역거래의 확정: 무역계약의 일방적인 취소 또는 변경 등의 위험은 신용장의 발행과 동시에 해소되고 거래가 확정된다. • 금융수혜: 수출물품 제조 자금을 무역금융의 융자로 조달할 수 있다.	• 유리한 무역계약체결: 수입물품 가격협상의 주도권을 수입상이 행사할 수 있음에 따라 보다 싼 가격으로 계약을 체결할 수 있다. • 물품도착 시기 예측: 신용장에는 최종선적일과 유효기일이 명시되어 있어 수입물품의 도착 시기를 예측할 수 있다.

그러나 신용장이 발행되었을 경우, 취소나 조건변경은 발행은행과 수익자의 동의를 필요로 하기 때문에 신용장의 근거가 되는 무역계약은 취소될 수 없고, 수출상은 신용장 조건대로 화환어음을 발행하면 대금을 지급받을 수 있어 무역거래이행을 확실히 보장해 주는 기능이 있다.

제2절

신용장 결제방식

1. 신용장 결제방식에 따른 구분

신용장 결제방식은 크게 지급, 연지급, 인수 그리고 매입으로 구분하며 지급기한, 은행지정, 배서, 환어음 사용유무, 수출지상대은행, 서류매입은행이 신용장 종류에 따라 달라진다.

1) 일람지급

일람지급(payment at sight)은 신용장과 관련하여 사용되는 일람지급은 수익자가 신용장의 조건에 일치하는 서류를 지급은행에 제시하였을 때 지급은행이 신용장 금액을 즉시 주는 방식을 말한다. 즉, 서류가 제시되었을 때 신용장상의 금액 그대로를 지급하는 행위이다.

[표 10-5] 일람지급확약문언

We hereby issue in your favour this documentary credit which is available by sight payment against presentation of the following documents.

2) 연지급

연지급(deferred payment)은 수익자가 신용장의 조건에 일치하는 서류를 연지급은행에 제시하였을 때 연지급은행이 연지급확약의무를 부담하고 서류를 수리한 후 만기일에 지급하는 것을 말한다.

[표 10-6] 연지급확약문언

At xx days after date of shipment or At xx days after presentation of document Credit available with xx bank by deferred payment at xx days after the date of issuance of the transport document detailed herein.

3) 인수

인수(acceptance)는 장래의 명시된 일자에 지급해야 할 의무를 인수하는 것으로 제3의 은행이 기한부신용장에 의해 발행되는 기한부어음(usance bill)에 대해 만기일에 대금을 지급해 주겠다고 확약하는 것을 말한다.

[표 10-7] 인수확약문언

We hereby issue in your favour irrevocable documentary credit which is available by acceptance of your draft at xx days sight drawn on xx bank.

4) 매입

매입(negotiation)은 은행이 자신을 지급인으로 하여 발행된 환어음이 아닌 다른 은행을 지급인으로 하여 발행된 환어음을 구매하는 것을 매입이라 말한다. 이때, 환어음을 매입하는 은행은 소정기간의 이자 및 수수료를 받고 환어음을 구매한다.

[표 10-8] 매입확약문언

We hereby engage with (drawers and bona fide holders that draft(s) drawn under and negotiated in conformity with terms and conditions of this credit will be duly honoured on presentation.

[표 10-9] 신용장 비교

종류		지급기한	은행 지정 여부	배서 여부	환어음 여부	수출지 상대은행	지정 은행
매입	일람불	일람불	자유, 지정	배서	일람출급어음	예치환거래은행 무예치환거래은행	자유
	기한부	만기일	자유, 지정	배서	기한부어음	예치환거래은행 무예치환거래은행	자유
지급	일람불	일람출금	지정 (지급은행)	비배서	불필요	예치환거래은행	통지은행
	연지급	만기일	지정 (연지급은행)	비배서	불필요	예치환거래은행	통지은행
인수		만기일	지정 (인수은행)	비배서	기한부어음	예치환거래은행	통지은행

2. 신용장의 상환청구

상환청구권(소구권)은 매입은행이 신용장 발행은행으로부터 서류의 불일치 등의 사유로 상환이 거절되면, 수익자(수출자)에게 미리 지불한 어음금액을 되돌려 받을 수 있는 권리를 의미한다. 매입은행이 수익자의 매입 요구에 따라 선적서류 등을 검토 후 매입하여 결제했는데, 발행은행에서 서류의 하자, 발행의뢰인의 부도 등을 이유로 대금을 상환하지 않을 때, 매입은행은 사안에 따라 먼저 발행은행에 대금의 결제를 촉구 또는 의뢰할 수 있다. 그러나 발행은행이 결국 상환을 하지 않을 경우에는 매입은행이 직접 발행은행에 클레임을 제기할 수도 있으나 대부분의 매입은행은 수익자(수출자)에게 대금상환을 청구하는 쉬운 방법을 선택하게 된다.

신용장에 상환청구권(소구권) 행사가 가능한 경우 “with recourse”, 소구권 행사가 불가능한 경우 “without recourse”로 표기한다. 상환청구가능신용장(with recourse credit)은 발행은행으로부터 대금을 영수하지 못한 매입은행이 수익자에게 대금의 상환을 청구할 권리를 가질 수 있는 신용장을 말한다. 통상 매입방식(negotiation), 인수방식(acceptance)에서는 상환청구권이 인정된다.

반면, 상환청구불가능신용장은 발행은행이 상환을 하지 않아도 지급은행 등이 수익자에게 상환청구를 할 수 없는 신용장을 말한다. 지급(payment)신용장 및 연지급(deferred payment)신용장은 지급은행이나 연지급은행이 발행은행의 예치환거래은행으로서 발행은행의 계좌에서 바로 대금을 인출해 지급하게 되므로 상환청구불가능신용장으로 분류한다. 즉, 신용장 발행은행은 상환청구권을 가질 수 없으므로 개설은행의 계좌에서 지급되는 방식인 지급신용장 또는 연지급신용장은 상환청구불가능신용장이 된다.

다만 지급신용장이나 연지급신용장에서도 지정은행이 아닌 다른 은행에 매입을 청구해 결제를 받는 경우에는 매입이 일어나므로 상환청구권이 발생한다. 한편, 우리나라는 어음법 제42조(상환청구의 실질적 요건) 등에 의거 모든 신용장에 대해 상환청구권을 인정하고 있다.

3. 신용장의 종류

1) 취소가능 여부

신용장 취소가능 유무에 따라서는 취소가능신용장(revocable credit)과 취소불능신용장(irrevocable credit)으로 구분할 수 있다. 취소불능신용장은 신용장이 일단 개설되어 수익자에게 통지가 되고 나면 신용장의 당사자를 구속하여 신용장의 유효기간 내에는 신용장 거래 기본당사자 전원의 합의 없이는 신용장의 취소나 조건변경이 불가능한 신용장을 말한다. 즉, 어느 한 당사자에 의해서 임의로 변경이나 취소될 수 없다.

반면, 취소가능신용장은 신용장을 개설한 은행이 수익자에게 사전통지를 하지 않고도 신용장을 취소하거나 조건변경을 할 수 있는 신용장이다. 발행은행은 수익자의 동의 없이 일방적인 의사 표시로 신용장의 매입통지가 있기 전에는 아무때나 취소권을 행사할 수 있다.

통상 신용장 거래에서 취소불능(irrevocable)의 표시가 없는 경우에도 우리나라에서는 취소불능으로 판단하며 신용장통일규칙 역시 그러하다.

2) 선적서류 여부

신용장은 선적서류의 첨부 여부에 따라 화환신용장(documentary credit)과 무화환신용장(clean credit)으로 구분할 수 있다. 화환신용장은 선적서류가 수반되지만, 무화환신용장은 선적서류가 수반되지 않은 것으로 발행은행이 수익자에 의해 발행된 환어음만으로 대금결제를 확약하는 신용장이다.

3) 확인여부

신용장 개설에서 확인여부(Confirmed L/C)와 관련하여 수익자가 개설은행의 대외신용을 의심하거나 수입자 소재국의 정치, 경제상태가 불안정할 경우 등에 신용장의 확인을 요구하게 되며, 일반적으로 개설은행의 요청에 따라 통지은행이 확인은행을 추가하여 통지한다.

이때 확인은행은 개설은행과 동일한 지급의무를 가진다. 즉, 확인신용장은 발행은행이 발행한 신용장에 타 은행(확인은행)이 발행은행의 수권이나 요청에 따라 추가로 확약한 신용장이다.

4) 매입은행 제한여부

매입제한과 관련하여 매입제한신용장(restricted or limited L/C)은 개설은행이 수출상이 매입을 의뢰할 수 있는 은행을 신용장상에 미리 지정해 놓은 신용장을 말한다. 즉, 매입제한신용장은 개설은행만이 환어음을 매입할 수 있다. 반면, 자유매입신용장(freely negotiable L/C)은 수익자가 매입은행을 자유롭게 선택할 수 있는 신용장으로 불특정다수의 은행이 매입할 수 있는 신용장이다.

5) 상환청구권 발동여부

상환청구가 가능한 소구(with recourse)인 때에는 매입은행이 수출상에게 선지급한 대금을 개설은행 등으로부터 받지 못할 경우 수출상에게 되돌려 받을 수 있다. 반면, 상환청구가 불가능한 무소구(without recourse)인 때에는 일단 매입이 끝나면 매입은행이 수출상에게 지급한 대금을 되돌려 받지 못하는 것을 말한다. 우리나라에서는 어음수표법의 규정에 따라 신용장상에 Without Recourse 조항이 있다 하더라도 이를 인정하지 않으며 어음수표법은 행위지 국내법이 우선적용된다.

6) 대금의 지급시기 관련

대금결제시기에 따라서는 일람출급신용장(sight payment credit)과 기한부신용장(usance credit)으로 구분한다. 일람불신용장(Sight L/C)은 지정은행이 선적서류를 송부하면 개설은행은 서류상의 하자가 없는 한 즉시 신용장 대금을 결제하며, 기한부신용장(Usance L/C)은 신용장에 정해진 기간에 대금을 결제하는 외상방식이다.

특히 기한부신용장은 인수신용장 또는 연지급신용장 그리고 매입신용장 모두 적용 가능하다. 다만 인수신용장과 매입신용장은 기한부환어음을 사용하며 연지급의 경우 연지급확약서를 사용한다. 연지급신용장의 경우 수익자는 연지급확약서를 발급받아 만기일에 대금을 지급받게 된다. 인수신용장의 경우(후지급매입신용장 포함) 수익자는 만기일에 대금을 지급받게 된다.

7) 양도가능 여부

양도가능신용장(transferable L/C)은 신용장상에 "transferable"이란 표시가 있어서 최초의 수익자가 신용장상 금액의 전부 또는 일부를 제3자에게 양도할 수 있음을 허용하는 신용장이다. 양도불능신용장(non-transferable credit)은 신용장에 "transferable"이라는 표기가 없으며 양도사유가 발생해도 양도할 수 없다. 양도조건은 분할청구 또는 분할선적이 허용된다는 사실이 신용장에 기재되어 있어야 복수의 제2수익자에게 분할양도가 가능하다. 그리고 재양도는 금지되어 있어 한 번만 양도가 가능하기 때문에 제2수익자는 다른 자에게 재양도를 할 수 없다.

양도가능신용장은 다음의 조건을 만족해야 양도가 가능하다.

첫째 지급, 인수 또는 매입을 행하도록 수권받은 은행이 양도를 취급하는 경우, 둘째 신용장상에 "transferable"이라는 용어가 표시된 경우, 셋째, 양도은행이 합의한 범위와 방법에 의해 양도되는 경우, 넷째, 1회에 한해 양도되는 경우, 다섯째, 분할선적이 금지되어 있지 않는 경우, 마지막으로 신용장의 금액 및 단가의 감액, 유효기간과 운송서류 제시일자 단축, 부보비율의 증가 외에 원신용장의 내용을 변경하지 않는 경우 양도가 가능하며 양도가능신용장이된다.

다만 마지막 조건에서처럼 원칙적으로 신용장 양도는 조건변경이 불가능하지만 원신용장의 기재금액 및 단가의 감액, 유효기일/서류제시기일/선적기일의 단축, 보험가입비 증가의 사유에는 변경이 가능하다.

[표 10-10] 신용장 통일규칙 38조 양도가능신용장

[Article 38] Transferable Credits	[제38조] 양도가능신용장
a. A bank is under no obligation to transfer a credit except to the extent and in the manner expressly consented to by that bank.	a. 은행은 자신이 명시적으로 승낙하는 범위와 방법에 의한 경우를 제외하고는 신용장을 양도할 의무가 없다.

b. For the purpose of this article: Transferable credit means a credit that specifically states it is "transferable". A transferable credit may be made available in whole or in part to another beneficiary ("second beneficiary") at the request of the beneficiary ("first beneficiary"). Transferring bank means a nominated bank that transfers the credit or, in a credit available with any bank, a bank that is specifically authorized by the issuing bank to transfer and that transfers the credit. An issuing bank may be a transferring bank. Transferred credit means a credit that has been made available by the transferring bank to a second beneficiary.	b. 이 조항에서는 다음과 같이 해석한다. 양도가능신용장이란 신용장 자체가 "양도가능"이라고 특정하여 기재하고 있는 신용장을 말한다. 양도가능신용장은 수익자(이하 "제1 수익자"라 한다)의 요청에 의하여 전부 또는 부분적으로 다른 수익자(이하 "제2 수익자"라 한다)에게 이용하게 할 수 있다. 양도은행이라 함은 신용장을 양도하는 지정은행, 또는 어느 은행에서나 이용할 수 있는 신용장의 경우에는 개설은행으로부터 양도할 수 있는 권한을 특정하여 받아 신용장을 양도하는 은행을 말한다. 개설은행은 양도은행이 될 수 있다. 양도된 신용장이라 함은 양도은행이 제2 수익자가 이용할 수 있도록 한 신용장을 말한다.
c. Unless otherwise agreed at the time of transfer, all charges (such as commissions, fees, costs or expenses) incurred in respect of a transfer must be paid by the first beneficiary.	c. 양도시에 달리 합의된 경우를 제외하고, 양도와 관련하여 발생한 모든 수수료(요금, 보수, 경비 또는 비용 등)는 제1 수익자가 지급해야 한다.
d. A credit may be transferred in part to more than one second beneficiary provided partial drawings or shipments are allowed. A transferred credit cannot be transferred at the request of a second beneficiary to any subsequent beneficiary. The first beneficiary is not considered to be a subsequent beneficiary.	d. 분할청구 또는 분할선적이 허용되는 경우에 신용장은 두 사람 이상의 제2 수익자에게 분할양도될 수 있다. 양도된 신용장은 제2 수익자의 요청에 의하여 그 다음 수익자에게 양도될 수 없다. 제1 수익자는 그 다음 수익자로 간주되지 않는다.
e. Any request for transfer must indicate if and under what conditions amendments may be advised to the second beneficiary. The transferred credit must clearly indicate those conditions.	e. 모든 양도 요청은 제2 수익자에게 조건변경을 통지하여야 하는지 여부와 그리고 어떠한 조건하에서 조건변경을 통지하여야 하는지 여부를 표시하여야 한다. 양도된 신용장은 그러한 조건을 명확하게 표시하여야 한다.
f. If a credit is transferred to more than one second beneficiary, rejection of an amendment by one or more second beneficiary does not invalidate the acceptance by any other second beneficiary, with respect to which the transferred credit will be amended accordingly. For any second beneficiary that rejected the amendment, the transferred credit	f. 신용장이 두 사람 이상의 제2 수익자에게 양도되면, 하나 또는 둘 이상의 수익자가 조건변경을 거부하더라도 다른 제2 수익자의 수락은 무효가 되지 않으며, 양도된 신용장은

will remain unamended.

g. The transferred credit must accurately reflect the terms and conditions of the credit, including confirmation, if any, with the exception of: – the amount of the credit, – any unit price stated therein, – the expiry date, – the period for presentation, or – the latest shipment date or given period for shipment, any or all of which may be reduced or curtailed. The percentage for which insurance cover must be effected may be increased to provide the amount of cover stipulated in the credit or these articles. The name of the first beneficiary may be substituted for that of the applicant in the credit. If the name of the applicant is specifically required by the credit to appear in any document other than the invoice, such requirement must be reflected in the transferred credit.

h. The first beneficiary has the right to substitute its own invoice and draft, if any, for those of a second beneficiary for an amount not in excess of that stipulated in the credit, and upon such substitution the first beneficiary can draw under the credit for the difference, if any, between its invoice and the invoice of a second beneficiary.

i. If the first beneficiary is to present its own invoice and draft, if any, but fails to do so on first demand, or if the invoices presented by the first beneficiary create discrepancies that did not exist in the presentation made by the second beneficiary and the first beneficiary fails to correct them on first demand, the transferring bank has the right to present the documents as received from the second beneficiary to the issuing bank, without further responsibility to the first beneficiary.

j. The first beneficiary may, in its request for transfer, indicate that honour or negotiation is to be effected

그에 따라 변경된다. 조건변경을 거부한 제2 수익자에 대하여는 양도된 신용장은 변경되지 않은 상태로 남는다.

g. 양도된 신용장은 만일 있는 경우 확인을 포함하여 신용장의 조건을 정확히 반영하여야 한다. 다만 다음은 예외로 한다. –신용장의 금액 –그곳에 기재된 단가 –유효기일 –제시기간 또는 –최종선적일 또는 주어진 선적기간. 위의 내용은 일부 또는 전부 감액되거나 단축될 수 있다. 부보되어야 하는 백분율은 신용장 또는 이 규칙에서 명시된 부보금액을 규정하기 위하여 높일 수 있다. 신용장의 개설의뢰인의 이름을 제1 수익자의 이름으로 대체할 수 있다. 만일 신용장이 송장을 제외한 다른 서류에 개설의뢰인의 이름이 보일 것을 특정하여 요구하는 경우, 그러한 요건은 양도된 신용장에도 반영되어야 한다.

h. 제1 수익자는 신용장에서 명시된 금액을 초과하지 않는 한 만일 있다면 자신의 송장과 환어음을 제2 수익자의 그것과 대체할 권리를 가지고, 그러한 대체를 하는 경우 제1 수익자는 만일 있다면 자신의 송장과 제2 수익자의 송장과의 차액에 대하여 신용장하에서 청구할 수 있다.

i. 제1 수익자가 만일 있다면 자신의 송장과 환어음을 제시하려고 하였으나 첫 번째 요구에서 그렇게 하지 못한 경우 또는 제1 수익자가 제시한 송장이 제2 수익자가 제시한 서류에서는 없었던 하자를 발생시키고 제1 수익자가 첫 번째 요구에서 이를 정정하지 못한 경우, 양도은행은 제1 수익자에 대하여 더 이상의 책임이 없이 제2 수익자로부터 받은 그대로 서류를 개설은행에게 제시할 권리를 갖는다.

j. 제1 수익자는 양도 요청에서, 신용장이

to a second beneficiary at the place to which the credit has been transferred, up to and including the expiry date of the credit. This is without prejudice to the right of the first beneficiary in accordance with sub-article 38 (h).	양도된 장소에서 신용장의 유효기일 이전에 제2 수익자에게 결제 또는 매입이 이루어져야 한다는 것을 표시할 수 있다. 이는 제38조 (h)항에 따른 제1 수익자의 권리에 영향을 미치지 않는다.
k. Presentation of documents by or on behalf of a second beneficiary must be made to the transferring bank.	k. 제2 수익자에 의한 또는 그를 위한 제시는 양도은행에 대하여 이루어져야 한다.

8) 회전신용장

동일한 거래처와 동일한 물품을 계속적으로 거래할 경우 거래할 때마다 매번 신용장을 발행하려면 발행의뢰인은 많은 시간과 노력 및 경비가 들게 되고, 또한 이 경우 거래예상액 전액을 한꺼번에 발행한다면 일시에 많은 자금이 소요되므로, 이러한 불편과 경비나 자금 부담 등을 제거하기 위하여 일정한 기간 동안 일정한 금액의 범위 내에서 신용장금액이 자동적으로 갱생되도록 되어 있는 신용장을 말한다.

회전신용장(Revolving L/C)이 자동적으로 갱생되는 방법으로는 그 신용장에 의하여 발행된 어음의 지급통지가 있으면 그 금액만큼 자동적으로 보충되는 방법과 그 신용장에 의하여 발행된 어음이 매입되어 발행은행에 송부된 후 신용장에서 정한 일정기간 내에 지급거절(부도)의 통지가 없으면 그 금액만큼 자동적으로 보충되는 방법, 그리고 1개월 등과 같이 일정기간이 경과한 후에는 소정일에 자동적으로 갱생되는 방법이 있다.

회전신용장은 신용장에 의하여 결제되는 총금액(overall amount)을 명시하여야 하고, 총금액의 결정은 거래당사자 간의 계약에 의하여 결정되나 개설은행의 동의가 필요하다.

9) 견질신용장

견질신용장(Back to Back L/C) 또는 동시개설신용장은 신용장 조건 중에 “이 신용장 수령 후 며칠 이내에 Beneficiary가 Applicant 앞으로 동액의 신용장을 개설하는 경우에 한하여 이 신용장이 유효하다”는 조건을 부가한 신용장으로 연계무역(link trade)에 사용된다.

견질신용장은 원신용장(Master L/C)의 수익자가 해외에서 양도불능신용장을 수취하였을 때 원신용장을 견질로 하여 제2의 신용장을 발행할 수 있는데 이 신용장을 견질신용장이라고 하며 주로 원자재 또는 완제품 공급자 앞으로 발행된다. 견질신용장은 오직 원신용장의 수익자가 원신용장을 담보로 수출지의 거래은행(Back to Back L/C의 개설은행)의 동의하에 개설되므로 제2 신용장인 견질신용장의 수익자는 원신용장의 개설은행측과는 무관하다.

참고로 견질어음은 금융기관이 기업에 대출해줄 때 기업으로부터 담보로 위임받는 어음을 말한다. 금융기관이 기업에 대출해줄 때 담보력을 보강하기 위해 기업으로부터 위임받는 어음채권금액과 발행날짜, 만기일을 마음대로 적을 수 있어 일종의 백지어음의 성격을 갖는다. 기업이 대출금을 갚지 못하거나 자금회수 차질시 견질어음을 교환하여 자금화할 수 있다. 통상 견질어음은 기업이 부도의 우려가 있을 때 교환된다.

10) 기탁신용장

기탁신용장(Escrow L/C)은 신용장에 의하여 발행되는 어음의 매입대금을 수익자에게 지급하지 않고 수출상과 수입상이 합의한 Escrow 계정에 입금해 두었다가 그 수익자가 수입상을 상대로 Counter L/C를 개설할 때 수입하는 상품의 대금결제용으로만 인출할 수 있도록 제한을 받는 신용장이다.

11) 보증신용장

보증신용장(Stand-by L/C)은 무화환신용장의 일종으로 금융 또는 채무보증을 목적으로 발행된다. 채무불이행의 경우 신용장에 의해 발행은행에게 지급을 청구하거나 채권을 회수할 수 있어서 국제보증업무 등에 사용되는 신용장을 말한다.

보증신용장은 고객이 현지은행으로부터 금융서비스를 받거나 화환신용장을 개설받고자 할 때, 자신이 거래은행에 요청하여 그 거래은행이 현지은행(수익자) 앞으로 고객의 채무보증을 확약한다는 뜻으로 개설하는 신용장을 말한다. 따라서 일반적인 화환신용장처럼 물품에 대한 결제수단으로 이용되는 것이 아니고 해외 현지법인이나 지점이 현지에서 금융담보조나 또는 건설 · 용역과 관련된 입찰기관에의 입찰보증(bid bond) · 계약이행보증(performance bond) · 하자보증(maintenance bond) 등에 대한 채무보증의 성격을 띠고 있으며, 운송서류가 없이 단지 채무불이행에 관한 사실 서류와 환어음에 의해서 대금지급이 확약되므로 무담보신용장(clean L/C)이라고도 한다.

보증신용장은 일종의 특수한 무화환신용장(Clean credit)이다. 즉, 일반신용장은 수익자가 서류를 제시하고 발행은행으로부터 대금을 받는데, 보증신용장은 수익자가 발행은행에 발행의뢰인의 '채무불이행확인서'를 제시하고 손해금을 지급받는 것이다. 따라서 보증신용장은 마치 보증서처럼 이용되고 있다. 보증신용장은 수출상이 선적서류를 수입상에게 직접 송부하나, 수입상이 제때 송금을 하지 않을 위험성을 방지하고 싶은 경우에 Stand by L/C을 활용한다. 이행보증금(Performance-bond), 입찰보증(Bid-bond), 선수금환급보증금(Advance payment bond), 채무보증, 약속어음의 담보용 등으로 사용되고 있다.

참고로 보증신용장통일규칙(ISP98)과 청구보증통일규칙(URDG758)은 각각 일반신용장과 보증신용장에 대한 규칙이다. 독립적 은행보증에 관한 국제적 규범으로는 URDG 758, UCP 600, ISP 98, 1995년 UN협약 등이 있고, 또한 각국의 국내법률이 있다. 그 중 청구보증에는 실무상 영국법이나 현지법률 또는 URDG가 적용되고 있다. 미국 은행이 주로 발행하고 있는 보증신용장에는 UCP 600과 ISP 98이 각각 50% 정도 적용되고 있다.

일반신용장에 적용되는 보증신용장통일규칙(ISP 98)과 보증신용장에 적용에는 청구보증통일규칙(URDG 758)의 실제 적용에 있어서는 표시 문구가 중요하다. ISP 98과 URDG 758은 법률이나 국제조약이 아닌 사적 기관인 ICC가 제정한 규칙이므로 보증신용장 또는 청구보증서에 적용되기 위해서는 보증신용장 또는 청구보증서에 그것이 적용된다는 표시가 있어야 한다. 개설의뢰인과 수익자간의 기초계약에서 ISP 98 또는 URDG 758을 적용하기로 합의하였으나 이것이 보증신용장 또는 청구보증서에 표시되어 있지 않다면 이것이 적용되지 않는다. 개설은행이 개설의뢰인이 ISP98 또는 URDG 758의 적용을 요구하지 않았음에도 불구하고 이것이 적용되는 것으로 표시된 보증신용장 또는 청구보증서를 발행하게 되면 개설의뢰인에 대한 상환청구권을 상실할 위험이 있다.

결과적으로 보증신용장 또는 청구보증서에는 ISP 98 또는 URDG 758을 적용할 수 있다. 보증신용장 또는 청구보증서 개설은행 또는 사용자는 이 두 개의 규칙 중 하나를 선택할 때 이 규칙을 면밀하게 검토하여 그 거래의 성격상 각 규칙의 장점 및 한계를 확인하여야 한다.

보증신용장통일규칙(International Standby Practices, ISP 98)은 미국의 Institute of International Banking Law & Practice가 1998년 보증신용장통일규칙이란 새로운 통일규칙을 제정하였고 이것을 국제상공회의소(ICC)가 ICC Publication No. 590으로 발행한 것이다. 이 규칙은 1999년 1월 1일자로 발효되었다. ISP 98은 개설

의뢰인의 채무불이행 시 대금지급을 약속하는 보증서뿐만 아니라 채무불이행과 관계없이 대금지급을 약속하는 직불보증신용장에도 적용된다. 미국 은행이 발행하는 보증신용장의 50% 이상은 직불보증신용장이다. ISP 98에서는 양자를 구분하지 않고 개설의뢰인(applicant)에 대해서만 규정하고 있다.

12) 선대신용장

선대신용장(Red-Clause L/C)은 수출상이 수출에 따른 수출물품의 생산 · 가공 · 잡화 · 선적 등에 필요한 자금을 수입상이 미리 융통해 주기 위하여, 매입은행으로 하여금 일정한 조건하에 신용장금액의 일부를 수익자 앞으로 선대하여 줄 것을 허용하고 그 선대금 지급을 약정하는 신용장을 말한다.

이와 같이 수출선대를 인정하고 있는 신용장을, 수입상의 입장에서 보아 선대신용장이라 하고 수출상의 입장에서 보아 선수금신용장이라고도 한다. 이 신용장은 수출선대를 허용하는 문언이 일반적으로 적색으로 인쇄되어 있기 때문에 red clause credit라고 하며, 수출상은 선대받은 대금으로 수출물품을 제조 또는 구매하여 포장한다는 뜻에서 packing credit라고도 한다.

13) 내국신용장

내국신용장(Local L/C)은 수출실적이 있거나 수출증빙서류(예: 수출신용장등)를 보유한 수출업자가 수출물품을 제조 · 가공하는데 소요되는 원자재 또는 수출용 완제품을 국내에서 원활히 조달하기 위한 제도이다. 개설의뢰인(구매업체, 원수출자)의 신청에 의해 국내공급업자(내국신용장의 수익자)를 수익자로 하여 발행하는 은행의 지급확약서이다.

2014년 내국신용장 전자화로 내국신용장 발행은행과 개설의뢰인(수출자 등)은 EDI약정을 통하여 내국신용장의 개설 및 매입거래가 가능하다. 원신용장에 대비되는 개념으로 원신용장에서 수출자(수익자)와 수입자(개설의뢰인) 관계가 내국신용장에서는 원자재 또는 완제품 공급 및 조달업자(수익자)와 수출자(개설의뢰인)의 관계와 대비된다.

[표 10-11] 내국신용장과 구매확인서의 비교

구분	내국신용장	구매확인서
관련법규	한국은행금융중개지원 대출관련 무역금융지원프로그램 운용세칙 및 동 절차	대외무역관리규정(산업통상자원부)
발행(발급)기관	외국환은행	외국환은행, 전자무역기반사업자
거래대상물품	수출용원자재 및 수출용완제품	외화획득용 물품
발행(발급)조건	보유신용장 또는 무역금융융자한도 내에서만 발행	업체의 거래증빙서류 보유범위 내에서 제한 없이 발행
공급실적의 수출실적 인정 여부	금융중개지원 대출관련 규정 및 대외무역 관리규정상의 수출실적으로 인정	대외무역관리규정상의 수출실적으로만 인정
공급실적에 대한 무역금융 수혜 가능 여부	무역금융수혜 가능	무역금융수혜 가능
은행지급보증 유무	은행지급보증 있음	은행지급보증 없음
발급 회수 제한	제한 없음(완제품 내국신용장은 3차까지 가능)	제한 없음(단, 1차 구매확인서의 수혜자가 유통업자인 경우 추가로 1차에 한해 발급)
관세환급 가능 여부	환급 가능	환급 가능
부가가치세 부담 여부	영세율 적용	영세율 적용
발행(발급) 비용	일정발행수수료 (연간 발행금액의 0.4%)	건당 5,000원(은행발급 시)

내국신용장의 주요 기능을 보면 개설의뢰인(물품구매자)의 경우 수출용 원자재 또는 수출용 완제품을 간편하게 조달할 수 있는 수단으로 이용, 내국신용장 판매대금추심의뢰서의 결제자금으로 원자재 구매자금 또는 완제품 구매자금의 융자를 가능하게 한다. 수혜자(물품공급자)의 입장에서는 대외무역법 및 무역금융상의 수출실적으로 인정, 은행의 지급보증으로 물품공급대금의 회수가 보장, 부가가치세 영세율이 적용, 관세 환급이 가능하다.

내국신용장의 조건은 양도가 불가능한 취소불능 신용장이며, 대금청구형식은 전자문서교환방식으로 한 '일람출급방식' 판매대금추심의뢰서를 이용한다. 표시통화는 원화, 외화, 원화표시 외화부기이며, 인도기일은 대응수출 또는 물품공급 이행에 지장이 없는 범위 내에서 책정된다. 유효기일은 물품의 인도기일에 최장 10일을 가산한 기일 이내(다만, 원수출신용장등을 근거로 하여 개설되는 내국신용장의 유효기일은 대응되는 원수출신용장등의 선적 또는 인도기일 이전이어야 한다)이다. 서류제시기간은 물품수령증명서 발급일로부터 제 5영업일 이내이며, 조건변경은 개설의뢰인, 수혜자 및 개설은행 등 내국신용장 기본당사자 전원의 합의에 의해 변경 가능하다.

4. SWIFT L/C

오늘날 대부분의 업무는 전산화되고 있다. 이러한 추세에서 국제적 은행 간의 업무를 전산화한 것이 바로 SWIFT(Society for Worldwide Inter-bank Financial Tele-communication)이다. SWIFT는 세계적으로 사용되는 금융기관 간 메시지 연계서비스망이라고 할 수 있는데 은행의 업무, 즉 결제, 외환, 투자, 금융, 증권 등과 관련하여 필요한 정보를 은행끼리 주고받는 전산망이다. 구체적으로 송금,

이체, 추심, 신용장, 잔액조회 및 검정, 외환거래 및 검정, 수표관련 등의 업무를 처리할 수 있다.

이러한 SWIFT는 Key(log-in key와 select key)가 있어야 SWIFT 전산망에 접속할 수 있으며 내용 확인이 가능하고, 환거래은행 간 교환된 Authentication key를 통해 전문의 내용을 확인하기 때문에 안정성이 높다. 또한 전문의 전송속도는 전자메일 수준으로 매우 빠르며 통신비용 역시 저렴하다.

SWIFT로 이용할 수 있는 업무 가운데 SWIFT를 통해 전달되는 신용장을 SWIFT 신용장이라고 한다. SWIFT 신용장을 보면 SWIFT에 가입한 금융기관끼리 신용장에 관하여 Message Type으로 내용을 주고받는다.

주요 메시지를 보면 다음과 같다.

[표 10-12] SWIFT 신용장 메시지

SWIFT에 가입한 금융기관들끼리 신용장과 관련하여 사용하는 Message Type은 다음과 같다.

MT 700 : Message Type 700으로 화환신용장 개설을 의미한다.
MT 701 : 신용장 내용이 분량을 초과할 경우(약 2,000자) 추가 페이지를 의미한다.
최대 3쪽까지 사용이 가능하다.
MT 705 : 신용장 개설 사전통지(개설을 했다는 뜻은 아니다. 단지 정보사항을 의미함)
MT 707 : 신용장 조건 변경 통지문(AMENDMENT)
MT 732 : 은행의 하자인수 통보(수출상 유리)
MT 734 : 은행의 하자인수 거절 통보(수출상 불리)

1. SWIFT 신용장 일반

가. SWIFT 송신문의 첫 페이지

SWIFT 송신문의 첫 페이지는 신용장 통지은행이 자신의 covering letter로 보내온 내용이므로 이것은 신용장 본문이 아니다. 표지 제일 윗부분의 은행의 지점이 통지은행이란 의미이나, 일반적으로 개설은행의 자신의 지점으로 통지되며 매입제한이 되는 경우가 많다.

나. SWIFT 송신문의 두 번째 페이지

두 번째 페이지 본문에 AUTH COLLECT WITH CURRENT KEY로 명시되어 있다면 이 신용장은 SWIFT 방식에 의하여 외견상 진정성이 판별된 신용장이다(AUTH의 의미는 AUTHENTICATED이다).

다. Message Type이 700

Message Type이 700이라면 신용장 개설을 의미한다.

라. Received From 다음

Received From 다음은 신용장 개설은행을 의미한다.

2. SWIFT 신용장 조항별 해설

27 : sequence of total – 전문의 총 쪽수 중에서 몇 번째 쪽인지를 표시한다.
예: 1/1 총 1쪽으로 구성된 전신문의 1쪽이다.
40A : from of documentary credit – 신용장의 종류를 표시한다. UCP600에서는 아무런 언급이 없으면 모든 신용장은 취소불능신용장, 즉 irrevocable L/C라고 정의하였다.
예: Irrevocable – 취소불능신용장, revocable – 취소가능신용장.
Irrevocable transferable – 취소불능 및 양도가능신용장.
20 : documentary credit number – 개설은행이 부여하는 신용장번호를 표시한다.
31C : date of issue – 개설은행이 개설일자로 간주하는 일자를 표시한다. 아무런 표시가 없는 경우 이 전문이 발송된 일자를 개설일자로 간주한다.
31D : date and place of expiry – 서류가 제시되어야 하는 마지막 일자와 장소를 표시한다. 신용장의 유효기일과 장소는 대부분 수출국이 되나 수입국이 되는 경우도 있으므로 수입국까지의 서류도착 기일을 잘 감안하여 미리 매입 의뢰해야 한다.
50 : applicant – 개설의뢰인, 즉 수입상이 된다.
59 : beneficiary – 수익자, 즉 수출상이 된다.
32B : currency code amount – 신용장의 통화 및 금액을 표시한다.
39A : pct credit amount tolerance – 신용장 금액의 과부족 용인 비율을 표시한다.
39B : maximum credit amount – 'Up to', 'maximum' 또는 'not exceeding' 중에서 한 문언을 사용하여 신용장 금액을 표시한다.
41D : available with/by name, address – 'With' 다음에는 신용장을 사용할 수 있는 은행명을, 'by' 다음에는 신용장의 사용방법을 표시한다.
신용장을 취급할 때 이 부분이 중요하다. 신용장의 이용 방법에는 크게 3가지로 구분한다. 지급(payment), 매입(negotiation), 인수(acceptance)로 사용될 수 있는데 SWIFT 신용장의 경우, 41D 부분에서 그 사용 방법을 알아볼 수 있다.
지급(payment)이라 하면 41D에 명시된 은행이 서류와 상환으로 대금을 지급하겠다는 의미이다.(by payment)

41D에 'by payment'으로 명시된 경우

지급(Payment)이란 대금을 주는 행위를 말한다. 신용장 거래에서의 최종지급은 개설은행이 한다. 또는 개설은행이 신용장상에서 권한을 주고 있는 은행이 할 수도 있다. 신용장에서의 지급은 수출상인 수익자가 서류를 제시하면 이와 교환으로 이루어진다. 만일 환어음을 요구하는 경우 그 환어음의 지급인(drawee)이 지급한다. 지급을 이행한 은행은 그 대금을 다시 돌려달라고 하는 소구권을 행사할 수 있다. 지급에는 sight payment(일람불)와 deferred payment(연지급)가 있다.

41D에 'by negotiation'으로 명시된 경우

매입(Negotiation)이란 사는 행위를 말한다. 즉, 최종지급인으로부터 대금의 지급이 이루어지기 전에 다른 은행 또는 투자자들이 환어음을 산다. 원칙적으로 환어음을 사는데 연지급 어음과 일람지급 어음을 모두 살 수 있다. 그러나 UCP600에서는 환어음이 없이 서류만을 매입할 수 있다고 규정하고 있다. 당연한 이야기지만 은행이나 투자자들이 환어음을 매입할 때는 이윤을 남기기 위해서 산다. 그러므로 어음의 액면가에서 이자 및 수수료를 공제하고 싸게 사거나 어음의 액면가를 모두 주고 샀다면 지급인에게 이자 및 수수료를 함께 청구한다. 매입을 한 당사자는 최종지급이 이루어지지 않는 경우 그 어음의 발행인 또는 배서인들에게 미리 주었던 매입대전을 돌려달라고 할 권리를 갖고 있는데 이를 소구권 또는 구상권이라 한다. 매입을 negotiation or purchase라고 하는데 신용장 거래에서는 negotiation으로 통일하여 부르고 있다.

41D에 'by acceptance'로 명시된 경우

인수(Acceptance)란 만기일에 반드시 지급하기로 하는 약속이다. 그러므로 연지급어음의 지급인이 어음상에 표시하여 이를 증빙한다. 환어음을 인수한 인수인은 어떠한 일이 있어도 그 어음의 만기일에 지급을 하여야 한다.

예: available with/by–name, address :
HK+SHANGHAI BANKING CORPORATION LTD, SEOUL, KOREA.
BY NEGOTIATION

위의 경우는 HSBC SEOUL 지점에서 매입하도록 매입이 제한된 매입제한 신용장이다. 수출상은 매입제한된 은행으로 곧바로 가서 매입을 의뢰할 수도 있고 자신의 거래은행과의 특별한 관계가 설정된 경우에는 자신의 주거래은행에서 매입을 시키고 주거래은행이 매입제한된 은행으로 2차 매입을 의뢰하면 된다. 만약에 ANY BANK BY NEGOTIATION이라고 돼 있다면 아무 은행에서나 매입을 의뢰할 수 있는 자유매입신용장이다. 대부분의 신용장은 자유매입신용장이다.

42C : drafts at – 화환어음의 기간을 표시한다.

예: Draft to be drawn at sight for full invoice value.
환어음(draft)을 일람불(at sight)조건으로 발행하라는 의미이다.
At sight(일람불)이란 매입은행이 환어음과 선적서류를 개설은행으로 송부하면 개설은행은 서류상의 하자가 없는 한 즉시 대금을 지급(payment)하는 조건이다.
반면에 usance(기한부)란 개설은행이 서류를 인수(acceptance)하며, 인수란 만기일에 틀림없이 대금을 지급하겠다는 약속이다. 개설은행은 만기일에 매입은행으로 대금을 지급하게 된다.

42D : drawee name and address – 화환어음의 지급인을 표시한다.
화한어음의 지급인은 개설은행이 되며 개설은행이 수권을 준 다른 은행이 될 수도 있다. 그러나 개설의뢰인은 drawee가 될 수 없다.
42M : mixed payment details – 혼합지급으로 사용이 가능한 경우 그것들의 결정에 필요한 지급일자, 금액, 방법을 표시한다.(선대신용장 등에서 볼 수 있다.)
42P : deferred payment details – 후지급으로 사용이 가능한 경우 그것의 결정에 필요한 지급일자 또는 결정방법을 표시한다.
43P : partial shipments – 분할선적이 허용되는지 여부를 표시한다.
Allowed(or permitted)는 허용된다는 의미이며 이러한 문구가 없는 경우 UCP600에서는 분할선적을 허용한다고 명시하였다. 그러나 분쟁을 사전에 예방하기 위하여 분할선적에 관한 내용이 없는 경우 분할선적이 필요하다면 allowed라는 허용조건을 삽입해 달라고 요구해야 한다. 분할선적 금지의 경우는 Not allowed or not permitted로 명시한다.
44A : on board/disp/taking in charge – 선적항 또는 발송지 또는 수탁지를 표시한다.
44B : for transportation to – 최종목적지를 표시한다.
44C : latest date of shipment – 최종선적일자를 표시한다.
44D : shipment period – 선적이 가능한 기간을 표시한다.
45A : descript goods and/or services – 상품 그리고/또는 standby L/C인 경우 용역의 명세를 표시한다. 신용장을 수취한 후 체결한 내용과 상이하다면 즉시 조건 변경을 요청하여야 한다.
46A : documents required – 수출상이 제시해야 할 서류에 관한 내용이다.

■ 기본서류

\+ SIGNED COMMERCIAL INVOICE IN TRIPLICATE.
(AN EXTRA COPY OF INVOICE FOR ISSUING BANK'S FILE IS REQUESTED.)
\+ SINGED PACKING AND WEIGHT LIST IN TRIPLICATE.
\+ FULL SET ORIGINAL CLEAN 'ON BOARD' MARINE BILLS OF LADING MADE OUT TO ORDER, ENDORSED IN BLANK.
\+ MARKED 'FREIGHT PREPAID', NOTIFY APPLICANT WITH FULL ADDRESS AND MENTIONING DC NO.
\+ MARINE INSURANCE POLICY OR CERTIFICATE IN NEGOTIABLE FORM, ENDORSED IN BLANK FOR FULL CIF VALUE PLUS 10 PERCENT COVERING INSTITUTE CARGO CLAUSES(A) INCLUDING FROM WAREHOUSE TO WAREHOUSE, INSTITUTE WAR CLAUSES(CARGO) AND INSTITUTE STRIKES CLAUSES(CARGO), AND SHOWING CLAIMS PAYABLE AT DESTINATION IN THE CURRENCY OF THIS DOCUMENTARY CREDIT.

■ 부대적인 서류

\+ COPY OF BENEFICIARY'S FAX SHIPMENT ADVICE TO APPLICANT(FAX NO.XXX-XXXX-XXXX) DATED ON OR BEFORE SHIPMENT ADVISING NAME OF THE CARRYING VESSEL, SHIPMENT DATE, NUMBER OF CARTONS, QUANTITY AND VALUE OF THE GOODS TO BE SHIPPED AND NAME OF THE SHIPMENT COMPANY'S AGENT IN HONG KONG.

+ BENEFICIARY'S SIGNED CERTIFICATE CERTIFYING THAT ONE SET OF NON-NEGOTIABLE SHIPPING DOCUMENTS INCLUDING SIGNED COMMERCIAL INVOICE, SIGNED PACKING AND WEIGHT LIST AND MARINE BILL OF LADING HAS BEEN FAXED TO APPLICANT (FAX NO.XXX-XXXX-XXXX) ON OR BEFORE SHIPMENT.
+ INSPECTION CERTIFICATE ISSUED AND SIGNED BY TEXTILE LIMITED.

■ **운송서류 작성관련 구체적인 설명**

COMMERCIAL INVOICE IN TRIPLICATE – 상업송장 3부(triplicate)를 첨부하라는 의미이며 상업송장에 서명을 하지 않아도 무방하다. 그러나 Signed Commercial Invoice in Triplicate처럼 'signed'라고 명시되어 있으면 서명을 하여야 하며 수익자는 적어도 1부의 원본(original) 상업송장을 제시하여야 하며 나머지 2부는 부본(copy)을 제시하여도 무방하다. 또한 3부 모두를 원본으로 제시하여도 된다. 만약에 "signed original commercial invoice in triplicate"라고 명시되었다면 부본 제출은 안 되며 당연히 서명된 원본만 3부를 제시하여야 한다.

신용장에서 요구하는 서류의 수량을 나타낼 때는 통상 "3부로 구성된(triplicate)", 또는 "2부로 구성된(2 copies)"와 같은 방법으로 요구한다. 이러한 경우 그 숫자만큼의 부수 중에서 1부의 원본을 요구하고 나머지는 부본을 요구하는 것으로 해석한다. 그러나 "3분의 원본과 4부의 부본을 요구한다."는 식으로 명확히 요구하는 경우 그 지시에 따라야 한다.

* 서류의 제시 부수 표기방법
2부(Duplicate), 3부(Triplicate), 4부(Quadruplicate), 5부(Quintuplicate)

+ FULL SET ORIGINAL CLEAN 'ON BOARD' MARINE BILLS OF LADING MADE OUT TO ORDER, ENDORSED IN BLANK.
MARKED 'FREIGHT PREPAID', NOTIFY APPLICANT WITH FULL ADDRESS AND MENTIONING DC NO.

※ FULL SET : 선박회사로부터 발급되는 B/L은 원본(original)이 모두 3부이다. 이 3부는 독립적으로 효력을 발휘하므로 이중에서 한 부만 있어도 수입지에서 물품을 찾을 수 있다. FULL SET이란 이 3부 모두를 다 제출하라는 의미이다. 만약에 2/3이라고 명시되었다면 2부만 제출하라는 의미이며 보통 1부는 바이어에게 DHL 등 courier service로 직접 보낸 후 발송영수증을 첨부하라고 명시한다.

※ CLEAN : 무사고를 뜻하며 선적한 제품 자체 및 그 포장에 별다른 하자가 없어서 B/L의 remark란에 특별히 하자에 관한 사항을 명시하지 않은 B/L을 말한다. 이와는 반대로 remark란에 어떤 하자사항에 관한 언급이 있다면 foul(dirty) B/L이라고 한다.

※ ON BOARD : 물품이 본선에 적재되었음을 증명하는 B/L을 뜻하는 것으로 B/L형식이 shipped B/L(선적선하증권)이라면 그 자체로 본선적재를 증명하고 있는 것이지만 수취선하증권(received B/L)인 경우는 별도의 본선적재부기(on board notation)가 있어야 한다.

※ MARINE BILLS OF LADING : 해상운송 B/L을 의미하며 대양을 항해하는 선박에 의한 선적과 관련하여 발행한다. Marine 대신에 'Ocean'이라는 용어를 사용하기도 하며 항공기에 의한 항공운송인 경우에는 AWB(Air Way Bill)이라고 한다.

※ MADE OUT : 'TO ORDER'란 수입물품의 수하인을 지시식으로 작성하라는 의미이다. 그러므로 B/L의 CONSIGNEE 란에 'TO ORDER'라고만 작성하면 된다. 이때 B/L의 소유주가 배서를 통해서 소유권을 이전한다. 만약에 'To the order of K. E Bank'라고 되어 있는 경우, 수입업체가 대금을 결제하면 K. E 은행이 배서를 하여 수입업체에게 교부하고 K. E 은행의 B/L의 양수인인 수입업체가 수입물품을 인도받게 된다. 신용장 방식에서는 대부분 지시식('TO ORDER' 혹은 'TO THE ORDER OF XX BANK') 방식을 이용하지만 특수한 경우나 기타 대금결제방식(송금방식, 추심결제방식)에서는 'consigned to xxx' 또는 consignee란에 특정인을 명시하여 그 특정인만이 물품을 찾을 수 있도록 하는 기명식으로 요구한다.
※ ENDORSED IN BLANK : B/L에 피배서인을 지정함이 없이 배서하라는 의미이므로 누구누구 앞으로라는 피배서인 없이 자신(수출상)의 배서만 하면 된다.
※ MARKED FREIGHT PREPAID(or COLLECT) : 가격조건에 따라 FOB계열은 운임이 후불이라는 뜻의 collect로, CFR 및 CIF계열에는 '운임지급필'을 나타내는 'PREPAID'로 표시한다. FREIGHT PREPAID란 결국 운임을 선지급하고 선지급하였다는 표시를 B/L상에 나타내라는 의미이며 운임의 선지급을 나타내는 용어로 'freight prepayable'이나 'to be prepaid'를 사용해서는 안 된다.
※ NOTIFY APPLICANT : Notify란 본선이 목적항에 도착하면 선박회사에서 화물을 찾을 사람에게 도착사실을 통지하게 되는데 이 통지를 notify라고 하며 APPLICANT를 통지처로 하여 서류를 작성하라는 의미이다. 그러므로 notify란에 applicant의 상호와 주소를 함께 명시하면 된다.

+MARINE INSURANCE POLICY OR CERTIFICATE IN
보험회사에 신용장 copy 및 invoice를 보내면 보험회사가 신용장 조건에 맞는 보험증권을 발급해 주게 된다.

47A : additional conditions – 추가조건을 표시한다.

71B : charges – 수수료가 수익자 측의 부담인 경우에 한하여 표시한다. 명시가 없는 경우 매입수수료와 양도수수료를 제외한 모든 수수료는 개설의뢰인의 부담으로 간주한다.

48 : period for presentation – 선적 후 서류가 지급, 인수 또는 매입을 위하여 제시되어야 하는 제한기한을 표시한다.

49 : confirmation instructions – 수신은행(receiving bank)앞 확인에 대한 지시사항이다.
CONFIRM – 수신은행에게 신용장의 확인을 요청한다.
MAY ADD – 수신은행에게 신용장의 확인을 허용한다.
WITHOUT – 수신은행에게 신용장의 확인을 요청하지 않는다.

53A : reimbursing bank – 개설은행에 의하여 상환을 이행하도록 수권받은 상환은행명을 표시한다.(본 신용장은 상환방식이 아니므로 생략)

78 : instructions to the pay/acc/neg bk – 지급은행, 인수은행, 또는 매입은행을 위한 지시사항을 기술한다.
Pay–paying Acc–accepting, Neg–negotiating, Bk–bank를 의미

57A : advice through bank – 수익자에게 통지하기 위하여 경유하는 은행명을 표시한다.

72 : sender to receiver information – 필요한 경우 발신은행이 수신은행에게 제공하는 정보사항을 기술한다.

출처: 한국무역협회(2024).

CHAPTER 11

해상보험

학/습/내/용

제1절 위험과 보험

제2절 해상보험과 해상증권

INTERNATIONAL TRADE PRACTICE

제1절

위험과 보험

1. 위험과 국제거래

위험이란 어떤 "손해발생의 가능성(chance of loss)"과 "손해발생에 관한 불확실성(uncertainty concerning loss)"이다. 위험은 리스크(risk), 페릴(peril), 그리고 헤저드(hazard)로 나눠는데 리스크(risk)란 확실하지 않은 상황의 불확실성을 의미한다. 미래에 대한 예측능력의 부족한 것에 원인을 두는 것이며, 보험의 리스크는 객관적 리스크이다. 페릴(peril)이란 손해를 일으킨 우발적 사고의 원인으로 손해의 원인, 손실의 원천으로 주변에서 발생하는 것, 즉 손실의 원인이다. 헤저드(hazard)는 손실의 원인을 발생시켜 손실의 발생 가능성 또는 손실의 정도를 증대시키는 행위 또는 여건을 의미한다. 그리고 헤저드(hazard)는 물리적 헤저드(physical hazard)와 도덕적 헤저드(moral hazard)로 구분할 수 있다. 물리적 헤저드는 손실의 원인에 미치는 모든 물리적 상황이며, 인간의 힘으로 통제 가능한 것과 그러하지 못하는 것이 있다. 도덕적 헤저드는 주관적 · 심리적 · 정신적 상태로 인간의 의지로 고의적인 손실의 가능성을 증대시키는 경우를 의미한다. 결과적으로 리스크(risk)에 대해 페릴(peril)이 직접적인 위험 원인이라고 한다면, 헤저드(hazard)는 간접적인 위험 원인이라 할 수 있다. 국제물품매매거래, 즉 무역거래에서 발생하는 위험은 운송과정에서 발생하는 경우를 의미한다. 이에 국제거래의 대부분은 해상운송과 항공운송으로 구성되어 있기 때문에 해상보험과 항공보험에 대한 이해가 무역거래에서 필요한 보험의 이해라고 할 수 있다. 물적위험에 대한 보험, 즉 적하보험을 의미한다.

하지만 국제거래에 있어 보험은 물적위험에 대한 적하보험만을 의미하는 것은 아니다. 물품 외 상적위험(수출자의 대금회수 불능의 위험)에 대해서는 무역보험으로 위험을 담보(cover)한다. 일반적으로 각국은 수입보험은 제한적으로 사용하며 수출보험을 무역보험으로 이용한다. 참고로 수출보험은 국가가 운영하는 비영리정책보험으로 세계무역기구(WTO)체제에서 용인되는 유일한 수출지원정책이라는 데 의의가 있다.

수출보험은 크게 수출신용보증(선적전/선적후), 환변동보험으로 구분된다. 먼저 수출신용보증(선적전)은 수출업체가 수출물품을 제조, 가공하거나 조달에 필요한 자금을 금융기관으로부터 대출받을 때 수출업체의 대출금 및 약정이자에 대하여 연대보증하는 제도이다. 이용가능한 업체는 수출실적보유업체(로컬, 또는 구매확인서 실적) 및 신용장으로 수출계약을 체결한 업체로서 신용등급에 따라 연간보증한도를 부여하고 있다.

다음으로 수출신용보증(선적후)은 금융기관이 수출거래 관련 환어음 등을 매입하는 방법으로 수출상에게 대출한 후 수입상이 대금을 지급하지 않아 수출상이 은행에 대하여 상환채무를 연대보증하는 제도이다. 이용가능 대상은 수출대금의 결제기간이 2년 이내인 일반수출거래, 수출자의 해외현지법인 등을 통한 위탁가공무역 및 중계무역거래, 그리고 단기수출보험 또는 농수산물수출보험과 연계운영이다.

마지막으로 환변동보험은 수출자가 환율변동으로 입게 되는 손실을 보상하고 이익을 환수하는 보험제도이며, 이용가능한 통화는 미국 달러, 일본 엔화 그리고 유로화가 있다.

우리나라에서 수출보험은 한국무역보험공사에서 운영하며, 수출보험의 경우 수입자의 신용조회를 통해 신용이 있는 업체라고 판단할 경우에만 위험을 인수하며, 수입보험은 제한적으로 사용된다. 주요 상품은 수출신용보증(선적 전 · 후), 단기수출보험, 중장기수출보험, 환변동보험, 농수산물수출보험, 지식서비스수출보험 등이다.

2. 해상손해

해상손해는 물적손해, 비용손해 및 배상책임손해로 구분된다. 물적손해(physical loss)는 보험목적물 자체의 손해를 의미하며, 손해의 정도로 전손(total loss)과 분손(partial loss)으로 구분한다. 전손은 보험목적물 전부의 손실이며 분손은 보험목적물의 일부가 소멸 또는 손상되는 것이다.

비용손해(expense loss)는 보험목적물에 손해가 발생하는 것을 방지하기 위하여 또는 이를 구조하기 위하여 지출되는 새로운 비용을 의미한다. 배상책임손해(liability loss)는 피보험자가 제3자에 대해 법적으로 배상책임을 부담하게 될 경우로, 충돌로 인한 충돌손해배상이 대표적이다.

1) 물적손해

(1) 전손

전손(total loss)은 담보위험으로 인하여 보험목적물의 전부멸실을 의미한다. 그러나 반드시 보험목적물이 완전히 소멸되는 것만을 의미하지 않고 전멸에 가까운 경우라도 전손으로 인정된다. 이때 손해의 정도가 전부가 아니라 약간의 이익을 제외한 나머지일 때 전손으로 간주한다. 보험목적물이 보존되어 있을 경우임에도 불구하고 피보험자의 접근이 불가할 경우, 즉 점유할 수 없으면 전손이 성립된다. 이때 손해는 물리적 손해만을 뜻하지 않는다.

해상보험의 전손은 현실전손(actual total loss)과 추정전손(constructive total loss)으로 나뉜다. 현실전손은 보험목적물의 완전한 손상, 원래의 성질을 잃은 상태, 피보험자가 다시 회복할 가능성이 없을 경우 성립된다. 복구불가이기에 절대전손이라고도 한다.

보통 화물의 현실전손은 선박의 실질적인 전손으로 인한 화물의 전손, 화물의 투하, 화물의 매각, 화물인도의 과실일 때 일어난다. 추정전손은 현실전손을 피할 수 없거나 보험목적물의 복구비용이 오히려 그 가액을 초과하여 그대로 현실전손처리하는 것이 경제적인 경우 피보험자가 적절한 위부를 수반하는 전손이다. 해상보험에서 추정전손은 보험목적물의 손해의 정도를 파악하기 불가능하거나 어려운 경우일 때 발생한다. 추정전손이 성립되기 위해서는 보험자와 피보험자 간의 추정에 의사합치가 있어야 한다. 피보험자가 전손으로 추정한다는 사실을 보험자에게 통지 후 보험자가 동의를 해야 성립되는 것이다.

피보험자가 손해를 전손으로 추정하겠다는 의사표시를 해상보험에서는 위부라 한다. 영국해상보험법 제56조 제2항에 따르면 추정전손은 해상보험에서만 유일하게 인정되는 전손이다.

(2) 분손

분손(partial loss)은 담보위험으로 인하여 선박이나 화물 등의 일부분만이 손해를 입은 경우를 의미한다. 분손은 전손의 상대적인 개념으로 전손에 속하지 않는 모든 손해는 분손으로 취급된다. 분손은 단독해손과 공동해손으로 구분되며, 단독해손은 담보위험으로 인하여 발생한 보험목적물 일부의 손해를 피보험자가 단독으로 책임지는 것을 의미하고, 공동해손은 공동의 안전을 위하여 희생된 손실이나 비용을 해상사업에 관련되는 이해관계자들이 공동으로 비례하여 분담하는 손해이다. 공동해손의 인정 범위는 적하의 투하, 투하로 인한 손상, 선박의 소화작업, 기계 및 기관손해, 임의좌초, 하역작업 중 발생하는 손해이다. 공동해손이 아닌 분손은 모두 단독해손에 해당한다. 분손의 형태는 다양하게 나타난다. 분손에 대한 사정은 고도의 지식을 요하기 때문에 주로 해손정산인들이 영국의 해손정산인협회에서 규정한 별도의 실무규칙에 따라 손해를 사정하게 된다. 일부멸실은 화물의 일부가 멸실된 것으로 화물의 일부가 전손을 입은 경우와 같다. 일부손상은 화물의 일부가 손상된 것이다.

추가적으로 공동해손은 보험목적물이 공동의 안전을 위하여 취해진 공동해손행위로 인해 발생된 손해를 말하며 공동해손희생손해와 공동해손비용손해로 구분된다. 공동해손행위는 적하 선박운임 등 공동의 해상사업으로 해상에서 사고가 발생되었을 때 위험에 처한 공동의 안전을 위해서 선장 및 선주의 적절한 조치를 의미하며, 그러한 조치로 인해 발생한 손해와 비용을 이해관계자 모두 공동으로 균등한 손해액을 분담하는 것을 공동해손분담금이라 한다. 이는 명시적인 규정이 있는 경우를 제외하고, 지급하였거나 지급할 책임이 있는 경우 그러한 분담금을 보험자로부터 보상받을 수 있다. 공동해손의 인정 범위는 공동해손희생손해로 적하의 투하, 투하로 인한 손상, 선박의 소화 작업, 기계 및 기관손해, 임의좌초, 하역작업 중 발생하는 손해이며, 공동해손비용손해는 구조비, 피난항 비용, 임시수리비이다.

2) 비용손해

비용손해란 보험목적물 자체의 손해가 아닌 손해방지를 위해 지출된 비용을 의미한다. 단독이익을 위한 비용으로 공동해손이 아니며 비용손해에는 구조비, 손해방지비용, 특별비용이 있다.

(1) 구조비

구조비는 구조행위로 인하여 발생한 비용으로 보험자가 피보험자를 대신하여 구조자에게 지급하는 것이다. 순수구조와 계약구조로 구분되며 순수구조는 구조계약을 체결하지 않은 상태에서 구조자가 자발적으로 위험에 직면한 재산을 구조하는 행위이다. 계약구조는 구조계약을 체결한 상태에서 행하는 구조활동이다. 해상보험에서 구조비는 순수구조일 때 성립된다. 구조비가 성립될 수 있는 조건은 보험목적물이 위험한 상태에 있어야 하고, 구조자는 제3자로서 임의적으로 구조행위에 임해야 하며 그리고 구조물의 전부 또는 일부를 취득해야 한다. 구조물이 전혀 없는 전손이 발생한 경우에는 구조비가 성립되지 않는다. 여기서 제3자란 보험목적물의 소유자 · 대리인 · 사용인 · 양수인을 제외한 자를 의미한다.

(2) 손해방지비용

피보험자나 그의 대리인이 손해방지 및 경감의무를 수행하기 위해서 지출한 비용을 손해방지비용이라 하며 이러한 비용은 보험자가 별도로 보상한다. 피보험자의 손해방지의무는 자신을 위한 것이 아닌 궁극적으로 보험자를 위한 의무이기 때문에 피보험자가 의무를 다하는 과정에서 발생하는 비용은 당연히 보험자가 보상해야 한다. 또한 손해방지비용을 보장해줌으로써 피보험자들로 하여금 스스로 손해방지를 위해 노력하도록 유도하게 된다. 손해방지비용의 성립요건은 피보험자의 손해방지행위, 합리적인 비용, 위험의 실제, 담보위험의 발생이다.

(3) 특별비용

보험목적물의 안전과 보존을 위하여 발생한 비용 중에서 공동해손과 구조비 이외의 모든 비용을 특별비용이라 한다. 손해방지비용과 기타의 비용으로 구분되는데 후자를 순수특별비용이라 한다. 손해방지비용은 피보험자나 그의 대리인이 손해방지 및 경감의무를 수행하기 위해서 지출한 비용을 손해방지비용이며 주로 목적지에 도착하기 전에 발생하는 비용이다. 순수특별비용은 손해의 평가와 관련하여 목적지에서 지출되는 비용을 의미한다. 적하보험에서는 부대비용이라고도 하는데 부대비용은 손해조사비용, 판매비용, 재포장비용, 재조정비용 등이 있다.

3) 배상책임손해

배상책임손해는 자신의 과실이 아닌 제3자가 입은 손실을 법적으로 배상해 줄 책임을 뜻한다. 해상보험은 담보위험으로 인한 보험목적물의 물적손해나 비용손해 외 선원의 과실로 인한 부보선박, 타선박과 충돌사고로 인해 타선박의 선주 및 화주에 대해 피보험자가 책임져야 할 배상책임손해까지 보상하는 것이다. 책임손해는 공동해손의 분담금과 선박보험의 충돌배상책임손해를 포함하며 선박보험약관의 충돌약관은 충돌배상책임손해만을 담보한다.

4) 위부와 대위

(1) 위부

추정전손은 반드시 위부(abandonment)가 수반되어야 한다. 위부는 추정전손의 사유로 피보험자가 보험목적물에 대한 손해를 전손으로 추정하도록 일체의 권리와 제3자에게 구상권을 보험자에 이전하고 전손에 해당되는 보험금을 청구하는 행위를 의미한다. 즉 추정전손으로 처리하기 위해서는 피보험이익을 위부해야 한다. 피보험자의 위부를 하겠다는 의사표시를 보험자가 승낙하면 추정전손의 성립, 거절하면 분손으로 처리된다. 이때 보험자의 승낙은 손해배상책임을 결정적으로 인정한 결과가 된다. 위부의 통지가 수락되면 철회불가이며 위부는 추정전손의 필수절차이지만, 피보험자의 절대적 권리는 아니다.

(2) 대위

대위(subrogation)는 해상보험에서 보험자가 보험금을 지급하면 보험목적물에 관련되는 일체의 권리와 손해발생에 과실이 있는 제3자에 대한 청구권 등을 피보험자로부터 승계받는데, 이것을 대위의 원칙이라 한다. 대위의 원칙에 의해서 보험자가 취득하는 권리는 보험목적물에 대한 소유권과 제3자에 대한 손해배상청구권으로 나누어지는데, 전자를 보험목적물에 대한 대위라 하며 후자를 제3자에 대한 대위라 한다. 즉 보험목적물에 대한 대위는 보험사고의 결과 잔존물이 있는 경우 그 잔존물을 취득할 수 있는 권한을 말한다. 이 권한은 전손보험금을 지급한 경우에 한하며, 만약 보험자가 분손보험금을 지급했다면 잔존물에 대한 소유권을 취득할 수 없다. 보험자는 보험자가 지급한 금액한도 내에서 잔존물의 권리를 취득할 수 있다.

제2절

해상보험과 해상증권

1. 해상보험

1) 해상보험의 개념

해상보험은 해상사업과 관련되어 발생하는 손해를 보상하는 경제적 제도이다. 영국의 해상보험법에서는 “해상보험계약은 보험자가 피보험자에게 합의된 방법과 범위 내에서 해상손해, 다시 말해서 해상사업에 수반하여 발생하는 손해를 보상해 줄 것을 약속하는 계약이다”라고 해상보험에 대한 정의를 규정한다.

해상보험은 해상에서 우연히 발생하는 사고, 즉 페릴(peril)로 인하여 손해가 야기될 경우 이를 보상하는 제도일 뿐만 아니라, 영국의 해상보험법(Marine Insurance Act 1906, MIA 1906) 제2조에서는 해상보험계약은 그 명시된 특약 또는 상관습에 의해 담보의 범위를 확장해서 해상항해에 수반되는 내수로 또는 육상위험으로 인한 손해에 대해서도 보상할 것을 규정하고 있다. 따라서 해상보험계약만으로도 별도의 육상운송보험계약체결 없이 전 운송구간에 대한 보험계약체결이 가능하다. 이는 해상보험이 소급주의의 맥락에 있다고 할 수 있다.

해상보험은 피보험이익에 따라 크게 선박보험(hull insurance)과 적하보험(cargo insurance) 그리고 선주상호보험(Protection and Indemnity insurance, P&I insurance)으로 구분되며, 본 절에서는 피보험이익이 화물에 해당하는 적하보험에 대해서만 설명한다. 참고로 선주상호보험의 경우 통상 적하보험이나 선박보험에서 담보하지 않은 인명이나 여객에 관한 선주의 손해, 선원의 과실에 의한 선체 또는 적하품의 손해 등을 보상해 주는 보험이다.

2) 해상적하보험의 특징

해상적하보험계약은 낙성계약이기 때문에 보험계약자가 청약을 하고 보험자가 이를 승낙했을 때 성립한다. 하지만 위험을 담보하고 보험의 효력이 발생하는 것은 보험료를 1회 납부했을 시에 발생한다. 보험청약은 긴급한 경우에는 구두나 전화로 청약하기도 한다. 하지만 원칙적 소정의 청약서에 필요한 사항을 기입 후 서명 날인 후 보험중개인 또는 보험자에게 제출해야 한다. 아울러 보험계약은 쌍무계약이 아닌 일방계약이며, 등가계약이 아닌 요행계약이다. 그리고 협상과정을 통해 체결되는 계약이 아니기에 부합계약(contract of adhesion)으로 보험자에 의해 만들어진 계약을 선택하느냐 아니면 거절하느냐의 의사결정밖에 없다. 마지막으로 보험계약은 보험계약자가 보험자로부터 손실에 대한 보상을 받기 위해서는 계약에 정해진 조건을 충족시켜야 하기 때문에 조건계약이다. 다시 말해 보험료의 납부, 손실의 입증, 손실의 즉각적 통보, 손실의 방지활동 등이 전제되어야 하며, 반드시 지켜야 할 의무라기보다는 충족해야 하는 조건으로 이해해야 한다.

3) 보험계약의 당사자

(1) 보험자

보험자는 insurer, assurer, underwriter라고 불린다. 보험자는 보험계약을 인수하는 이로 보험계약을 통해 보험계약자에게 손실보장을 약속하는 당사자이다. 일반적으로 회사형태를 갖추고 있으며 영국의 로이즈(Lloyd's)같이 개인인 경우도 있다. 대부분의 국가에서 보험자가 주식회사의 형태를 띠며 보험사업은 공공의 이익과 아주 밀접한 관계에 있기에 보험자의 자격에 대해서는 일정한 제한이 있다.

로이즈는 1871년 로이즈법에 의해 외견상 법인격을 가지는 로이즈조합이다. 영국이 개인보험업자들에 의해 해상보험이 발전되었기 때문에 전통적으로 개인보험업자를 허용한다. 영국에서는 보험계약을 체결할 수 있는 재력과 자격이 있다면 누구든 보험자가 될 수 있다. 이 개인보험자들의 모임단체가 바로 로이즈이다.

(2) 보험계약자

보험계약자(policy holder)는 본인 명의로 보험계약을 체결하고 보험료를 지불할 의무가 있는 당사자를 의미한다. 보험계약자는 보험계약의 체결에 직접적으로 관여하기 때문에 계약상 모든 의무를 부담한다.

(3) 피보험자

피보험자(insured, assured)는 발생된 손실에 대한 보상을 보험계약에 의해 받을 수 있는 위치에 있는 이를 의미한다. 즉, 피보험자는 손해의 피해자로서 보상을 청구하기 위해 피보험이익을 가져야 한다. 피보험이익은 보험목적물에 대해 특정인이 갖는 경제적 이해관계를 의미한다. 피보험자는 피보험이익에 대한 주의와 손해를 방지하거나 경감하기 위한 합리적인 조치를 강구할 의무가 있으며 보험계약자와 피보험자는 동일인이 될 수도 있고 아닐 수도 있다. 동일할 시 본인을 위한 보험이며, 그렇지 않은 경우 타인을 위한 보험이라고 볼 수 있다.

참고로 CIF계약에서는 수출업자가 수입업자를 위하여 적하보험을 체결해야 한다. 보험료를 지불하는 보험계약자는 수출업자이며 보상청구는 수입업자가 하기에 피보험자는 수입업자가 된다. 대부분 수출업자가 자기를 피보험자로 하여 보험계약을 체결한 후 보험증권을 배서하여 수입업자에게 양도하는 형식을 취한다. 보험사고가 발생하는 경우 수입업자는 보험증권의 소지인으로서 손해보상을 보험자에게 요구한다.

4) 보험계약의 원칙

(1) 피보험이익

피보험이익(insurable interest)은 보험목적물에 문제가 생겼을 때 피보험자가 직접적으로 경제적 손실을 입게 되는 관계를 의미한다. 즉, 보험계약에 의해서 불확실한 미래의 사고로부터 재산상의 손해를 보상받을 수 있는 이익을 피보험이익이라 한다. “No interest, no insurance”라는 말처럼 보험의 목적은 특정의 경제주체가 보험목적물에 대하여 갖고 있는 경제적 이해관계, 즉 피보험이익을 보호하는 것이다. 피보험이익의 존재를 부정하는 것은 곧 보험의 목적을 부정하는 것이므로 보험계약이 체결되기 위해서는 피보험자는 반드시 피보험이익을 가져야 한다. 피보험이익은 일반적으로 경제성, 확실성, 그리고 합법성의 속성을 가진다.

(2) 소급보상의 원칙

통신시설이나 교통시설이 미발달된 18세기 후반에는 수입업자는 보험목적물을 직접 확인하지 않고 보험계약을 체결하기에 계약을 체결하기 전에 사고가 발생해도 알지 못할 때가 많았다. 보험계약체결 전의 사고발생은 보험목적물이 수입업자에게 피보험이익이 없기 때문에 보상을 받을 수 없게 된다. 이때 피보험자를 보호하기 위해 적하보험(cargo insurance)에 한하여 보험계약이 체결되기 전에 발생한 손해까지도 소급하여 보험자가 보상한다는 원칙의 소급보상의 원칙이 적용된다. 보험계약을 체결할 때 보험목적물에 대한 확인 여부가 어려울 경우에는 "보험목적물의 멸실 여부는 불문한다"는 조건으로 보험계약을 체결하면, 보험계약이 체결되기 전 이미 발생한 손해에 대해서도 보험자가 보상한다는 것이다. 소급보상의 원칙은 피보험자에 의해서 악용될 여지가 있기 때문에 보험계약당사자 모두가 보험사고의 발생 사실을 모르고 있는 경우에만 이 원칙이 적용된다(영국 해상보험법 제6조 제1항).

(3) 고지의무와 담보

보험자는 고지(disclosure) 내용에 따라 위험의 인수 여부 또는 합리적인 보험료를 산정한다. 보험계약체결 시 보험자에게 보험목적물에 대해 중요한 사항을 고지해야 하는 이유인 것이다. 국제무역의 다양한 거래에 따라서 보험자와 보험목적물의 위치는 다르다. 통상적으로 수입지에 위치한 보험자와 보험계약을 맺는데 이에 대해 수입지의 보험자는 수입업자가 알려주지 않으면 보험목적물의 위험 속성과 정도를 파악할 수 없다. 따라서 합리적인 보험료를 선정하기 위해 피보험자가 보험목적물에 대한 구체적 사항을 보험자에게 알려야 하는 것이다. 영국의 해상보험 제18조 제1항에서도 모든 중요한 사항을 보험자에게 고지하도록 피보험자의 의무로서 규정하고 있다. 적하보험에서는 운송선박명, 화물의 종류, 포장상태, 적재방법, 항로, 환적여부 등이 중요한 사항에 속한다. 고지의무 위반 시 보험자는 보험계약을 취소할 수 있다. 우리나라 상법에 의하면 고지의무 위반에 대하여 보험자는 보험사고의 발생 전후를 불문하고 보험계약을 해지할 수 있다.

피보험자는 보험계약을 체결할 때 보험계약과 관련되는 조건을 약속하는데 이를 담보(warranty)라 한다. 해상보험에서는 담보는 피보험자가 보험자에게 행하는 약속으로 그 내용의 중요성을 떠나 먼저 충족되어야 엄격성이 강조된다. 피보험자가 담보를 위반하면 그와 동시에 보험계약은 무효가 된다. 이에 발생하는 손해는 보험자에게 아무런 책임이 따르지 않는다(영국해상보험법 제33조 제3항). 명시담보(express warranty)는 보험증권(insurance policy)에 기재되는 담보이며, 보험증권상에 명시는 되어 있지 않으나 피보험자의 당연히 지켜야 하는 약속을 묵시담보(implied warranty)라 한다.

(4) 해상위험과 근인주의

해상위험은 해상에서 우연히 발생하는 사고나 재해이다. 보험자의 담보 여하에 따라 담보위험과 면책위험으로 구분된다. 담보위험은 보험자가 해상위험에 근거한 손해에 대한 보상을 약속하는 위험이다. 담보위험을 대상으로 해상보험계약을 맺으며 이로 인해 발생하는 손실만을 보상해 주는 계약이다. 보험자의 보상책임은 손해가 담보위험과 일정한 인과관계를 가지는 손해일 때만 발생한다. 손실의 범위가 넓으면 넓을수록 보험자의 책임이 커지기에 보험요율은 증가하게 된다. 면책위험은 손해가 발생하더라도 위험의 제한이나 일정사유로 인해 보험자의 책임이 면제되는 위험을 뜻한다. 면책위험은 법에 의한 규정이나 보험약관에 의해 정해질 경우도 있으며 면책위험은 절대적 면책위험과 상대적 면책위험으로 구분된다. 절대적 면책위험은 어떠한 경우에도 보험자의 책임이 면책되는 것을 의미하며 상대적 면책위험은 특약이 없는 한 면책되는 위험을 의미한다. 그 범위가 넓으면 넓을수록 담보위험이 줄기 때문에 보험요율은 낮아진다. 참고로 담보위험에 해당하더라도 면책위험에 해당될 경우 보험자의 책임은 면책된다. 담보위험과 면책위험이 상충하는 경우 면책위험이 우선하기 때문이다.

근인주의(principle of causa proxima)는 담보위험에 근인하여 발생하는 손해만 보상한다. 근인은 손실을 야기한 가장 지배적이고 효과적인 원인을 뜻하는데, 사고의 근인을 찾아 해당 근인이 담보위험에 속하는지 면책위험에 속하는지 조사해야 한다. 근인이 담보위험에 속할 때만 보험자가 보상을 한다. 이러한 보상원칙을 근인주의라 하며 근인주의하에서는 일단 근인이 규명되면 나머지의 모든 원인은 고려하지 않게 된다.

5) 피보험이익의 평가

(1) 보험가액

보험가액(insurable value)은 보험계약이 체결될 수 있는 금액이다. 이는 선박이나 화물 등 보험목적물의 실제 가치를 의미하는 것이다. 따라서 피보험자가 보험에 가입할 수 있는 손해액의 최고한도액을 뜻한다. 보험가액을 정확하게 평가하는 것은 기술적으로 어렵기 때문에 보험계약을 체결할 때 보험자와 보험계약자 간에 보험가액을 협정하기도 한다. 이 가액을 협정보험가액이라 하며 보험목적물의 협정보험가액이 기재된 보험증권을 기평가보험증권이라 한다(영국해상보험법 제27조 제2항). 당사자 간에 합의된 협정보험가액은 보험가액불변의 원칙에 따라 보험기간 동안 일정액으로 고정되며 실제 보험목적물의 시가가 급등하더라도 협정보험가액에는 영향을 미치지 않는다. 일반적 손해보험은 사고 발생시점의 실제 현금가치로 보상해야 하는 원칙이 적용되나, 해상보험은 피보험이익인 선박과 적하가 시간적으로 항상 이동하기 때문에 협정보험가액으로 부보하게 된다.

(2) 보험금액

보험금액(insured amount)은 피보험자가 실제로 보험에 가입한 금액으로, 이것은 보험자가 보상해 주는 최고보상액이다. 보험금액은 보험자가 보상해 주기로 약속한 최고의 금액이기 때문에 보험사고가 발생할 경우 보험자는 보험금액의 범위 내에서 보상한다. 보험금액은 보상액과 직결되기 때문에 보험료 산정의 기준이 된다. 보험가액이 높게 평가되더라도 보험료의 부담을 피하기 위하여 보험금액을 낮게 산정하면 그만큼 보상액도 낮아진다.

(3) 전부보험, 일부보험 그리고 초과보험

보험가액과 보험금액의 관계는 전부보험과 일부보험, 초과보험이 있다.

전부보험은 보험가액과 보험금액이 일치하는 경우로 보험목적물의 실제 가치 모두를 보험에 붙인 경우이다. 손해액을 보험가액의 범위 내에서 전액보상하기 때문에 이상적인 보험의 형태이다. 일부보험은 보험목적물의 가액 일부만을 보험에 붙인 경우로, 보험가액이 보험금액보다 커지므로 보험료를 절감하여 비용지출을 줄이기 위해 이용한다. 다만 완전한 보상이 안 되기 때문에 미보상부분이 생길 수 있다. 초과보험은 보험금액이 실제 가치 이상으로 보험가액을 초과하여 체결하는 것으로 선의의 경우를 제외하고 모두 무효가 된다.

2. 해상보험증권

1) 해상보험증권의 개요

해상보험계약이 체결되면 보험자는 보험증권(insurance policy)을 보험계약자에게 발급한다. 보험증권 발행이 보험계약의 성립요건은 아니지만, 보험증권은 보험계약의 성립과 그 내용을 증명하는 증거증권으로 계약의 내용을 기재 후 보험자가 기명, 날인하여 보험계약자에게 교부하는 증거서류이다. 보험증권의 개정 작업이 이루어지다가 1981년 로이즈 및 런던 보험자협회의 합동적하위원회에서 새로운 해상보험증권을 제정하였고 신양식의 보험증권에 맞도록 협회약관들을 재정비하였다. 로이즈 보험시장에서는 'New Lloyd's Marine Policy Form'을 사용하고 회사형태의 보험시장에서는 'New ILU Marine Policy Form'을 사용하기 시작했는데 두 가지 양식은 계약실무 부분에서 약간의 차이가 있을 뿐 본질은 동일하다.

2) 해상적하보험증권의 특징

해상적하보험증권에는 피보험자의 성명, 선적항과 도착항 등의 기재사항이 있다. 보험증권에 피보험자 또는 피보험자 대리인 성명을 기재하고 영국해상보험법에서도 피보험자 또는 피보험자를 대신하여 보험계약을 체결하려는 자의 성명은 반드시 기재하여야 한다. 보험증권에 'at and from(출발항)', 'arrived at(도착항)'을 기재하면 두 항구 간의 운송에 대해 보험계약이 체결된다는 의미이다. 'ship or vessel'이라고 표시된 란에는 선박명을 기재한다. 해상운송화물이 환적의 경우 제 1선과 제 2선을 병기해야 한다. 'sailing on or about'에 운송선박의 출항예정일을 기재한다. 화물을 정기선으로 운송될 경우 사전에 고시된 선박의 출항일자와 도착일자를 기재하면 되며, 부정기선일 경우 선주와 화주 간에 출항일자를 조정하여 날짜를 기재한다. 'amount insured hereunder'에 보험금액을 기재한다. 'subject-matter insured'에 화물의 명세를 기재하고 해당 상업송장의 일련번호를 기재한다. 화인과 화번을 화물의 명세에 표시하여야 한다. 적하보험증권의 본문약관으로 신해상보험증권의 본문에는 준거법약관 타보험약관 약인약관 및 선서약관이 있으며 그 외에 적색으로 인쇄된 중요 약관이 있다.

3. 협회적하약관

1) 협회적하 구약관과 신약관

해상보험거래에서 사용되는 약관은 대부분 런던보험자협회와 로이즈보험자협회의 기술 및 약관위원회가 합동으로 만든 협회약관이며 이 중 적하보험에 적용되는 약관을 협회적하약관이라 한다. 1912년에는 보험자가 분손, 소손해 등을 부담하지 않고, 이후 1921년 보험자들이 담보범위를 확장하는 협회적하약관 분손담보약관이 제정되었으며, 이 추세에 맞추어 1951년 협회적하약관 전위험담보약관이 제정되면서 이 세 가지가 협회적하약관의 기본약관으로 사용되기 시작하였다.

구약관은 분손부담보약관(Free from Particular Average, F.P.A.)과 그 후에 제정된 분손담보약관(With Average, W.A.)이 손해의 형태에 따라 구분된 것이어서 그 내용이 애매모호한 점이 많았고, 전위험담보약관(All Risk, A.R.)은 약관의 명칭과 실제 내용이 일치하지 않는 부분도 있었다. 참고로 구약관의 전위험담보조건은 면책위험을 제외한 모든 위험을 담보하며, 분손담보조건은 전손은 담보하지 않고 분손만을 담보한다. 마지막으로 분손부담보조건은 분손(단독해손)은 보상하지 않는 조건이다. 따라서 1982년 신양식의 해상보험증원이 제정될 때 약관의 명칭과 내용을 알기 쉽게 정비된 협회적하약관 A, B, C를 기본약관으로 하는 신약관이 제정되었다. 협회적하약관 신약관이 사용된 지 20여 년이 지나는 동안 테러리즘, 해상사기 등 새로운 위험이 등장함에 따라 개정이 불가피하게 되어 2009년 1월 1일 개정된 신약관이 사용되고 있다. 이는 1982년 신약관과 동일하지만 테러리즘에 내해 새로운 징의를 포힘하고 그동안 에메모호했던 표현을 학실하게 하였다. 단, 신약관을 사용한다고 해서 구약관이 사라지는 것은 아니다. 현재 우리나라에서는 화물의 특성에 따라 신약관 ICC(A), ICC(B), ICC(C)와 구약관

ICC(A/R), ICC(WA), ICC(FPA)가 모두 사용되고 있다.

우리나라의 경우 1983년부터 신약관을 시행하고 있다. 각 약관은 담보위험, 면책조항, 보험기간, 보험금청구, 보험이익, 손해경감, 지연의 방지, 법률 및 판례 8개의 그룹약관으로 구성되어 있다. 협회적하약관은 19개의 개별약관으로 구성되어 있으며, 제1조의 위험에 대한 담보범위에서 협회적하약관 A, B, C의 차이를 설명하고 있다. 그리고 3가지 협회적하약관은 제4조, 제5조, 제6조, 제7조에 규정된 사유를 제외하고 보험목적물의 멸실 또는 손상에 대한 일체의 위험을 제1조의 담보범위에 따라 담보한다. 예컨대 협회적하약관 A의 경우 보험자의 면책위험(4, 5, 6, 7조)을 제외하고는 모든 보험사고에 대하여 보상받을 수 있다는 것이다. 아울러 A의 경우 제4조 일반면책약관에서 악의적 손해도 담보한다. 결과적으로 A약관, B약관, C약관은 각각 19개의 개별약관으로 구성되어 있으며, 제1조 위험약관, 제4조 일반면책약관, 그리고 제6조 전쟁위험면책약관만 다르며 나머지 항목은 모두 동일하다.

2) 협회적하약관 세부조항

(1) 담보위험

제1조는 보험자의 담보범위를 규정하고 있는 약관이다. A약관은 포괄책임주의의 원칙이기 때문에 위험약관에는 보험자의 면책위험이 열거되어 있다. 제4조 일반면책위험, 제5조 선박의 불내항 및 부적합위험, 제6조 전쟁위험 및 제7조 동맹파업위험을 제외한 모든 위험에 근인하여 발생한 손해를 보상한다. 사고의 원인이 네 가지 면책위험에 속할 때 보험자는 보상하지 않지만 그러한 사실 입증 책임은 보험자에게 있다. 이 같은 원칙을 포괄책임주의라 한다. 과거 해당 약관을 전위험담보약관이라 하였다. 1982년 신약관이 제정되면서 불합리한 명칭을 피하

고 보험자가 보상해 주는 범위를 명확하게 명시하였다.

(2) 공동해손

제2조는 공동해손 및 구조비를 보험자가 보상하는 내용이다. 즉 공동해손으로 피보험자가 분담해야 할 공동해손분담금이 있으면 보험자가 이를 부담한다. 만약 보험목적물이 희생되었거나 비용이 지출되었으면 피보험자는 보험자로부터 손해액의 전액을 먼저 회수할 수 있고 나머지 당사자들이 분담해야 할 분담금에 대해서는 보험자가 정산이 완료된 후 청구한다. 또한 제3자의 구조활동에 따라 피보험자가 스스로 부담해야 할 구조비용도 보험자가 보상한다. 그러나 공동해손과 구조비는 반드시 보험자의 담보위험에 근인하여 발생해야 한다.

(3) 쌍방과실충돌약관

보험자의 손해보상범위를 확장하여 선하증권의 쌍방과실충돌약관에 의하여 피보험자가 부담해야 할 금액 중 보험증권에서 보상받을 수 있는 손해에 대한 부분을 보험자가 지급해 줄 것을 규정한다. 선하증권의 쌍방과실충돌약관은 선주가 자선의 화물손해에 대해서 간접적으로 보상한 금액을 다시 회수할 수 있도록 규정한 것이며, 만약 피보험자가 선주로부터 이러한 금액을 청구받았을 경우에는 피보험자는 그 취지를 보험자에게 통지 후 보험자로부터 보상이 가능하다.

(4) 일반면책

제4조는 보험자의 면책사항을 협회적하약관의 일반면책위험으로 구분하여 구체적으로 명시한 약관이다. 해당 약관에 명시된 면책사항은 어떠한 특약에 의해서도 담보되지 않는다.

(5) 불내항 및 부적합 면책

제5조는 선박의 불내항성 및 부적합성으로 인한 보험사고에 대해 보험자가 책임을 지지 않는 약관이다. 선박, 운송용구 등의 불내항성 및 부적합성은 화주가 통제할 수 없는 요인이기에 화주가 화물을 적재할 때 불내항성 및 부적합성을 모르고 있을 경우 보험자가 보상한다. 불내항 및 부적합면책위험은 어떠한 특약에도 담보되지 않는다.

(6) 전쟁면책

제6조는 전쟁위험에 인한 손해에 대해 보험자의 면책을 규정한 것이다. 해당 약관에서 해적행위 제외라는 조건은 B와 C약관은 해당되지 않아 따로 명시된 것이다. 해적의 강탈, 파괴, 방화 등의 행위는 과거 전쟁위험으로 취급되었지만, A 약관에서는 보험자가 해적행위도 담보한다. 전쟁위험은 협회전쟁약관을 이용하는 경우에 담보된다.

(7) 동맹파업면책

제7조는 동맹파업, 폭동, 소요, 테러 등으로 인한 손해에 대해 보험자의 면책을 규정한 것이다. 과거 해당 약관을 동맹파업, 폭동, 소요 부담보약관으로 표현했지만 현재 동맹파업위험은 특약으로 담보된다.

(8) 운송약관

보험자가 손해보상의 책임을 져야 하는 보험기간에 대해 과거 로이드 SG보험증권에서 보험기간을 화물이 본선 적재 시부터 도착항 양륙까지 항해구간으로 규정하였지만 현실적 불편한 점이 많아 19세기 말 이후 보험자의 책임은 선적항의 창고에서 목적항의 창고까지 연장하는 창고약관이 사용되어 지금까지 동일하다.

(9) 운송계약 종료

제9조는 피보험자의 영향력이 미치지 못하는 사정에 의해 목적지 도착 전 항해가 종료되는 경우 계속 담보하기 위한 약관이다. 불가항력으로 항해가 중단되는 경우 피보험자는 사태에 관한 정보 입수 후 즉시 보험자에게 통지하고 추가보험료를 납부하는 것을 조건부로 계속 담보가 가능하다.

(10) 항해변경

제10조는 보험증권상에 명시된 목적항이 변경될 경우 보험자의 책임이 중단됨을 규정한다. 목적항 변경을 즉시 보험자에게 통지할 것을 조건으로 추가보험료와 보험조건에 의해 담보는 계속될 수 있다.

(11) 피보험이익

보험을 도박이나 사행과 구별하기 위해 피보험자는 손해발생 시 피보험이익을 갖고 있어야 함을 규정한 약관이다. 적하보험에서는 소급보상의 원칙이 적용되기에 보험계약을 체결하기 전 발생한 보험사고에 대해 피보험자가 상황을 모를 경우 보상 가능하다.

(12) 계반비용

제12조는 담보위험으로 중간항에서 화물을 양륙할 경우 이에 따른 하역비용, 창고보관료, 재포장비, 재선적비 및 처음 약정된 목적지까지의 운반비용 등을 보험자가 보상한다. 해당 비용이 손해방지비용에 포함되는지의 여부에 논란이 있었지만 계반비용도 보험자의 보상범위에 포함시키고자 명시되었다.

(13) 추정전손

현실전손은 아니지만 현실전손이 불가피하거나 보험목적물의 복구비용이 오히려 그 가액을 초과해 그대로 현실전손으로 처리하는 것이 유리할 경우 피보험자는 위부를 적절히 통지하고 추정전손으로 처리할 수 있음을 규정한다.

(14) 증액

보험계약을 체결 후 피보험자가 다시 동일한 보험목적물에 대한 증액보험을 체결하는 경우가 있다. 원보험과 별도로 증액보험을 체결하면 동일한 보험목적물에 대해서 두 가지 이상의 보험계약이 존재하기 때문에 중복보험에 의한 초과보험이 될 수 있다. 증액약관에서는 증액보험이 체결된 경우 보험목적물의 평가액은 증액된 보험금액만큼 증가하는 것으로 간주하여 손해보상도 원보험자와 증액보험자가 보험금액만큼 비례하게 보상하는 규정이다.

(15) 보험이익

운송인이나 해상사업에 관련 있는 수탁자에게 보험계약이 체결되어 있다는 이유로 어떤 이익이나 혜택을 주어서는 안 된다고 규정한다.

(16) 피보험자의 의무

피보험자의 손해방지활동과 운송인, 수탁자 또는 기타 제3자에 대한 손해배상청구권을 확보할 것을 피보험자의 의무로서 규정한 약관이다. 운송인의 잘못으로 손해가 발생할 경우 화주는 운송인에게 손해배상을 청구함이 당연하며, 손실화물이 보험계약이 체결되어 있을 경우 화주는 보험자로부터 보상을 받고 운송인이 입힌 손실에 대한 배상청구권을 보험자에게 양도한다. 보험자는 피보험자에게 먼저 손해액을 배상하고 양도받은 대위권을 행사해 손해배상을 운송인에게 청구하게 된다. 이런 경우에 피보험자는 운송인에 대한 청구권을 보전해 두어야 후일 보험자가 손해배상을 청구할 수 있기에 이러한 피보험자의 의무를 규정한 것이다.

(17) 포기

보험목적물을 구조하기 위한 피보험자 또는 보험자의 손해방지행위는 위부의 포기 또는 승낙으로 간주되지 아니하며, 또한 각 당사자의 권리를 침해하지 아니함을 규정한다. 추정전손이 발생하여 피보험자가 위부통지를 하면 대개의 경우 피보험자는 보험자가 위부를 수락해 주길 기대한다. 보험자가 위부를 수락하려면 손해가 확대되어 현실전손과 비슷해야 하기 때문에 피보험자는 위부통지를 하면서 손해방지활동을 하지 않으려는 심리가 작용된다. 피보험자가 위부통지를 하고 동시에 손해방지활동을 할 경우 보험자는 이를 피보험자의 위부 포기로 착각이 가능하기에 피보험자는 위부통지를 할 때 손해방지활동을 하지 않으려는 경향이 있다. 보험자가 위부의 통지를 받고서 손해방지활동을 하면 피보험자는 이러한 보험자의 행동을 보고 위부의 승낙으로 간주하여 자칫하면 피보험자나 보험자는 손해방지행위를 서로 미룰 수 있다. 포기약관은 이를 방지하기 위해 쌍방이 서로 미루지 말고 손해방지행위를 성실히 수행할 것을 규정한다.

(18) 지연의 방지

제18조는 지연으로 보험자가 피해를 보는 것을 방지하기 위해 피보험자로 하여금 신속하게 행동하여 조치할 것을 보험의 조건으로 한 것이다.

(19) 법률 및 관례

제19조는 이 보험과 관련해 문제가 발생되면 영국의 법률과 판례에 따라 해결할 것을 규정한 것이다. 우리나라에서 발행되는 영문해상보험증권도 영국의 법률

및 관례에 따른다. 해당 준거법 약관은 당사자 사이에 법적으로 유효하다는 우리나라 대법원 판결이 있다(대법원 1977.1.11. 판결 71다 2116보험금-파기환송).

3) 협회적하약관의 특징

협회적하약관 B는 A약관과는 제1, 4, 6조만 다르며 나머지는 동일하다. 그리고 협회적하약관 C는 19개의 개별약관으로 구성되어 있지만, B약관과는 제1조만 다르고 나머지는 동일하다. 주요 내용은 다음과 같다.

[표 11-1] 협회적하약관 주요 조항 비교

(1) 협회적하약관 제1조 (ICC (A), (B) 그리고 (C))

① 위험약관 제1조 – ICC(A)

제1조 이 보험은 다음의 제4조, 제5조, 제6조 및 제7조에 규정된 사유를 제외하고 보험의 목적의 멸실 또는 손상에 관한 일체의 위험을 담보한다.

② 위험약관 제1조 – ICC(B)

제1조 이 보험은 다음의 제4조, 제5조, 제6조 및 제7조에 규정된 사유를 제외하고 다음의 멸실 또는 손상에 관한 위험을 담보한다.

1.1 다음의 사유에 합리적으로 기인하는 보험의 목적의 멸실 또는 손상
- 1.1.1 화재 또는 폭발
- 1.1.2 본선 또는 부선의 좌초, 교사, 침몰 또는 전복
- 1.1.3 육상운송용구의 전복 또는 탈선
- 1.1.4 본선, 부선 또는 운송용구와 물 이외의 타물과의 충돌 또는 접촉
- 1.1.5 조난항에서의 양하
- 1.1.6 지진, 화산의 분화 또는 낙뢰

1.2 다음의 사유에 기인하는 보험의 목적의 멸실 또는 손상
- 1.2.1 공동해손희생
- 1.2.2 투하 또는 갑판유실
- 1.2.3 본선, 부선, 선창, 운송용구, 컨테이너, 지게차 또는 보관장소에 해수, 호수 또는 하천수의 침입

1.3 본선 또는 부선으로의 선적 또는 하역작업 중에 바다로의 낙하 또는 갑판상에 추락한 포장단위 전손

③ 위험약관 – ICC(C)

제1조 이 보험은 다음의 제4조, 제5조, 제6조 및 제7조에 규정된 사유를 제외하고 다음의 멸실 또는 손상에 관한 위험을 담보한다.

1.1 다음의 사유에 합리적으로 기인하는 보험의 목적의 멸실 또는 손상

1.1.1 화재 또는 폭발

1.1.2 본선 또는 부선의 좌초, 교사, 침몰 또는 전복

1.1.3 육상운송용구의 전복 또는 탈선

1.1.4 본선, 부선 또는 운송용구와 물 이외의 타물과의 충돌 또는 접촉

1.1.5 조난항에서의 양하

1.2 다음의 사유에 기인하는 보험의 목적의 멸실 또는 손상

1.2.1 공동해손희생

1.2.2 투하

(2) 협회적하약관 제4조 (ICC (A), (B) 그리고 (C))

① 일반면책약관 – ICC(A)

제4조 어떠한 경우에도 이 보험은 다음의 손해를 담보하지 아니한다.

4.1 피보험자의 고의의 불법행위에 기인하는 멸실, 손상 또는 비용

4.2 보험의 목적의 통상적인 누손, 통상적인 중량손 또는 용적손, 또는 자연소모

4.3 보험의 목적의 포장 또는 준비의 불완전 또는 부적절에 기인하여 발생한 멸실, 손상 또는 비용(본 조 제4조 제3항에서 "포장"이란 컨테이너 또는 지게차에 적부하는 것을 포함하는 것으로 한다. 다만 이러한 적부는 이 보험의 개시 전에 행하여지거나 또는 피보험자나 그 사용인에 의하여 행하여지는 경우에 한한다)

4.4 보험의 목적의 고유의 하자 또는 성실에 기인하여 발생한 멸실, 손상 또는 비용

4.5 지연이 피보험위험에 기인하여 발생한 경우라도, 그 지연에 근인하여 발생한 멸실, 손상 또는 비용 (다만 위의 제2조에 따라 지급되는 비용은 제외함)

4.6 본선의 소유자, 관리자, 용선자 또는 운항자의 지급불능 또는 금전상의 채무불이행으로 인하여 발생한 멸실, 손상 또는 비용

4.7 원자력 또는 핵의 분열 및/또는 융합 또는 기타 이와 유사한 반응 또는 방사능이나 방사성의 물질을 응용한 무기의 사용으로 인하여 발생한 멸실, 손상 또는 비용

② 일반면책약관 - ICC(B), ICC(C)

제4조 어떠한 경우에도 이 보험은 다음의 손해를 담보하지 아니한다.

4.1 피보험자의 고의의 불법행위에 기인하는 멸실, 손상 또는 비용

4.2 보험의 목적의 통상적인 누손, 통상적인 중량손 또는 용적손, 또는 자연소모

4.3 보험의 목적의 포장 또는 준비의 불완전 또는 부적절에 기인하여 발생한 멸실, 손상 또는 비용 제4조 제3항에서 "포장"이란 컨테이너 또는 지게차에 적부하는 것을 포함하는 것으로 한다. 다만 이러한 적부는 이 보험의 개시 전에 행하여지거나 또는 피보험자나 그 사용인에 의하여 행하여지는 경우에 한한다).

4.4 보험의 목적의 고유의 하자 또는 성실에 기인하여 발생한 멸실, 손상 또는 비용.

4.5 지연이 피보험위험에 기인하여 발생한 경우라도, 그 지연에 근인하여 발생한 멸실, 손상 또는 비용 (다만 위의 제2조에 따라 지급되는 비용은 제외함)
4.6 본선의 소유자, 관리자, 용선자 또는 운항자의 지급불능 또는 금전상의 채무불이행으로 인하여 발생한 멸실, 손상 또는 비용
4.7 보험의 목적 또는 그 일부에 대한 어떠한 자의 불법행위에 의한 고의적인 손상 또는 고의적인 파괴
4.8 원자력 또는 핵의 분열 및/또는 융합 또는 기타 이와 유사한 반응 또는 방사능이나 방사성의 물질을 응용한 무기의 사용으로 인하여 발생한 멸실, 손상 또는 비용

(3) 협회적하약관 제6조 (ICC (A), (B) 그리고 (C))

① 전쟁위험면책약관 – ICC(A)

제6조 어떠한 경우에도 이 보험은 다음의 위험에 기인하여 발생한 멸실, 손상 또는 비용을 담보하지 아니한다.
6.1 전쟁, 내란, 혁명, 반역, 반란 또는 이로 인하여 발생하는 국내투쟁, 또는 교전국에 의하거나 또는 교전국에 대하여 가해진 일체의 적대행위
6.2 포획, 나포, 강류, 억지 또는 억류(해적위험은 제외함), 또는 이러한 행위의 결과 또는 이러한 행위의 기도
6.3 유기된 기뢰, 어뢰, 폭탄 또는 기타의 유기된 전쟁병기

② 전쟁위험면책약관 – ICC(B) · ICC(C)

제6조 어떠한 경우에도 이 보험은 다음의 위험에 기인하여 발생한 멸실, 손상 또는 비용을 담보하지 아니한다.
6.1 전쟁, 내란, 혁명, 반역, 반란 또는 이로 인하여 발생하는 국내투쟁, 또는 교전국에 의하거나 또는 교전국에 대하여 가해진 일체의 적대행위
6.2 포획, 나포, 강류, 억지 또는 억류, 또는 이러한 행위의 결과 또는 이러한 행위의 기도
6.3 유기된 기뢰, 어뢰, 폭탄 또는 기타의 유기된 전쟁병기

[표 11-2] 협회적하약관의 담보위험의 비교

담보위험 (1조)	각 약관에서의 담보 여부		
	A	B	C
화재, 폭발	○	○	○
본선 부선의 좌초 교사 침몰 전복	○	○	○
육상운송용구의 전복 탈선	○	○	○
본선 부선 그 밖의 운송용구의 물 이외 타 물체와의 충돌 접촉	○	○	○
피난항에서의 화물의 하역	○	○	○
지진, 화산의 분화 · 낙뢰	○	○	×
공동해손희생손해	○	○	○
투하	○	○	○
갑판유실	○	○	×
본선 부선 선창 운송용구 컨테이너 리프트 밴 보관 장소에서의 해수 호수 하천수의 침입	○	○	×
본선 부선에서 선적 하역 작업 중 바다에 떨어지거나 갑판에 추락한 매포장 단위당 전손	○	○	×
그 밖의 모든 위험에 의한 멸실, 손상	○	×	×

4) 협회적하약관의 대표적 특약

(1) 협회전쟁약관

전쟁위험은 협회적하약관 제6조 전쟁면책에 따라 보험자의 면책위험에 속하므로 특약에 의해서만 담보 가능하다. 적하보험에서 전쟁위험을 담보하는 약관은 협회전쟁약관이며 해상운송화물 항공운송화물 및 우송물에 각각 적용되는 세 가지 종류가 있다. 해상운송화물에 적용되는 전쟁담보약관은 협회전쟁약관이다.

(2) 협회동맹파업약관

협회적하약관 제7조에 따라서 동맹파업, 폭동, 소요 등의 위험은 보험자의 면책위험이므로 협회동맹파업약관으로 특약을 체결해야 담보된다. 보험자가 담보하는 동맹파업과 관련되는 위험은 협회적하약관 제7조에서 보험자의 면책으로 열거되는 위험이다. 협회적하약관에서와 마찬가지로 보험자는 보험목적물의 멸실 또는 손상만을 담보한다. 협회동맹파업약관에서 담보하는 위험은 동맹파업자 직장폐쇄를 당한 노동자 또는 노동분쟁 폭동 또는 소요에 가담한 자와 테러리스트 또는 정치적 동기에 의해 행동한 자이다.

5) 부가위험

협회적하약관에서 ICC(B), ICC(C)는 열거된 담보위험으로 발생한 손해에 대해서만 보험자가 책임을 진다. 하지만 해상운송에는 담보위험으로 열거된 위험 외에도 부가위험들이 존재한다. ICC(A)의 경우 포괄주의로 면책위험 외 모든 위험에 대해 담보하기 때문에 부가위험 역시 함께 담보된다. 반면, ICC(B), ICC(C)는 부가위험에 대해 특약으로 추가보험료를 지불하여 담보해야 한다. 주요 부가위험은 다음과 같다. 도난, 발하(拔荷), 불착위험담보(theft, pilferage and non-delivery, TPND), 불착위험담보(non-delivery, ND), 부족위험담보(shortage), 누손(漏損)담보(leakage), 우 · 담수손담보(rain and fresh water damage, RWD), 파손담보(breakage), 굴곡, 눌린자국 손해담보(denting and bending, DB), 갈고리손상담보(hook), 못에 의한 손상담보(nail), 긁힘 손상담보(scratching), 마찰 손상담보(chafing), 진흙, 기름, 그리스, 산(散), 다른 화물과의 접촉에 의한 손해담보(hook, mud, oil, grease, acid, contact with other cargo), 쥐 및 벌레 손상담보(rats and vermin), 곰팡이 손상담보(mould and mildew), 금속물의 녹에 의한 손상담보(rust), 유류 및 타물건과의 손해(Contact with Oil &/or Other Cargo, COOC), 오염담보(contamination), 자연발화담보(spontaneous combustion), 투하, 갑판 위 유실위험담보(jettison and washing overboard) 등이 있다.

CHAPTER

12 수출입통관

학/습/내/용

제1절 수출입통관

1. 수출입통관 개요

1) 수출입통관의 개념

개념적으로 수출입통관은 관세선(세관)을 통과하는 물품의 수입, 수출 그리고 반송을 의미하며 무역거래 내용, 수출입 승인사항 그리고 관련 법규의 허가사항 등이 세관에 신고된 물품과 일치하는지 여부를 확인하는 세관장의 확인행위이다. 그러나 모든 통관물품이 세관장의 확인 대상은 아니다. 통관 확인행위의 대상은 세관장 확인 대상, 확인 생략 대상 그리고 필수 확인 대상으로 구분된다.

먼저 세관장 확인 대상 물품은 관세법 제226조에 따라 '세관장 확인물품 및 확인방법 지정고시'에서 확인할 수 있다. 다음으로 세관장 확인 생략 대상은 수출입 승인면제물품(대외무역법 시행령, 제19조), 통합공고물품(통합공고 제12조), 수출입 안전관리 우수공인업체(관세법 제255조의2)가 해당된다. 마지막으로 필수 확인 대상은 수출입승인면제물품에 해당하더라도 세관장의 확인을 받아야 하는 물품으로 마약류관리에 관한 법률, 식물방역법, 야생생물보호 및 관리에 관한 법률, 총포 · 도검 · 화약류 등의 안전관리에 관한 법률, 수산생물질병관리법, 가축전염병예방법, 폐기물의 국가 간 이동 및 그 처리에 관한 법률, 약사법, 식품위생법, 통신비밀보호법, 축산물위생관리법, 화학물질관리법 등이 법령을 적용받는 물품이 해당된다.

수출입 허가 · 승인 등의 증명이 필요한 물품을 수출입하고자 한다면 서면으로도 가능하지만 보통 통관 포털(국가관세종합정보망, UNI-PASS)을 이용하여 요건확인기관의 장에게 요건신청을 이행한다.

2) 수출입통관 관련 법령

수출입통관과 관련해서는 관세법과 환급특례법이 적용된다.

관세법의 경우 조세법률주의에 기초하여 국회에서 법률로 정하고 있다. 관세법은 관세의 부과 · 징수 및 수출입물품의 통관을 적정하게 하고 관세수입을 확보함으로써 국민경제의 발전에 이바지함을 목적으로 한다. 이외 행정부의 법규 명령으로 관세법 시행령(대통령령), 관세법 시행규칙(기획재정부령)이 있다.

환급특례법의 정식 명칭은 수출용 원재료에 대한 관세 등 환급에 관한 특례법으로 수출용 원재료(原材料)에 대한 관세, 임시수입부가세(臨時輸入附加稅), 개별소비세, 주세(酒稅), 교통 · 에너지 · 환경세, 농어촌특별세 및 교육세의 환급을 적정하게 함으로써 능률적인 수출 지원과 균형 있는 산업발전에 이바지하기 위하여 관세법, 임시수입부가세법, 개별소비세법, 주세법, 교통 · 에너지 · 환경세법, 농어촌특별세법, 교육세법, 국세기본법 및 국세징수법에 대한 특례를 규정함을 목적으로 한다.

행위적으로 수출입통관은 관세법의 규정에 따라 물품을 수입, 수출 그리고 반송하는 것을 의미한다. 일반적으로 국민경제 차원에서 수출을 장려하고 수입을 억제하려는 성향으로 통관이라고 하면 주로 수입통관을 의미한다. 하지만 통관이 실질적으로는 관세선을 통과하는 것으로 수출과 수입, 심지어 반송 물품에 모두 적용되는 개념이다.

관세법에서 정의하고 있는 수입은 외국물품을 우리나라에 반입(보세구역을 경유하는 것은 보세구역으로부터 반입하는 것을 말한다)하거나 우리나라에서 소비 또는 사용하는 것(우리나라의 운송수단 안에서의 소비 또는 사용을 포함하며, 제239조[1] 각호의 어느 하나에 해당하는 소비 또는 사용은 제외한다)을 말한다. 제외되는 물품의 경우 통관의 예외적용으로 구분되어 있으며, 선용품과 기용품 또는 차량용품, 여행자 휴대품 등으로 운송수단 또는 관세통로에서 보통 소비하거나 소진되는 물품이 이에 해당한다. 그리고 수출은 내국물품을 외국으로 반출하는 것을 말하며, 반송은 국내에 도착한 외국물품이 수입통관절차를 거치지 아니하고 다시 외국으로 반출되는 것을 말한다.

---

1) 관세법 제239조(수입으로 보지 아니하는 소비 또는 사용) 외국물품의 소비나 사용이 다음 각호의 어느 하나에 해당하는 경우에는 이를 수입으로 보지 아니한다. 〈개정 2018. 12. 31.〉

1. 선용품 · 기용품 또는 차량용품을 운송수단 안에서 그 용도에 따라 소비하거나 사용하는 경우
2. 선용품 · 기용품 또는 차량용품을 세관장이 정하는 지정보세구역에서 출입국관리법에 따라 출국심사를 마치거나 우리나라에 입국하지 아니하고 우리나라를 경유하여 제3국으로 출발하려는 자에게 제공하여 그 용도에 따라 소비하거나 사용하는 경우
3. 여행자가 휴대품을 운송수단 또는 관세통로에서 소비하거나 사용하는 경우
4. 이 법에서 인정하는 바에 따라 소비하거나 사용하는 경우

2. 수출입통관 물품

1) 외국물품

관세법에서는 통관의 개념으로 외국물품과 내국물품을 구분하고 있다. 먼저 외국물품이란 다음 각 목의 어느 하나에 해당하는 물품을 말한다.

① 외국으로부터 우리나라에 도착한 물품[외국의 선박 등이 공해(公海, 외국의 영해가 아닌 경제수역을 포함한다. 이하 같다)에서 채집하거나 포획한 수산물 등을 포함한다]으로서 제241조 제1항에 따른 수입의 신고(이하 "수입신고"라 한다)가 수리(受理)되기 전의 것

② 제241조 제1항에 따른 수출의 신고(이하 "수출신고"라 한다)가 수리된 물품

2) 내국물품

내국물품이란 다음 각 목의 어느 하나에 해당하는 물품을 말한다.

① 우리나라에 있는 물품으로서 외국물품이 아닌 것

② 우리나라의 선박 등이 공해에서 채집하거나 포획한 수산물 등

③ 제244조 제1항에 따른 입항전수입신고(이하 "입항전수입신고"라 한다)가 수리된 물품

④ 제252조에 따른 수입신고수리 전 반출승인을 받아 반출된 물품

⑤ 제253조 제1항에 따른 수입신고 전 즉시반출신고를 하고 반출된 물품

3) 수출입금지품목

관세법에 따라 수출입의 금지(관세법 제234조) 물품은 다음 각호의 어느 하나에 해당하는 물품으로 수출하거나 수입할 수 없다.

① 헌법 질서를 문란하게 하거나 공공의 안녕질서 또는 풍속을 해치는 서적 · 간행물 · 도화, 영화 · 음반 · 비디오물 · 조각물 또는 그 밖에 이에 준하는 물품

② 정부의 기밀을 누설하거나 첩보활동에 사용되는 물품

③ 화폐 · 채권이나 그 밖의 유가증권의 위조품 · 변조품 또는 모조품

4) 통관의 예외품목

수입으로 보지 아니하는 소비 또는 사용으로 외국물품의 소비나 사용이 다음 각호의 어느 하나에 해당하는 경우에는 이를 수입으로 보지 아니한다.

① 선용품 · 기용품 또는 차량용품을 운송수단 안에서 그 용도에 따라 소비하거나 사용하는 경우

② 선용품 · 기용품 또는 차량용품을 세관장이 정하는 지정보세구역에서 출입국관리법에 따라 출국심사를 마치거나 우리나라에 입국하지 아니하고 우리나라를 경유하여 제3국으로 출발하려는 자에게 제공하여 그 용도에 따라 소비하거나 사용하는 경우

③ 여행자가 휴대품을 운송수단 또는 관세통로에서 소비하거나 사용하는 경우

④ 이 법에서 인정하는 바에 따라 소비하거나 사용하는 경우

5) 통관보류품목

통관의 보류는 특정한 사유로 통관이 일시적으로 정지하는 것으로 해당 사유가 소멸되면 다시 진행된다. 세관장은 다음의 경우 통관을 보류할 수 있다.

① 수출 · 수입 또는 반송신고 또는 입항 전 수입신고에 따른 신고서의 기재사항에 보완이 필요한 경우
② 신고 시 제출서류 등이 갖추어지지 아니하여 보완이 필요한 경우
③ 관세법에 따른 의무사항을 위반하거나 국민보건 등을 해칠 우려가 있는 경우
④ 물품에 대한 안정성 검사가 필요한 경우
⑤ 그 밖에 관세법에 따라 필요한 사항을 확인할 필요가 있다고 인정하여 대통령령으로 정하는 경우

3. 수출입신고

1) 수입신고

수입신고는 원칙적으로 물품을 수출, 수입 그리고 반송하려면 해당 물품의 품명, 규격, 수량 및 가격 그리고 그 밖에 대통령령으로 정하는 사항을 세관장에게 신고한다. 수입하거나 반송하려는 물품을 지정장치장 또는 보세창고에 반입하거나 보세구역이 아닌 장소에 장치하는 자는 그 반입일 또는 장치일부터 30일 이내에 수입신고를 해야 한다.

수입신고는 선하증권 1건에 대하여 수입신고서 1건으로 하며 분할신고도 가능

하다. 분할신고의 경우 선하증권을 분할하여도 물품검사와 과세가격 산출에 무리가 없는 경우(단, 분할된 납부세액이 징수금액 최저한인 1만원 미만이 되는 경우에는 제외), 신고물품 중 일부만 통관이 허용되고 나머지는 보류되는 경우, 검사 및 검역결과 일부통과 일부보류의 경우 등이 해당한다. 반대로 보세화물관리에 지장이 없다고 인정되는 경우에는 여러 건의 선하증권을 1건으로 수입신고할 수 있다.

수입신고의 시기는 원칙적으로는 입항 이후 보세구역에 반입한 다음 진행된다. 하지만 지정학적 위치나 다양한 무역방식으로 예외적으로 신고 시기를 구분하여 적용하고 있다. 신고 시기는 출항 전 신고, 입항 전 신고, 보세구역 도착 전 신고, 그리고 보세구역 장치 후 신고로 구분할 수 있다. 이 가운데 가장 보편적인 형태는 원칙대로 보세구역 장치 후 신고이다. 먼저 출항 전 신고는 운송거리가 짧아서 출항부는 수입물품을 적재한 운송수단이 선박 또는 항공기가 입항한 후 수입물품이 보세구역에 반입되면 수입신고를 한다. 다음으로 입항 전 신고는 수입물품을 선적한 선박 등이 선적항에서 양륙항에 입항하기 전에 수입신고한다. 보세구역 도착 전 신고는 입항 이후 보세구역에 도착하기 전에 수입신고를 한다.

수입신고는 수입신고서를 첨부서류 없이 전송하는 것을 원칙으로 한다. 다만 전산시스템에 의하여 선별 대상으로 선별된 경우 서류제출 대상이 된다. 이 경우 전자적 제출을 원칙으로 하며 예외적으로 종이서류 제출이 가능하다. 제출해야 하는 서류는 송품장, 가격신고서, 선하증권부본, 포장명세서, 원산지증명서, 기타 관세청장이 정하는 서류이다. 서류제출 대상자의 경우 해당 서류를 관세사 등에게 제출하고 관세사 등이 해당 서류를 확인한 후 수입신고를 이행할 때에는 서류의 제출을 생략할 수 있으며, 수입신고 후 제출도 가능하다. 하지만 제출 생략과 사후제출 이후에도 세관장이 필요하다고 인정하면 관세청장은 신고인에게 관련 자료를 요청할 수 있다.

수입신고 이후 수입신고인은 세관장으로부터 신고필증을 발급받으며, 수입신고의 효력은 통관시스템을 통하여 신고인에게 신고수리를 통보한 시점 또는 수작업의 경우 신고필증이 교부된 시점이다.

2) 수출신고

수출신고는 수출하고자 하는 물품을 적재하기 전까지 세관장에 수출신고를 하고, 신고수리를 받는 것을 의미한다. 수출자는 당해 물품이 장치된 물품소재지를 관할하는 세관장에게 수출신고를 하는데, 수출신고는 수출물품 확보 이후 가능하다. 하지만 특수형태의 수출인 경우 해당 규정을 따른다. 일반적으로 수출계약을 체결하고 수출물품을 확보하여 운송계획이 확정된 경우 수출신고를 하는데, 수출신고 이후 30일 내 선적해야 한다.

수출신고의 시기는 원칙적으로 수출물품을 확보한 이후 가능하지만, 선상수출신고, 현지수출 어패류신고, 원양수산물신고, 잠정수량신고 · 잠정가격신고 대상물품의 수출신고로 예외가 있다. 먼저 선상수출신고는 선적한 후 공인검정기관의 검정서에 의하여 수출물품의 수량을 확인하는 물품, 물품의 신선도 유지 등의 사유로 선상수출신고가 불가피하다고 인정되는 경우, 자동차운반전용선박에 적재하여 수출하는 신품자동차 등이 해당한다. 선상수출신고는 세관장으로부터 수출신고수리 전 적재허가를 받아야 한다. 다음으로 현지수출 어패류신고는 출항허가를 받은 운반선(출항 이후 수출 진행)에 의하여 현지에서 수출하는 것이 부득이한 경우로 수출 후 대금결제 전까지 수출실적으로 증명하는 서류를 첨부하여 제출한다. 원양수산물신고는 공해에서 채포한 수산물을 현지 판매하는 경우에 수출자가 수출 후 대금결제 전까지 수출 사실을 증명하는 서류가 첨부된 수출실적보고서를 한국원양산업협회를 경유하여 서울세관장에게 전송해야 한다.

수출신고는 전자문서로 작성된 수출신고서 등 신고자료와 함께 송품장 등 관련서류를 전자적으로 제출하여 통관시스템에 전송해야 한다. 다만 전자제출 또는 전자이미지로 통관시스템에 전송할 수 없는 경우 예외적으로 서류제출도 가능하다. 수출신고의 효력은 통관시스템에서 신고번호가 부여된 시점부터다.

3) 반송신고

반송신고는 우리나라에 도착한 외국물품을 수입하지 않고 그대로 이국으로 반출하는 반송에 대한 신고이다. 수입신고나 수출신고처럼 반송신고 역시 반송신고필증을 수령한다. 대외무역법에서 정의하는 반송은 중계무역을 위하여 보세구역에 반입하였던 물품을 제3국으로 반출하는 경우 반송에 해당한다고 기술하고 있다. 이 과정에서 일반적으로 보세구역에 물품이 반입되어 포장을 바꾸거나 구분, 분할 등 보수작업을 통한 부가가치활동 이후 제3국으로 반출하는 것을 포함한다. 아울러 중계무역이 아닌 어떤 사정에 의하여 그대로 수출국으로 되돌려 보내는 것도 반송에 해당한다. 구체적으로 반송은 단순반송물품, 통관보류물품, 위탁가공물품, 중계무역물품, 보세창고반입물품, 장기비축 수출용 원재료 및 수출품 사후보수용품 등의 목적으로 구분된다.

반송은 관세선을 통과하지 않았기 때문에 무역거래의 목적에 따라 관세 및 부가세 납부가 없이 바로 수출할 수 있는 점과 운송비, 수입통관수수료 등의 물류비가 발생하지 않는다는 점에서 활용 가능성이 높다. 반면, 국내이동의 경우에도 반송은 보세구역 내에서만 이동이 가능하며, 포장의 변경과 재포장 등에 대한 제약이 있다는 특징이 있다. 통상 반송신고기간은 반입일 30일 이내에 신고해야 하는 의무가 있으며, 30일 경과부터는 반송신고지연 가산세가 부과된다.

제2절

원산지 관리

1. 보세

1) 보세와 보세구역

보세는 관세의 유보상태로 현실적으로는 외국물품의 수입신고수리 미필상태를 의미한다. 보세구역은 이러한 상태, 즉 관세를 부과하지 않고 유보된 상태로 둘 수 있는 장소를 의미한다. 참고로 보세구역은 물품의 관세유보상태의 장치라는 일차적인 기능 외에도 관세가 유보된 화물의 장치, 전시, 제조, 가공, 건설, 판매 등의 부가적 기능을 수행할 수 있다.

2) 보세구역의 종류

외국물품을 수입신고한 후 수리가 되지 않은 상태에서 장치, 전시, 제조, 가공, 건설, 판매 등을 할 수 있도록 허용한 관세법상의 제도에 따라 보세구역의 종류도 다양하다. 관세법에서 정의하는 보세구역은 지정보세구역 · 특허보세구역 및 종합보세구역으로 구분하고, 지정보세구역은 지정장치장 및 세관검사장으로 구분하며, 특허보세구역은 보세창고 · 보세공장 · 보세전시장 · 보세건설장 및 보세판매장으로 구분한다.

먼저 지정보세구역이란 국가, 지방자치단체, 공항시설 또는 항만시설을 관리하는 법인 등의 토지, 건물 또는 그 밖의 시설을 세관장이 보세구역으로 지정한 지역을 의미한다. 둘째, 특허보세구역이란 개인 또는 법인이 신청을 하면 세관장이 특허해 주는 보세구역으로 보세창고, 보세공장, 보세건설장, 보세전시장, 보세판매장 등이 있다. 원칙적으로 특허보세구역의 특허기간은 10년 이내로 하는데, 보세창고와 보세공장은 10년 이내, 보세판매장은 5년 이내 그리고 보세전시장과 건설장은 기간을 고려하여 세관장이 정한다. 셋째, 종합보세구역에서는 보세창고 · 보세공장 · 보세전시장 · 보세건설장 또는 보세판매장의 기능 중 둘 이상의 기능(이하 "종합보세기능"이라 한다)을 수행할 수 있는 특허보세구역의 복합적 기능을 수행하는 보세구역이다. 마지막으로 자율관리보세구역이란 보세구역 중 물품의 관리 및 세관감시에 지장이 없다고 인정하여 관세청장이 정하는 바에 따라 세관장이 지정하는 보세구역을 의미한다. 자율관리보세구역에 장치한 물품은 세관공무원의 참여와 이 법에 따른 절차 중 관세청장이 정하는 절차를 생략하여 자율적으로 운영한다.

3) 보세운송

보세운송은 외국물품을 보세상태로 국내에서 운송하는 것을 말한다. 일반적으로 컨테이너 수출의 경우 통관기능이 있는 컨테이너 내륙통관기지(Inland Container Depot, ICD)에서 항만으로 물품이 이동하는 경우 통관이 이행되었기 때문에 보세운송으로 볼 수 있다. 반대로 수입의 경우 수입된 외국물품이 항만에서 내륙의 보세구역으로 이동하는 경우 보세운송에 해당한다. 보세운송은 주로 보세구역, 보세구역 외 장치허가장소, 세관관서, 통관역, 통관장, 자유무역지역 등에 한하여 적용된다. 만약 통관기능이 있는 내륙통관기지를 경유하지 않고 항만 등의 CFS(Container Freight Station)을 이용하여 바로 화물을 부두나 선박에 입고 또는 선적한다면 해당 지점까지는 내륙운송으로 구분된다.

4) 체화공매

보세구역에 반입된 외국물품과 보세구역 외 장치물품, 유치 또는 예치품 등의 장치기간이 경과된 경우에는 공고 이후 물품을 매각할 수 있다. 일반적으로 보세구역을 통과하지 못하는 물품은 관세미납, 수출입허가 또는 승인 불허, 그리고 화주의 고의적 수입통관 불이행 등이 있다. 이러한 경우 체화공매, 즉 경과물품경매를 진행한다.

세관은 일정기간 동안 보관한 물품에 대해 소유자에게 통지하고 회수기회를 제공하지만, 회수되지 않은 물품은 경매에 의해 최고 입찰자에게 판매된다. 이를 통해 물품의 가치를 확정하고 관세를 부과한다. 즉, 체화공매는 관세부과의 한 과정으로 볼 수 있다.

2. 원산지 관리

1) 원산지 규정

원산지 규정은 특정상품이 어느 국가에서 생산되고 제조되었는지를 판단하는 기준이다. 원산지란 당해 물품이 채취 · 생산 · 제조 · 가공된 지역을 말하며, 자본투자국 · 디자인 수행국 · 기술의 제공국 · 상표의 소유국과는 별도의 개념으로 원산지는 일반적으로 정치적 실체를 가진 국가를 의미하나 독립적 국가가 아닌 지역도 원산지가 될 수 있다.

원산지 규정에 관한 국제적 협약은 파리협정이 1883년 최초의 국제적 합의로 그 의의가 있다. 그 외 교토협약과 세계무역기구(WTO)의 통일원산지 규정이 국제적 협약이라고 할 수 있다. 하지만 대부분 국가들은 국제적 협약을 염두에 두면서 자체적으로 원산지관리규정을 운영하고 있다. 우리나라의 경우 특혜와 비특혜로 구분하여 운영하고 있는데, 특혜문제의 경우 관세법, 자유무역협정 이행을 위한 과세법의 특례에 관한 법률, 남북교류협력에 관한 법률 등이 이에 해당한다. 비특혜문제는 관세법, 대외무역법, 농산물품질관리법 등이 있다.

2) 원산지표시대상

산업통상자원부장관이 원산지를 표시하여야 하는 대상으로 공고한 물품등을 수출하거나 수입하려는 자는 그 물품등에 대하여 원산지를 표시하여야 한다. 그리고 산업통상자원부장관은 필요하다고 인정하면 수출 또는 수입물품등의 원산지 판정을 할 수 있다. 원산지 판정의 기준은 대통령령으로 정하는 바에 따라 산업통상자원부장관이 정하여 공고한다. 우리나라의 경우 2024년 기준 대외무역관리규정 별표8에 게기된 수입물품에 한하여 원산지표시대상물품으로 분류되며, 전체 수입품목의 약 55%에 해당한다. 원산지관리품목 공고는 HS 4단위로 하며 품목기준 총 1,224개 중 674개(공산품 501개, 농수산물 173개)가 이에 해당한다.

기본적으로 수출물품의 경우 원산지표시의무는 없다. 대외무역관리규정에서는 한정된 수입물품에 대해 원산지표시의무를 두고 있으며, 원산지표시대상물품은 통관뿐만 아니라 유통단계에도 모두 적용되며 영업신고의 형태와도 관계가 없다. 따라서 수입물품 가운데 FTA협정 등 관세효과를 누리기 위해서 표시하는 경우 수입물품과 같이 영문 등으로 소비자가 잘 보이는 위치에 견고하게 표시하여야 한다. 다만, 수입국의 원산지표시규정이 우리나라와 다를 경우 수입국의 규정에 따라 표시해야 하며 자율발급 또는 기관발급을 통하여 진행한다. 수입물품의 경우 우리나라에서 단순가공하거나 중계무역, 반송절차로 재수출하는 경우에는 우리나라를 원산지로 표시할 수 없다.

원산지표시대상물품은 수입물품(원산지관리품목공고물품)이며, 다음의 경우에는 당해 물품의 포장, 용기 등에 수입물품의 원산지를 표시할 수 있다.

[표 12-1] 표장, 용기에 원산지표시가 가능한 경우

- 당해 물품에 원산지를 표시하는 것이 불가능한 경우
- 원산지표시로 인하여 당해 물품이 크게 훼손되는 경우
- 원산지표시로 인하여 당해 물품의 가치가 실질적으로 저하되는 경우
- 원산지표시의 비용이 당해 물품의 수입을 막을 정도로 과도한 경우
- 상거래 관행상 최종구매자에게 포장, 용기에 봉인되어 판매되는 물품 또는 봉인되지는 않으나 포장, 용기를 뜯지 않고 판매되는 물품
- 실질적 변형을 일으키는 제조공정에 투입되는 부품 및 원재료를 수입 후 실수요자에게 직접 공급하는 경우

한편 원산지증명서 제출 대상물품은 특혜관세를 목적하고 있기 때문에 앞에서 언급한 통상의 원산지표시 외 원산지증명서를 세관장에게 제출해야 한다. 참고로

EU나 EFTA(스위스, 노르웨이, 아이슬란드, 리히테슈타인)은 미화 1,000달러 이하의 경우 송장을 통해 신고하지만, 미국, 캐나다, 호주, 싱가포르, 페루, 칠레, 인도, ASEAN, 중국, 뉴질랜드, 베트남은 국가별 과세가격에 따라 원산지증명서를 통해 신고해야 한다.

[표 12-2] 원산지증명서의 제출대상

- 당해 물품에 원산지를 표시하는 것이 불가능한 경우
- 원산지표시로 인하여 당해 물품이 크게 훼손되는 경우
- 원산지표시로 인하여 당해 물품의 가치가 실질적으로 저하되는 경우
- 원산지표시의 비용이 당해 물품의 수입을 막을 정도로 과도한 경우
- 상거래 관행상 최종구매자에게 포장, 용기에 봉인되어 판매되는 물품 또는 봉인되지는 않으나 포장, 용기를 뜯지 않고 판매되는 물품
- 실질적 변형을 일으키는 제조공정에 투입되는 부품 및 원재료를 수입 후 실수요자에게 직접 공급하는 경우

3) 원산지 판정

수입물품의 원산지 판정기준은 국제적으로 일반화된 기준인 완전생산기준과 실질적 변형기준으로 구분하여 판정한다. 먼저 완전생산기준은 수입물품의 전부가 하나의 국가에서 채취되거나 생산된 물품인 경우 그 국가를 그 물품의 원산지로 한다. 다음으로 실질적 변형기준은 세번변경기준, 부가가치기준, 주요 부품기준으로 구분한다.

먼저 세번변경기준은 실질적 변형이란 해당 국가에서의 제조 · 가공과정을 통하여 원재료의 세번과 상이한 세번(HS 6단위기준)의 제품을 생산하는 것을 말한다. 다음으로 부가가치기준은 세번변경기준에도 불구하고 별도로 정해준 물품에 대하여 적용하는 기준이다. 부가가치기준에서 부가가치의 비율은 해당 물품의 제조 · 생산에 사용되는 원료 및 구성품의 원산지별 가격 누계가 해당 물품의 수입

가격(FOB가격 기준)에서 점하는 비율로 한다. 주요 부품기준은 주요 부품 및 완제품 최대 기여국으로 해당 주요 부품의 원료 및 구성품의 부가가치생산에 최대로 기여한 국가가 해당 완제품의 부가가치비율 기준 상위 2개국 중 어느 하나에 해당하는 경우 원산지로 판정한다. 만약 주요 부품의 원료 및 구성품 부가가치생산 최대 기여국이 상위 2개국 중 어느 하나에 해당하지 않는 경우 완제품을 최종적으로 제조한 국가를 원산지로 판정한다.

이외 원산지 판정에는 수입원료를 사용한 국내생산 물품등의 원산지 판정기준, 원산지 판정기준의 예외, 원산지 판정기준의 특례 등이 있다.

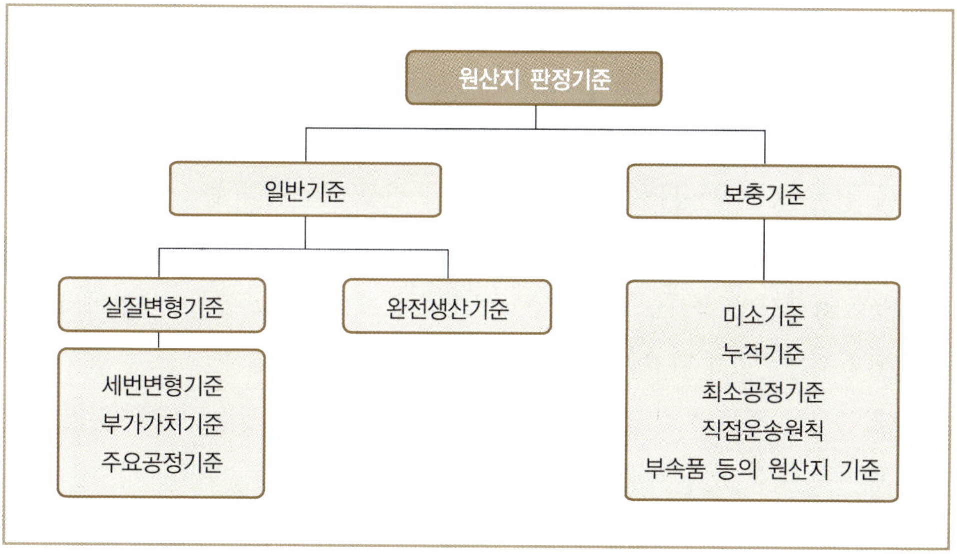

[그림 12-1] 원산지 판정기준

(1) 완전생산기준

먼저 완전생산기준은 해당 물품의 전부를 생산, 가공 그리고 제조한 나라를 원산지로 하는 것이다. 적용되는 경우는 〈표 12-3〉과 같다.

[표 12-3] 완전생산기준

• 당해 국가의 영역에서 생산한 광산물과 식물성 생산물 • 당해 국가의 영역에서 번식 또는 사육한 산 동물과 이들로부터 채취한 물품 • 당해 국가의 영역에서 수렵 · 어로로 체포한 물품 • 당해 국가의 선박에 의하여 채집 또는 포획한 어획물 기타의 물품 • 당해 국가에서 제조 · 가공의 공정 중에 발생한 부스러기 • 당해 국가 또는 그 선박에서 상기 물품을 원재료로 하여 제조 · 가공한 물품

(2) 실질적 변형기준

실질적 변형기준은 해당 물품이 2개국 이상에 걸쳐 생산, 가공 또는 제조된 경우에는 그 물품의 본질적 특성을 부여하기에 충분한 정도의 실질적인 생산, 가공, 제조과정이 최종적으로 수행된 나라를 원산지로 하는 것이다. 실질적 변형기준은 6단위 세번변경기준, 주요 공정 · 부가가치기준 그리고 불인정공정으로 구분하여 적용한다. 먼저 6단위 세번변경기준은 실질적 변형기준의 주요 원칙으로, 2개국 이상에 걸쳐 생산, 가공 또는 제조된 물품의 원산지는 당해 물품의 생산과정에 사용되는 물품의 품목분류표상 6단위 품목번호와 다른 6단위 품목번호의 물품을 최종적으로 생산한 국가로 한다는 기준이다. 다음으로 주요 공정 · 부가가치기준은 6단위 품목번호의 변경만으로 실질적 변형기준의 규정에 본질적 특성을 부여하기에 충분한 정도의 실질적인 생산과정을 거친 것으로 인정하기에 곤란한 품목에 대하여 주요 공정 및 부가가치 등을 고려하여 품목별로 원산지 기준을 따로 정할 수 있다는 기준이다. 마지막으로 불인정공정은 단순한 가공으로서 당해 물품에 본질적 특성을 주지 않는 공정을 의미하는데, 불인정공정이 수행된 국가는 6단위 세번변경이 발생한다고 하더라도 해당 국가에 원산지 지위를 부여하지 않는다는 기준이다. 불인정공정의 경우는 〈표 12-4〉와 같다.

[표 12-4] 원산지 불인정 공정기준

- 운송 또는 보세구역 장치 등에 있는 물품의 보존을 위하여 필요한 작업
- 판매를 위한 물품의 포장개선 또는 상품표시 등 상품성 향상을 위한 개수작업
- 단순한 선별 · 구분 · 절단 또는 세척작업
- 재포장 또는 단순한 조립작업
- 물품의 특성이 변하지 아니하는 범위 내에서 원산지가 다른 물품과 혼합작업
- 가축의 도축작업

(3) 특수물품의 원산지 결정기준

특수물품의 원산지 결정기준은 실질적 변형기준에도 불구하고 촬영된 영화용 필름, 부속품 · 예비부분품 및 공구와 포장용품은 〈표 12-5〉의 구분에 따라 원산지를 인정한다.

[표 12-5] 특수물품 원산지 결정기준

- 촬영된 영화용 필름 : 그 제작자가 속하는 국가
- 기계 · 기구 · 장치 또는 차량에 사용되는 부속품 · 예비부분품 및 공구로서 기계 · 기구 · 장치 또는 차량과 함께 수입되어 동시에 판매되고 그 종류 및 수량으로 보아 통상 부속품 · 예비부분품 및 공구라고 인정되는 물품 : 당해 기계 · 기구 또는 차량의 원산지
- 포장용품 : 그 내용물품의 원산지(다만, 품목분류표상 포장용품과 내용품을 각각 별개의 품목번호로 하고 있는 경우에는 그러하지 아니한다.)

(4) 직접운송의 원칙

직접운송의 원칙은 수출입물품이 원산지 지위를 가지고 있지만 체약당사국으로 바로 운송되지 않고 제3국에서 환적 또는 기타 가공이 발생한 경우, 비원산지 제품으로 바뀌는 경우가 발생할 수 있다. 이를 방지하기 위하여 관세법에서는 체약당사국끼리 직접운송되는 경우에 한하여 원산지를 인정하는 직접운송원칙을 규정하고 있다. 하지만 직접운송원칙의 예외가 있다. 지리적 또는 운송상의 이유로 단순 경유한 것, 그리고 원산지가 아닌 국가에서 관세당국의 통제하에 보세구

역에 장치된 것, 그리고 원산지가 아닌 국가에서 하역, 재선적 또는 그 밖에 정상 상태를 유지하기 위하여 요구되는 작업 외의 추가적인 작업을 하지 아니한 것으로 이 모든 조건에 해당하는 경우 우리나라에 직접 반입한 것으로 본다. 또한 박람회 · 전시회 및 그 밖에 이에 준하는 행사에 전시하기 위하여 원산지가 아닌 국가로 수출되어 해당 국가 관세당국의 통제하에 전시목적에 사용된 후 우리나라로 수출된 물품일 것인 경우에도 마찬가지로 직접 반입으로 본다.

[표 12-6] 직업운송원칙의 예외

다음의 요건을 모두 충족하는 물품일 것

- 지리적 또는 운송상의 이유로 단순 경유한 것
- 원산지가 아닌 국가에서 관세당국의 통제하에 보세구역에 장치된 것
- 원산지가 아닌 국가에서 하역, 재선적 또는 그 밖에 정상 상태를 유지하기 위하여 요구되는 작업 외의 추가적인 작업을 하지 아니한 것

박람회 · 전시회 물품

- 박람회 · 전시회 및 그 밖에 이에 준하는 행사에 전시하기 위하여 원산지가 아닌 국가로 수출되어 해당 국가 관세당국의 통제하에 전시 목적에 사용된 후 우리나라로 수출된 물품일 것

4) 원산지 증명

원산지증명서는 특혜관세나 협정관세를 적용받거나 관세를 면제받고자 하는 경우 필요한 서류라고 할 수 있다. 특혜관세나 협정관세는 통상의 원산지증명서가 아닌 GSGP원산지증명서, GSTP원산지증명서, APTA원산지증명서, FTA원산지증명서 등 그 양식이 상이하므로 이에 적합한 원산지증명서를 발급해야 한다. 그러나 일반적인 원산지증명서 발급은 수출업자의 자율발급과 기관발급으로 나눌 수 있다.

자율발급은 수출자가 직접 원산지증명서를 발급하기 위해서는 서명권자 지정 및 서명카드를 비치해야 한다. 만약 서명권자 변경 또는 추가를 해야 하는 경우

서명카드에 새로운 서명권자의 서명, 부서명, 직책, 성명, 지정일, 사유를 기재한다. 다만, 국가별 기관발급을 요청할 때가 있고 우리나라의 서식을 권고하는 경우(한-미 FTA)도 있으며 상대적으로 자유형식의 원산지증명서를 요구하는 경우(한-터키 FTA)도 있다. 국가별 서식지는 협정별로 별지로 고시되어 있어 이용가능하다. 한편 협정에 따라 원산지국가의 기관발급을 요구하는 경우(한-아세안 FTA, 한-중 FTA, 한-인도 CEPA 등)도 있다.

기관발급은 세관발급과 대한상공회의소발급으로 구분된다. 기관발급의 경우 공신력이 있으며 상공회의소 원산지증명서의 경우 품명표시 엄격성이 세관보다 상대적으로 유연하다. 기관발급의 경우 세관은 관세청 통관시스템(UNI-PASS)을 이용하고 상공회의소의 경우 무역인증서비스센터(cert.korcham)을 이용하는데 필수기재 및 수정에 있어 유연하다. 상공회의소를 이용하는 경우 증명서 발급수수료가 발생하며 발급시간이 상대적으로 소요된다. 원산지증명서 발급기관으로 둘 다 공신력이 있어 효력은 동일하다.

한편, 원산지증명서를 발급하기 위해서는 수출대상국과 수출품목에 대한 이해가 필요하다. 수출국에 따른 HS코드를 확인하여 원산지결정기준을 확인해야 한다. 이외 수출신고필증, 상업송장, 원산지소명서[2)], 원산지(포괄)확인서(수출자와 생산자가 다른 경우), 선하증권 등이 필요하다. 만약 원산지판정기준이 부가가치기준 또는 조합기준일 경우 원재료명세서, 거래명세서, 원가산출내역서 등이 추가적으로 필요하다.

원산지증명서의 요건은 수입신고일부터 1년 이내에 발행된 것이어야 하며, 원산지국가의 세관, 기타 발급권한이 있는 기관 또는 상공회의소가 당해 물품에 대하여 원산지국가(지역 포함)를 확인 또는 발행한 것이어야 한다. 원산지국가에서

---

2) 원산지소명서는 원산지증명서의 발급 및 신청시 첨부하는 서류로서 해당 물품의 원산지를 입증하기 위해 원산지결정기준, 주요 생산공정, 사용된 원재료 등을 소명하는 서류를 말한다.

바로 수입되지 않고 제3국을 경유하여 수입된 물품에 대하여 그 제3국의 세관, 기타 발급권한이 있는 기관 또는 상공회의소가 확인 또는 발행한 경우에는 원산지 국가에서 당해 물품에 대하여 발행된 원산지증명서를 기초로 하여 원산지국가(지역 포함)를 확인 또는 발행한 것이어야 한다. 또한 관세청장이 정한 물품의 경우에는 당해 물품의 상업송장 또는 관련서류에 생산자, 공급자, 수출자 또는 권한 있는 자가 원산지국가를 기재한 것이어야 한다. 마지막으로 당해 수입물품의 품명, 수량, 생산지, 수출자 등 관세청장이 정하는 사항이 기재되어 있어야 한다.

5) 품목분류

HS품목분류표, 즉 HSK코드를 이해하기 위해서는 HS협약에 대한 이해가 필요하다. HS협약은 1988년 지금의 세계관세기구(World Customs Organization, WCO)의 전신에 해당하는 관세협력이사회(Customs Co-opration Council, CCC)에서 채택한 협약이다. HS협약의 정식명칭은 통일상품명 및 부호체계에 관한 국제협약(The International Convention on the Harmonized Commodity Description and Coding System)이다. HS협약은 국제무역의 촉진, 국제무역에 관한 통계수집과 비교분석을 용이하게 하고 하나의 분류체계로 통일시켜 분류체계 이동으로 발생되는 비용감소와 무역서류의 표준화 등을 목적으로 하는 통일상품명 및 부호체계에 관한 국제협약이다.

HS협약은 회원국이라면 HS품목분류표의 호 및 소호와 관련번호체계를 준수하고 통칙과 모든 부 · 류 및 소호의 주를 적용하게 하면서, 회원국의 관세품목분류표 및 통계품목분류표를 HS품목분류표와 일치시키고 6단위 수준 이상의 수출입 무역통계를 공개해야 하는 의무를 부여하고 있다.

HS품목분류표는 HS협약과 함께 발효되었다. HS품목분류표는 1988년 1월 1일

시행 이후 2022년까지 총 7번의 개정이 있었다. 시기별로 보면 1992년(1차), 1996년(2차), 2002년(3차), 2007년(4차), 2012년(5차), 2017년(6차), 2022년(7차) 등 일반적으로 5년을 주기로 변화하는 무역환경과 기술의 발전에 따른 물품의 변화에 따라 개정되었다고 볼 수 있다. 제7차 개정에서는 식품자원 · 환경보호 · 전략물자 · 신상품 분야 품목을 신설하고 무역량이 감소된 품목은 삭제 · 통합함 따라 품목 수는 이전 12,242개에서 949개가 감소한 11,293개로 변경(신설 341개, 삭제 1,290개)되었다.

HS품목분류표는 수출입물품에 대해 HS협약에 의해 부여되는 상품분류코드이다. 6자리까지는 국제적으로 공통 시용되는 코드이며, 7지리부터는 각 국가에서 마지막 6단위에 해당하는 소호의 범위 내에서 이를 세분하여 10자리까지 사용 가능하다. 특히 우리나라는 HSK(Harmonized System of Korea)로 10자리까지 사용한다. 2022년 기준 시행되고 있는 HSK품목분류표는 21개부, 97개류, 1,228개 4단위 호, 5,369개 6단위 소호 및 11,293개의 10단위 소호로 구성되어 있다. 모든 수출입물품은 이 가운데 하나의 10단위 소호에 분류 가능하다. 참고로 중국과 일본은 각각 8자리와 9자리를 사용한다.

HS코드의 구조를 보면 처음 2자리는 류(chapter)이다. 류를 세분화시킨 단위가 다음 4자리까지로 호(heading)에 해당한다. 호 이후 2자리를 추가한 6자리까지를 소호(sub-heading)로 구분한다.

수출입에 있어서 HS품목분류표를 기준으로 수출입물품을 정의하기 힘든 경우가 있다. 특히 하나의 물품이 여러 개의 HS코드를 가질 수 있으며, 같은 물품이라고 해도 HS코드가 다른 경우 다른 관세율이 적용되기 때문에 정확한 HS코드를 부여받는 것은 매우 중요한 일이다. 이러한 경우 품목분류사전심사제도를 이용한다. 품목분류사전심사제도는 수출입자가 스스로 HS코드 분류를 하는데 어려움이 있는 경우 신청에 따라 관세평가분류원에 법적 효력을 갖춘 품목번호를 결정하도록 한 민원회신제도이다.

품목분류사전심사제도는 수출입을 하려는 자, 수출할 물품의 제조자, 관세사, 관세법인 또는 통관취급법인 등이 품목분류사전심사 신청서 작성 이후 우편 또는 직접 방문상담 후 신청할 수 있다. 처리기한은 접수일로부터 30일 이내이며, 유효기간은 3년이다.

제3절

전략물자

1. 전략물자의 관리

1) 국제수출통제체재

전략물자(strategic goods)란 일반적으로 전쟁을 수행할 때 필요한 여러 가지 핵심물자를 의미한다. 따라서 대량살상무기(Weapons of Mass Destruction, WMD)와 그 운반수단인 미사일 및 재래식무기의 제조 · 개발 · 사용 등에 이용될 수 있는 물품, 소프트웨어 및 기술을 말한다. 한편, 전략물자(stragegic materials)의 또 다른 의미는 석유, 가스 등 에너지자원, 희토류, 망간 등 광물이 대상이다. 후자의 경우 이중용도물품으로 구분되기도 한다.

일반적으로 전략물자에 대해 적용되는 전략물자 수출통제제도란 이러한 전략물자가 확산국가나 불량국가 또는 테러조직에 이전되어 국제평화와 안전을 위협하는 용도로 전용되는 것을 방지하기 위해 수출허가 등을 통해 전략물자의 무역을 관리하는 제도이다.

국제적으로 전략물자의 수출입을 통제하는 다자간 수출통제체제는 바세나르체제(Wassenaar Arrangement, WA), 핵공급국그룹(Nuclear Suppliers Group, NSG), 호주그룹(Australia Group, AG), 미사일기술통제체제(Missile Technology Control Regime, MTCR)로 구성되어 있다. 이 4개의 국제체제에서는 수출통제 대상품목을 구체화하고 거래부적격자에게 전략물자가 이전되지 않도록 하기 위한 조치를 취하는 가이드라인을 제정하는 등 회원국들에게 전략물자 수출통제를 엄격히 시행하도록 요구하고 있다.

[표 12-7] 수출통제체제별 품목, 회원국 등 현황

구 분	통제대상품목	출범연도	한국가입
핵공급국그룹 (NSG)	원자력 전용 및 이중용도품목	1978년	1995년
호주그룹 (AG)	생 · 화학물질 및 이중용도품목	1985년	1996년
미사일기술통제체제 (MTCR)	미사일, 무인항공기 및 이중용도품목	1987년	2001년
바세나르체제 (WA)	재래식 무기 및 이중용도품목	1996년	1996년

2) 우리나라 수출통제 관련법령 및 소관부처

우리나라는 1987년 대외무역법 시행령에 전략물자 수출허가제도의 법적 근거를 마련했다. 1992년 대외무역법에 전략물자 수출통제제도를 도입했으며, 2003년부터는 상황허가제도(Catch-all)[3]를 시행하고 있다. 이후 유엔안보리결의 1540호 이행을 위한 중개 · 환적 · 통과 및 무형기술이전(ITT) 등에 대한 수출통제제도도 운영하고 있다.

3) 상황허가제도(Catch-all)란 수출품목이 통제목록에는 없는 품목이나 우려용도로 전용될 것을 알았거나(Know), 의심되는 경우(Suspect) 또는 정부기관으로부터 통보받은 경우(Inform)에 수출허가를 받도록 하는 제도이다.

우리나라는 품목과 관련법령에 따라 소관부처가 다르다. 품목에 따른 전략물자 수출통제 관련법령 및 소관부처는 〈표 12-8〉과 같다.

[표 12-8] 전략물자 수출통제 관련법령 및 소관부처

품목 구분	관련법령	소관부처(허가기관)
일반산업용 품목 (물품, 기술, 소프트웨어)	대외무역법	산업통상자원부
일반 방산물자		
주요 방산물자	대외무역법 방위사업법	방위사업청
원자력전용품목	대외무역법 원자력안전법	원자력안전위원회
대북 반출입물자	남북교류협력에 관한 법률	통일부

3) 국제체제별 주요 통제품목

먼저 바세나르체제(WA)는 분야별 이중용도품목 리스트(Dual-use list)와 군용물자품목 리스트(Munition list)를 포함하고 있다. 이중용도품목으로는 재래식무기의 개발 · 제조 · 이용을 위한 소재, 소재가공, 전자, 컴퓨터, 통신 및 정보보안, 센서 및 레이저, 항법 및 항공전자, 해양, 항공추진장치 등이 있다. 군용물자품목으로는 폭탄, 탱크, 항공기, 군함, 총기 및 그와 관련된 기술 등을 포함한다.

핵공급국그룹(NSG)에서 통제하는 이중용도품목으로는 산업용 장비(공작기계 등), 소재(알루미늄합금 등), 우라늄동위원소 분리(펌프 등), 핵무기 기폭 및 측정장치 등이 있다. 원자력전용품목으로는 핵물질, 원자로, 중수생산시설, 우라늄 농축 및 재처리시설 등이 통제되고 있다.

미사일기술통제체제(MTCR) 통제리스트는 Cat Ⅰ(WMD 운반 가능한 미사일 및 관련 기술)과 Cat Ⅱ(Cat Ⅰ 구성품인 이중용도 물자)로 나뉜다. Cat Ⅰ에서는 완

성로켓시스템(탄도미사일, 우주발사체), 무인항공시스템(순항미사일)이 있으며 사거리 300 km 이상, 탑재중량 500 kg 이상인 것이 통제대상이다. Cat I 에 포함된 품목은 원칙적으로 수출이 금지되며(제조설비 포함) 수출 허가 시 수입국의 확약서가 필요하다. Cat II 에서는 완성로켓시스템 및 무인항공시스템(사거리 300 km 이상, 탑재중량 500 kg 미만), 터보제트엔진, 추진제, 항법장치, 비행제어, 환경 챔버, 레이더 등이 통제 대상이다.

호주그룹(AG) 주요 통제품목은 화학작용제 및 전구체, 생물작용제(바이러스, 박테리아 등), 식물성 병원균 및 동물성 병원균, 이중용도 화학제조시설, 장비 및 기술(열교환기, 증류탑, 펌프 등), 이중용도 생물장비 및 관련기술(발효조, 동결건조기 등) 등이다.

2. 전략물자 수출

1) 전략물자 판정

수출하려는 품목이 전략물자에 해당되면, 사전에 정부의 허가를 받아야 하므로 전략물자 해당 여부를 판정하는 것은 전략물자 수출관리의 핵심절차이다. 전략물자를 판정하는 방법은 무역거래자 스스로 판정하는 '자가판정'과 전략물자관리원 등 판정전문기관에 공식적으로 신청하여 판정하는 '사전판정'이 있다. 수출품목에 대한 기술적 사양에 대한 지식이 있거나, 기 판정된 품목의 경우(통제번호를 알고 있을 경우)에는 자가판정이 유용하다. 그 밖의 경우에는 전략물자관리원 등과 같은 판정전문기관에 의뢰하는 것이 바람직하다.

(1) 자가판정

자가판정이란 무역거래자가 취급하는 물품과 기술이 전략물자수출입고시에서 정하는 전략물자에 해당하는지 여부를 스스로 판단하는 것을 말한다. 전략물자 자가판정을 위해 전략물자관리시스템상의 자가판정도구를 이용하는 것이 좋다. 자가판정시스템은 HS 코드와 통제번호를 연계한 'HS 연계표', 품목키워드와 통제번호를 연계한 '품목키워드 연계표' 등을 활용하여 업체가 자가판정을 손쉽게 할 수 있도록 지원하고 있다.

(2) 사전판정

전략물자 또는 기술의 사전판정이란 기업 또는 개인 스스로 수출하고자 하는 제품 또는 기술이 전략물자에 해당되는지 여부를 알기 어려운 경우 이에 대한 판정을 전략물자관리원에 의뢰하여 판정받는 것을 의미한다. 전략물자의 사전판정기관인 전략물자관리원의 분야별 전문가는 전략물자수출입고시의 전략물자 또는 기술에 해당하는지 여부를 판정한 후 그 결과를 업체에 회신한다.

2) 전략물자 수출허가

전략물자를 수출하고자 하는 개인 또는 업체는 수출 전에 반드시 관련 허가기관으로부터 수출허가를 받아야 하며, 전략물자가 아니더라도 우려용도로 전용될 위험이 있을 경우에는 역시 관련 기관의 상황허가를 받아야 수출이 가능하다.

(1) 개별수출허가

당해 전략물자의 수출허가기관의 장이 전략물자의 수출신청에 대해 개별적으로 허가하는 것으로서 확인된 수량의 품목들에 대하여 수출허가하는 것을 말하며 유효기간은 1년이다.

(2) 포괄수출허가

전략물자수출입고시 제60조에 따라 자율준수무역거래자로[4)] 지정된 자에 한해 특정조건 내에서 일정기한을 정하여 일괄 허가하는 것을 말한다. 포괄수출허가는 다시 일반포괄수출허가, 특정포괄수출허가로 나뉜다. 일반포괄수출허가란 전략물자수출입고시 별표의 "가"지역을 목적지로 하는 특정품목수출에 대한 허가이며, 특정포괄수출허가는 "나"지역을 목적지로 하고 동일 상대방과 동일 물품의 반복적인 수출에 대해 허가해주는 것이다. 허가 유효기간은 개별수출허가는 1년이며 일반포괄수출허가와 특정포괄수출허가는 각각 3년과 2년이다.

(3) 상황허가

전략물자에는 해당되지 않으나 수출하고자 하는 품목이 '나'지역으로 수출되며 대량파괴무기의 제조 및 사용 등에 전용될 가능성이 있다고 판단되는 경우 신청하여 허가받는 것을 말한다. 상황허가 신청은 ① 거래상대방이 우려거래대상자 목록(Denial List)[5)]에 등재된 경우, ② 수출품목이 전략물자수출입고시 별표의 상황허가 대상품목에 해당하는 경우, 그리고 ③ 기타 상황허가 신청이 필요한 경우이며, 그 세부 내용은 전략물자수출입고시 제19조에 규정되어 있다.

---

4) 자율준수체제(Compliance Program, CP)란 기업이 수출통제법규를 준수하기 위하여 전략물자의 수출관리에 필요한 조직, 규정, 거래심사, 교육, 감사 등의 체제를 갖추고, 전략물자 수출통제를 자율적으로 이행하는 시스템을 말한다.

5) 유엔안전보장이사회에서 지정한 제재대상 단체 · 개인의 목록을 의미하며, 해당 목록에 등재된 자와 거래할 경우 반드시 정부의 허가가 필요하다.

[표 12-9] 상황허가 신청이 필요한 주요 상황

1. 수입자가 해당 물품등의 최종 용도에 관하여 필요한 정보제공을 기피하는 경우
2. 수출하고자 하는 물품등이 최종 사용자의 사업분야에 해당되지 아니하는 경우
3. 수출하고자 하는 물품등이 수입국가의 기술수준과 현저한 격차가 있는 경우
4. 최종 사용자가 해당 물품등이 활용될 분야의 사업경력이 없는 경우
5. 최종 사용자가 해당 물품등에 대한 전문적 지식이 없음에도 불구하고 해당 물품등의 수출을 요구하는 경우
6. 최종 사용자가 해당 물품등에 대한 설치 · 보수 또는 교육훈련 서비스를 거부하는 경우
7. 해당 물품등의 최종 수하인이 운송업자인 경우
8. 해당 물품등에 대한 가격 및 지불 조건이 통상적인 범위를 벗어나는 경우
9. 특별한 이유 없이 해당 물품등의 납기일이 통상적인 기간을 벗어난 경우
10. 해당 물품등의 수송경로가 통상적인 경로를 벗어난 경우

(4) 중개허가 및 경유·환적허가

중개허가는 전략물자를 제3국에서 또 다른 제3국으로 중개하고자 할 경우 매 중개 시마다 허가하는 것을 말한다. 경유·환적허가란 전략물자 등을 국내 항만이나 공항을 경유하거나 국내에서 환적(換積)하려는 자에게 해당 허가기관이 허가하는 것을 말한다. 중개의 경우 수출국으로부터 수출허가를 받은 경우와 당초 수출국 또는 수입국이 "가"지역에 속하는 경우는 허가가 면제된다.

3) 허가 면제조항 및 처벌

(1) 허가 면제조항

전략물자를 수출할 때 특정 면제사유에 해당하는 경우 수출허가가 면제되는데, 이때는 수출 후 7일 이내 수출거래보고서를 해당 허가기관에 제출하여야 한다.

[표 12-10] 주요 허가면제 사유

1. 국내에 있는 외국선박 또는 항공기가 자체 목적으로 사용하는 조선기자재 또는 항공기용품을 공급하는 경우
2. 선박 또는 항공기의 안전운항을 위하여 긴급 수리용으로 사용되는 기계, 기구, 부분품을 무상으로 수출할 경우
3. 재외공관(대한무역투자진흥공사의 해외무역관을 포함한다), 해외에 파견된 우리나라 군대 또는 외교사절 등에 송부하기 위하여 반출하는 공용물품
4. 국제기관에 발송하는 화물로서 우리 정부가 체결한 조약 또는 국제적 약속에 따라 수출허가가 면제되는 품목
5. 수입한 전략물자를 수리, 성능미달, 대체 등 부득이한 사유로 당초 수출자(당초 수출자가 지정한 수리업체 포함)에게 반송하는 경우
6. 제23조에 따라 전략물자 수출허가서를 발급받아 수출한 전략물자를 수리, 성능미달, 대체 등의 사유로 재수입하여 수리 후 전략물자 수출허가서상의 같은 수입자에게 다시 수출하고자 하는 경우

(2) 처벌

전략물자를 불법으로 수출하거나 제도를 위반한 경우 대외무역법에 의거하여 최고 7년 이하의 징역 또는 수출금액의 최고 5배까지의 벌금형이 부과될 수 있으며, 전략물자 수출입이 최장 3년간 금지된다.

CHAPTER

13 무역클레임

학/습/내/용

제1절 무역클레임

제2절 상사중재

제1절

무역클레임

1. 무역클레임의 개념

1) 무역클레임의 의의

무역클레임(trade claim)이란 매매당사자 중 일방당사자가 매매계약의 일부 또는 전부를 불이행하거나 불완전하게 이행함으로써 상대방에게 손실을 입혔을 때 손해를 입은 당사자가 상대방에 대하여 손해배상을 청구하거나 계약이행을 청구하는 것을 말한다.

무역클레임의 당사자는 단순히 거래당사자에 국한하지 않고 거래과정에서 관련된 운송회사, 외국환은행, 보험회사, 창고회사 등 제3자의 책임에 의한 사유로 발생할 수도 있다. 클레임의 발생원인이 제3자의 귀책사유에 의한 것일 경우에는 매매계약의 직접당사자 일방이 우선 피해자(claimant)에게 손해배상을 한 뒤 책임 있는 제3자에게 구상권을 행사할 수 있다.

무역클레임은 거래에 따른 손해를 객관적인 자료와 증거에 근거해서 합리적인 방법으로 해결하려는 정식 절차라는 점에서 단순한 주관적 감정의 표시인 불만이나 불평과는 차별화된다.

다만, 불평이나 불만도 클레임으로서의 일정 요건을 갖추어 구체성을 가지게 되면 정식의 클레임이 될 수 있는 소지를 항상 내포하고 있으므로 무역거래에서는 항상 상대방의 불평이나 불만에도 주의를 기울여야 한다.

2) 무역클레임의 원인

무역은 언어, 법률, 세도, 상관습 등이 서로 상이한 국가 간에 이루어지는 거래이기 때문에 당사자 간에 언제나 클레임이 발생할 수 있는 소지가 내재되어 있다.

무역클레임은 크게 두 가지 원인에 의해서 발생한다.

첫째, 직접적 원인으로, 무역계약의 체결과정에서 과실, 오해, 착오, 부주의 등에 의하여 무역클레임이 발생할 수 있다. 또한, 계약체결 후 이행과정에서 역시 품질불량, 수량부족, 선적불이행, 불완전 보험계약체결, 대금지불지연이나 지불거절, 신용장의 미개설 혹은 지연, 거래알선에 따른 수수료 미지급 등 많은 요인이 클레임을 야기시키는 직접적 요인이 되고 있다.

둘째, 간접적 원인으로, 계약당사자 간의 의견차이, 언어의 상이, 각국의 법과 상관습의 상이, 신용조사의 불비, 운송 중의 위험, 가격덤핑, 국가별 도량형, 상대국의 식품위생법, 독과점법 등의 요인들로 인해 무역클레임이 발생하고 있다.

3) 분류

(1) 성격에 따른 분류

① 정상적인 클레임

무역거래를 수행하는 과정에서 발생하는 클레임으로서 매매계약에서 매매당사자 일방의 과실 또는 태만에 의하여 발생된다. 무역거래 시 손해를 입은 일방당사자는 손해를 유발시킨 상대방에게 무역클레임을 제기하고 피해에 대한 배상을 청구할 수 있다.

② Market Claim

무역계약 성립 후 상품의 시세가 하락하여 매수인이 손해를 입을 것으로 예상될 때, 일반적으로는 클레임의 대상이 되지 않을 경미한 과실을 이유로 가격인하, 계약해지 등을 요구하며 제기하는 클레임이다. 상황에 따라서는 Market Claim인지 정상적인 클레임인지 구분이 명확하지 않을 수도 있으나, Market Claim은 주로 상품의 시장상황이 좋지 않거나 환율변동이 심할 때 자주 발생한다.

시장 클레임에 대해서는 발생의 원인, 상대방의 금전 및 대외신용상의 손해, 자금운용의 문제점, 상품의 장래성, 상대방의 신용상태, 해당 클레임을 해결한 후 거래의 가능성 등을 고려해 협상 등을 통해 대응하는 것이 보통이다.

③ 계획적 클레임

매매당사자의 고의에 의한 클레임을 말한다. 소위 '무역사기'로서 상대방이 악의적인 의도를 갖고 거래 파트너를 속여 상당한 물질적 피해를 입히는 행위라고 정의할 수 있다. 계획적 클레임의 주요 유형으로는 물품을 받고도 대금을 주지 않는 결제 관련 사기, 이메일 해킹에 의한 결제대금 가로채기, 선적불량, 금품갈취, 서류위조 등이 있다.

(2) 발생원인에 따른 분류

① 품질에 관한 클레임

품질불량(inferior quality), 등급저하(inferior grade), 품질상위(different quality), 변질(deterioration), 변색(discoloration) 등으로 계약상품과 규격이나 품질이 다른 상품이 도착했을 경우 제기되는 클레임이며, 운송 도중에 상품이 퇴색, 변질, 파손되는 경우에도 제기된다.

② 선적에 관한 클레임

선적부족(short shipment), 착화부족(short landing), 감량(diminution), 중량부족(under weight) 등으로 계약된 상품의 수량과 실제 도착한 수량과의 차이로 야기되는 클레임으로, 선적서류에 상품의 수량이나 중량의 표시가 정확하지 못한 경우에 발생한다.

③ 포장에 관한 클레임

포장불충분(insufficient packing), 포장불량(inferior packing), 포장불완전(incomplete packing) 등의 원인에 의한 경우이다. 국제무역에서는 상품이 장거리 수송되고, 중간에 환적되거나 여러 형태의 운송수단이 이용되므로 견고한 포장을 하여야 하나, 그렇지 못해 물품이 파손되는 경우에 발생한다.

④ 선적에 관한 클레임

하역손상(stevedore damage), 선적지연(delayed shipment), 적부불량(bad stowage), 불착(non-delivery), 부정출하(defaults in shipment), 재선적(reshipment), 분실(missing), 유실(drifting away), 항공운송의 두절(suspension of airway transportation) 등 선적과 관련된 클레임이다. 가장 많이 발생하는 유형인 선적지연은 계약상이나 신용장상에 명시된 선적기일 내에 선적을 하지 못하고 지연되어 명시된 선적일이 경과한 후에 선적된 것에 대한 클레임을 의미한다. 또한, 선적불이행은 대개 계약 당시보다 상품의 시세가 올랐거나 원자재의 가격이 폭등하여 채산이 맞지 않을 경우 등 선적을 이행하지 않아 야기되는 클레임으로, 이 역시 자주 발생하는 유형이다.

⑤ 가격 및 결제에 관한 클레임

가격조정(price adjustment), 초과지급(over payment), 초과비용지출(over charge), 반송비(expenses for return), 검증료(survey fee), 벌금 또는 과태료(fine or penalty discount), 채선료(demurrage), 어음할인 거부(reluctance to negotiate draft) 등 가격 또는 결제에 관한 클레임이다. 무역거래상의 상품은 제대로 도착하였으나 그 상품에 대한 서류상의 잘못으로 인하여 대금지불이 거절되는 경우 등이 주요 유형이다.

(3) 제기 주체에 따른 분류

① 매도인 클레임(seller's claim)

매수인이 어음을 부도내거나 약정한 신용장을 개설하지 않는 경우 등의 사유로 매도인이 제기하는 클레임을 말한다.

② 매수인 클레임(buyer's claim)

매도인의 선적지연이나 상품에 하자가 있는 경우 등을 이유로 매수인이 매도인에게 제기하는 경우이다.

2. 클레임의 제기 및 수령

1) 물품의 검사와 통지의무

수입물품을 인도받은 매수인은 이를 수령함에 있어 최우선적으로 그 물품이 계약목적에 합치되는지 여부를 검사하여 하자를 발견하였거나 수량이 부족하면 지체 없이 매도인에게 통지하여야 한다.

[표 13-1] 물품매매계약서상 물품검사 및 통지의무 조항 예시

"본 계약에서 매수인은 제기하는 어떠한 성질의 클레임 또는 불만도 물품이 목적항에 도착한 후 7일 이내에 서면으로 통지해야 한다. 서면통지 후 15일 이내에 클레임에 관한 상세한 내역서를 작성하여 매도인에게 우송해야 한다."

2) 상대방의 확정

클레임의 제기사유를 발견하면 먼저 클레임 발생의 원인 및 책임소재가 누구에게 있는지를 치밀하게 분석하여 당사자를 결정하여야 할 것이다. 클레임의 당사자는 통상적으로 계약당사자가 되는 것이 일반적이지만, 손해에 대해 계약당사자의 귀책사유가 없는 경우 제3자에게 청구하는 경우도 있다.

[표 13-2] 계약에 따른 클레임의 당사자

- 무역계약(물품매매계약) : 매수인, 매도인
- 운송계약 : 운송인, 화주, 주선인 등
- 결제계약 : 외국환은행(개설은행, 매입은행), 개설인 등
- 보험계약 : 보험회사, 수익자, 원인제공자(구상권 청구)
- 보세창고계약 : 창고운영인 및 관리인, 화주

3) 클레임의 내용

(1) 금전의 청구

① 손해배상 청구

계약조건 미충족물품, 선적불이행, 부당한 계약해제, 신용장 미발행, 선적지연, 대금결제지연, 화물의 부당한 인수 거절 등의 사유로 발생하는 손해를 금전으로 계산하여 청구한다.

② 대금지급 거절

대금결제에 있어 계약물품과 무역서류가 상이한 경우 송금, CAD, COD, D/A, D/P 등에서 대금지급이 거절될 수 있으며, 특히 신용장의 경우 신용장에서 제시하는 조건과 서류가 불일치할 경우 대금지급을 거절한다.

③ 대금감액 요청

도착한 물품의 품질이나 포장의 불량, 화인 또는 상표의 불량 등 계약 내용과 일치하지 않는 상품이 도착한 경우 대금감액을 요청한다.

(2) 금전 이외의 청구

① 화물의 인수 거절

매수인이 상품의 하자를 발견하였을 경우 해당 화물의 일부 또는 전부를 인수 거절한다.

② 계약이행 청구

매도인은 매수인에게 신용장 개설, 매매약정 물량의 이행 등을 요청하고, 매수인은 매도인에게 화물의 선적이행 등을 요청한다.

③ 잔여계약분 해제 요청

1차 도착한 상품의 품질이 불량하거나 계약 내용과 다를 경우 나머지 계약분에 대한 계약의 해제를 요청한다.

④ 대체품의 청구

매수인이 물품의 인수를 거절하고 선적지로 반송한 후 매도인에게 계약과 일치하는 물품을 다시 보내달라고 요구한다.

4) 클레임 제기기간

클레임은 그 제기시기를 놓치면 시효(時效)에 걸릴 뿐 아니라 증거를 상실하게 되어 해결에 많은 어려움이 따르므로 반드시 약정된 기간 내에 제기되어야 한다. 클레임 제기기간 설정은 그 물품의 성질상 합리적으로 요구되는 하자발견 및 통지기간보다 너무 짧게 규정되어 있으면 그 효력을 부인당하는 경우도 있으므로 그 기간을 설정할 때 주의하여야 한다.

클레임 제기기간과 관련해서 우선, 당사자 간에 제기기간에 대한 약정이 있으면 그 기간 안에 제기하는 것이 원칙이다. 만약 클레임 제기기간에 대한 약정사항이 없으면 국제관습, 국제규칙 또는 각국의 법률에 따르지만, 이에 대한 규정이 모두 다르기 때문에 클레임 처리조항에 제기시기를 명확히 규정해 두는 것이 바람직하다. 일례로, 우리나라의 경우 상법 제69조 제1항에서 매수인이 목적물을 수령한 때에는 지체 없이 이를 검사하여야 하며, 하자 또는 수량의 부족을 발견한 경우에는 즉시 매도인에게 통지를 발송하도록 규정하고 있다. 아울러, 이를 통지하지 아니하면 이로 인한 계약해제, 대금감액 또는 손해배상청구권을 행사하지 못하도록 하고 있다. 다만, 매매의 목적물에 즉시 발견할 수 없는 하자가 있는 경우에 매수인이 6개월 이내에 할 수 있도록 규정하고 있다. 클레임 제기기간에 대한 주요 입법례를 살펴보면 다음과 같다.

[표 13-3] 물품매매계약서상 물품검사 및 통지의무 조항 예시

구 분	클레임 제기기간
한국상법	발견 즉시 통지(발견이 곤란한 경우 6개월 이내)
일본상법	즉시검사, 문제 발견 즉시 통지
미국 통일상법전	합리적 기간 내 물품검사 및 하자통지
영국 물품매매법	합리적 기간 내 물품검사 및 하자통지
Warsaw-Oxford Rules	합리적 검사 후 3일 이내 통보
비엔나협약	단기 내 검사 합리적 기간 내에 통지(소멸시효기간 2년)

5) 클레임 제기방법

클레임 사유가 확정되면 클레임 제기 의사표시, 클레임의 주요 내용 등을 요약한 클레임통지서(Claim Notice)를 팩스나 전자메일 등을 이용하여 발송한 후 곧

이어 확정된 클레임제기서를 송부하여야 한다. 클레임제기서에는 반드시 다음의 구비서류가 포함되어 있어야 한다.

(1) 클레임진술서

클레임진술서(Statement of Claim)에는 클레임의 대상이 되는 거래내용을 명기하여 상대방에게 분쟁대상을 확실히 밝히는 동시에 클레임의 성질을 구체적으로 설명한 후 클레임의 발생상황을 열거하고 요구하는 구제방법을 명확히 제시하여야 한다.

[표 13-4] 클레임진술서 포함사항 예시

당해 계약번호(Contract Number), 계약일자(Contract Date), 품명(Item), 선명(Vessel Name), 계약수량(Quantity), 선적항(Shipping Port), 도착항(Destination), 신용장번호(L/C Number), 선하증권번호(B/L Number) 등

(2) 청구액에 대한 손해명세서

손해배상을 청구할 경우에는 손실명세서를 작성하여 상대방에게 송장가격과 배상금액을 표시하고 실제 손실의 내역과 부대비용(운송료, 관세, 검사료 등)도 명시한다.

(3) 검사보고서

품질불량, 색상상이, 성능미달, 수량부족 등 클레임의 정당성을 주장하려면 국제적으로 권위 있는 감정기관(예시: Lloyd's Surveyor)에서 발급한 감정보고서(survey report)와 같은 증빙자료를 첨부하는 것이 효과적이다.

(4) 기타

필요한 경우 거래 사실을 입증할 수 있는 계약서, 선하증권(B/L), 신용장(L/C) 등을 첨부한다.

6) 클레임의 수령

(1) 클레임의 내용파악

클레임통지의 내용 중에서 상대방의 표현이나 어조에 따라 요구사항의 강도를 측정하고 애매한 것은 즉각 확인하여 쌍방간의 의사가 명확하게 전달되어야 유효한 해결책을 강구할 수 있다.

[표 13-5] 클레임 수령 시 확인사항

• 계약조건의 미비에 의한 것이 아닌가? • 납품 후 합리적 기간 내 청구된 것인가? • 하자를 입증하는 증빙서류가 있는가? • 물품검사는 공인검사기관에서 합리적인 기간 내에 되었는가? • 하자의 정도가 계약상, 거래관례상 허용비율을 초과하였는가? • 손해청구액은 합리적 산출에 의해 타당성이 있는가? • 당해 계약에서의 특성이 충분히 감안되었는가?

거래된 물품의 성질과 사정을 감안하여 유효기한 내에 클레임을 제기하였는지의 여부를 면밀히 검토하고 만일 시효가 지났다면 이를 배척하는 항변을 한다. 상대방이 제기한 클레임이 정당한 것인가의 여부를 확인하기 위하여 증거서류의 신빙도를 검사하여야 한다. 만약에 검사보고서가 첨부되어 있을 경우에는 그 검사보고서를 작성한 날짜와 그 기관의 신용을 조사하여 만약 부실한 경우가 있으면 이에 항변하여야 한다.

(2) 클레임의 수락과 거절

상대방의 클레임이 정당하다고 인정되면 손해배상을 하거나 대체이행을 하여야 한다. 금전으로 손해배상을 하는 경우에는 외국환관리규정이 정한 바에 따라 외화송금에 대한 지급인증을 받아야 한다. 대체이행을 하는 경우에는 대외무역법 시행령상의 수출입승인 면제규정 및 관세법에 의거하여 수출한 물품의 재수입절차와 대체품의 재수출절차를 거쳐야 한다. 그리고 상대방의 청구가 부당하면 그에 대한 반증자료를 첨부하여 항변하고 청구거절의 의사표시를 한다.

제2절

상사중재

1. 무역클레임의 해결

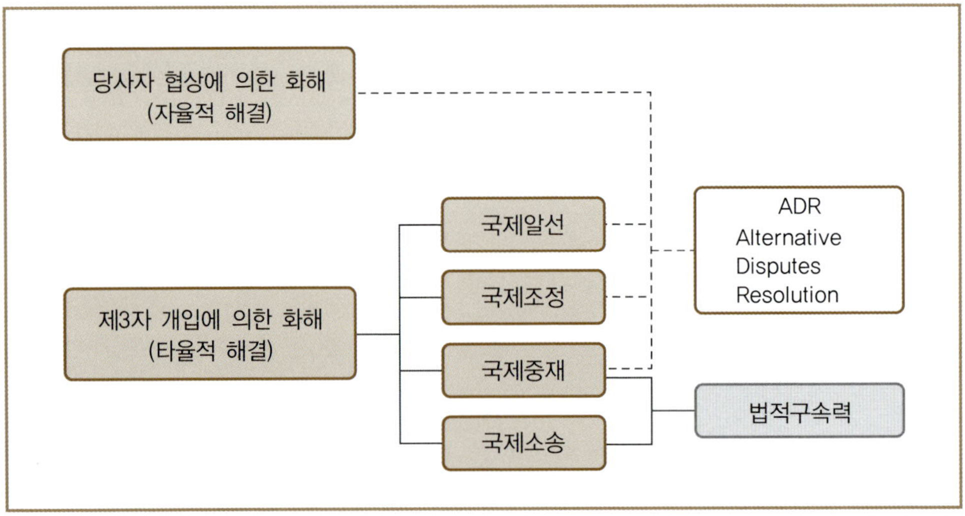

[그림 13-1] 무역클레임의 해결방법

1) 당사자 간의 해결

(1) 클레임의 포기

클레임의 포기(waiver of claim)란 피해자가 가해자에게 클레임 제기를 일방적으로 철회하는 것을 말한다. 상대방에게 다른 조건을 제안하였거나 아니면 클레임 제기를 통하여 향후 있을 거래에 대한 주의를 환기시키는 데 그 의의가 있는 경우 등에서 클레임 포기가 이루어진다.

(2) 타협과 화해

타협(compromise)과 화해(amicable settlement)는 당사자 사이의 교섭 · 협상에 의하여 타협점을 모색하는 것으로서, 클레임 해결을 위한 가장 바람직한 방법이며, 실제로 클레임의 대부분이 이러한 방법에 의해 해결되고 있다.

2) 제3자에 의한 해결

(1) 국제알선

알선(intercession)은 상공회의소, 상사중재원, 대사관, 영사관 등과 같은 공신력이 있는 제3자가 당사자의 한편 또는 쌍방의 의도에 의하여 사건에 개입하여 주로 원만한 해결을 위한 조언을 해 주는 것이다. 그러므로 알선은 강제력이 없으며, 당사자 쌍방의 협력을 얻지 못하면 실패하게 된다. 알선이 조정이나 중재와 다른 점은 형식적인 절차를 필요로 하지 않고 당사자 한편의 의뢰에 의해 제기가 가능하다는 점이다.

[표 13-6] 대한상사중재원 알선절차의 법적 근거(대외무역법 제44조)

제44조(무역거래자 간 무역분쟁의 신속한 해결)
① 무역거래자는 그 상호 간이나 교역상대국의 무역거래자와 물품등의 수출 · 수입과 관련하여 분쟁이 발생한 경우에는 정당한 사유 없이 그 분쟁의 해결을 지연시켜서는 아니 된다. ② 산업통상자원부장관은 제1항에 따른 분쟁이 발생한 경우 무역거래자에게 분쟁의 해결에 관한 의견을 진술하게 하거나 그 분쟁과 관련되는 서류의 제출을 요구할 수 있다. ③ 산업통상자원부장관은 제2항에 따라 서류를 제출받거나 의견을 들은 후에 필요하다고 인정하면 그 분쟁에 관하여 사실 조사를 할 수 있다. ④ 산업통상자원부장관은 제1항에 따른 분쟁을 신속하고 공정하게 처리하는 것이 필요하다고 인정하거나 무역분쟁 당사자의 신청을 받으면 대통령령으로 정하는 바에 따라 분쟁을 조정하거나 분쟁의 해결을 위한 중재(仲裁) 계약의 체결을 권고할 수 있다.

(2) 국제조정

조정(mediation)은 당사자 쌍방이 공정한 제3자를 조정인(mediator)으로 선임하고 조정인이 제시한 구체적인 해결방안에 합의함으로써 클레임을 해결하는 방법이다. 당사자 중 어느 일방이 임의대로 조정에 회부할 수는 없고, 반드시 양 당사자가 조정에 의해 분쟁을 해결할 것을 합의하여야만 절차가 진행될 수 있다. 또한 제시된 조정안에 대하여 당사자 모두 수긍하고 합의하여야만 조정이 성립되고 분쟁이 해결된다.

한편, 조정인은 주로 해당 분야의 전문적인 지식과 경험이 풍부한 자가 되며, 조정은 양 당사자가 조정안을 수락하면 계약상의 구속력만을 가지게 된다. 조정은 조정합의안 자체에 강제적인 집행력이 부여되지 않는다는 점에서 불완전한 해결방법이긴 하지만 절차가 간단하고 비용이 저렴하여 많이 이용되고 있다.

[표 13-7] 싱가포르협약(Singapore Convention)

유엔국제상거래법위원회(UNCITRAL)는 2019년 8월 싱가포르에서 '조정에 의한 국제화해합의에 관한 유엔협약(United Nations Convention on International Settlement Agreements Resulting from Mediation)'을 채택하였다. 동 협약은 국제조정을 통한 화해합의의 법적인 효력을 보장함으로써 국제조정의 치명적인 단점을 해결하였다.

(3) 국제중재

중재(arbitration)는 당사자가 제3자를 중재인(arbitrator)으로 선임하고 분쟁의 해결을 전적으로 중재인에게 맡겨 그 중재판정(awards)에 복종함으로써 분쟁을 해결하는 방법이다. 중재는 중재에 의해 해결할 것을 양 당사자 간에 사전에 합의하지 않으면 안 된다는 점에서는 조정의 경우와 같다. 그러나 조정의 경우 조정안의 수락 여부는 당사자의 자유의사에 따르게 되나, 중재의 경우에는 당사자가 중재판정을 거부할 수 없다. 더욱이 중재는 1회의 판정에 의해 모든 것이 해결되고 상소의 길이 없는 점과 중재에 회부된 사건은 소송에 의하여 다룰 수 없다는 점에서 큰 특징이 있다. 중재는 각국의 중재관계 법규 및 국제협약에 의해 법적 근거를 가지고 있는 법적 절차이며, 각국 법원에서 소송을 제기하는 것보다는 비용과 시간을 절약할 수 있다는 점 등에서 매우 효과적인 방법이다.

(4) 국제소송

소송(litigation)은 국가기관인 법원의 판결에 의하여 분쟁을 강제적으로 해결하는 방법이다. 국제소송은 '국제'라는 용어를 사용하지만, 통상 국적을 달리하는 당사자들이 특정 국가의 법원에서 제기하는 사실상 '국내' 소송이다. 소송은 화해나 알선, 조정 등에 의해 분쟁을 해결하지 못하거나, 중재합의가 존재하지 않아 중재를 할 수 없는 경우 등에 특정 국가가 최종적으로 분쟁관할을 행사하여 분쟁을 해결하는 방법이다.

그러나 국제무역에서는 상대방이 법역을 달리하는 외국에 있는 것이 보통이므로 해당 국가 간 국제조약으로서 상호간 외국판결의 승인, 집행을 약속하고 있는 경우를 제외하고는 자국의 재판권이 상대국에 미치지 못한다는 단점이 있다. 즉, 특정 국가 법원에서 판결을 받아도 상대방의 재산이 있는 국가에서 강제집행이 보장되지 못하는 결정적 문제가 있다. 아울러, 소송에는 많은 시간과 비용이 소요되므로, 국제무역에서 이 방법에 의한 해결은 거의 이용되고 있지 않다.

2. 상사중재

1) 상사중재 개요

분쟁당사자 간의 중재합의로 현존 또는 장래에 발생할 분쟁의 전부 또는 일부를 법원의 판결에 의하지 아니하고 사인인 제3자를 중재인으로 선정하여 판정을 맡기는 동시에 그 판정에 복종함으로써 분쟁을 해결하는 자주법정제도를 의미한다. 중재판정은 중재법에 따라 법원의 확정판결과 동일한 효력이 인정되고, 국가 공권력을 발동하여 강제집행할 수 있는 권리가 보장된다.

상사중재의 특징은 크게 일곱 가지로 볼 수 있는데, 탄력성(flexibility), 우호성(amicability), 전문성(expertness), 신속성(speediness), 경제성(low cost), 국제적인 집행성(enforceability), 비밀성(confidentiality)으로 구분된다.

먼저 탄력성(flexibility)이며, 중재는 그 절차에 있어서 법원의 재판보다 탄력성을 갖는다. 즉, 절차적 공정성을 위하여 엄격하고 경직된 소송절차와는 달리, 중재절차에서는 그 사건에 맞는 사적 절차와 방식을 탄력적으로 적용할 수 있고, 그로 인하여 신속하고 효율적인 해결방안이 될 수 있다. 또한 실체 판단에 있어

재판은 법적 안정성을 최우선적으로 고려하여 실정법을 엄격하게 적용하여야 하지만, 중재에 있어서는 당사자들의 합의에 따라 특정 법률을 적용하거나 그 직역에만 통용되는 원칙과 관습 등을 적용하여 분쟁의 실체에 보다 근접한 판단을 할 수 있다.

우호성(amicability)이다. 중재는 소송절차와 달리, 분쟁당사자의 자유의사에 기하여 선임된 중재인에 의하여 진행되고 판단되는 절차이고 그 진행방식도 엄격하지 않으므로 당사자들은 우호적인 분위기에서 중재를 받을 수 있다. 또한, 그 종국적 판단에 이르기 전에 화해 또는 조정에 이를 수도 있으며, 중재판정에 대하여도 선의의 이행을 기대할 수 있다.

전문성(expertness)은 분쟁의 대상이 고도의 전문성을 가진 경우, 법원도 전문감정인의 의견에 의존할 수밖에 없다는 것이다. 중재는 그 분야의 전문가나 경험자를 중재인으로 선택함으로써 시간과 비용을 절약할 수 있는 한편, 합리적이고 공감될 수 있는 판단을 기대할 수 있다. 또한, 법원 재판부와 달리 중재판정부는 해당 사건 한 건만 심리하고 판정하도록 구성되므로 연속성과 일관성을 가질 수 있다.

신속성(speediness)은 중재가 단심제로 복잡하고 장기간이 소요되는 분쟁도 법원 소송에 비하여 신속하게 해결할 수 있다는 속성이다. 단심제인 중재는 통상 1년 이내의 단기간에 판정이 내려진다.

경제성(low cost)은 단심제의 특성상 중재비용은 소송비용과 비교하여 훨씬 저렴함을 의미한다. 또한, 분쟁이 발생하면 직접비용뿐만 아니라 기회비용 등의 간접비용이 발생하는데, 중재에서는 분쟁이 신속하게 해결되므로 이러한 분쟁비용을 절약할 수 있다.

국제적인 집행성(enforceability)은 중재판정은 국내에서는 중재법에 따라 법원의 확정판결과 동일한 효력이 인정될 뿐만 아니라, 외국에서도 '외국중재판정의 승인 및 집행에 관한 유엔협약(뉴욕협약)'에 의해 중재판정의 효력 및 강제집행이 보장된다. 바로 이것이 중재의 대표적 특성이기도 하다.

마지막으로 비밀성(confidentiality)인데 특정 거래에 있어서는 그 분쟁의 대상, 예를 들면 기술, know-how 등이 경쟁사나 고객에게 알려지지 않아야 하며, 분쟁 발생 사실 자체가 공개되는 것을 기피하는 경우도 많다. 중재는 심리를 비공개로 진행하고 비밀을 보장함으로써 위와 같은 불이익을 방지할 수 있다.

2) 중재합의

분쟁을 중재를 통해 해결하기로 하는 합의를 "중재합의"라 하며, 중재합의가 있어야 중재신청이 가능하다. 중재합의는 계약서 등에 서면으로 작성되어야 하며, 중재합의 시기에 따라 사전중재합의와 사후중재합의로 구분할 수 있다. 먼저 사전중재합의는 분쟁이 발생하기 전에 계약서의 한 조항으로 분쟁 발생 시 중재로 해결하기로 하는 중재조항을 기재하여 두는 것으로, 일반적인 중재합의 방식이다. 다음으로 사후중재합의는 이미 발생되어 있는 분쟁을 사후에 중재로 해결하기로 합의하는 방식이다.

3) 중재합의 기재 요소

중재합의에는 일반적으로 중재기관, 중재규칙, 중재지를 명시하여야 하며, 그 외에도 중재인의 수, 중재인 선정방법, 중재에 사용될 언어 등 중재절차에 관하여 별도의 합의가 있는 경우에는 이러한 당사자의 합의가 우선 적용된다. 따라서 중재인 선정 등 중재절차에 관한 사항에 관하여 달리 합의하고자 하는 경우에는 중재합의에서 이에 대하여 규정할 수 있다. 중재합의가 있는 경우 일방당사자는 법원에 직접 소송을 제기할 수 없다. 중재합의에도 불구하고 소송이 제기되면 1차 변론기일까지 관할의 항변을 할 수 있고, 이에 법원은 중재로 해결하도록 하여 해당 소송의 각하판결을 내리게 된다.

[표 13-8] 중재합의 예시문구

이 계약으로부터 또는 이 계약과 관련하여 발생하는 모든 분쟁은 대한상사중재원의 중재에 의해 최종 해결한다.

- 중재인의 수 : (1인 또는 3인)
- 중재지 : (대한민국 서울 또는 지정할 국가)
- 중재에 사용될 언어 : (한국어 또는 지정할 언어)

4) 중재절차

(1) 중재신청 및 비용예납

중재합의에서 정한 중재기관에 중재신청을 하고, 중재비용(관리비용, 중재인수당 등)을 예납한다.

(2) 접수통지

중재기관의 사무국은 중재의 신청을 접수하면 신청이 적합한지 여부를 확인하고 적합한 경우에는 쌍방당사자에게 이를 수리하였음을 통지한다.

(3) 답변서 제출

피신청인은 중재신청서의 내용에 반박하는 답변서를 작성하여 제출하며, 만약 중재관할에 관한 항변을 할 경우 답변서 제출 시까지 해야 한다.

(4) 중재인 선정

분쟁당사자는 중재사건을 판정할 중재인을 합의에 의해 직접 선정하거나, 중재기관에서 추천한 중재인 후보자 중에서 선임한다.

(5) 중재심리

중재기관의 사무국은 제1차 심리기일을 결정하고 이를 각 당사자들에게 통지한다. 중재판정부는 사건내용에 따라 당사자가 주장 및 입증을 충분히 하였다고 인정할 때까지 수차례에 걸쳐 심문을 진행한 후에 심리종결을 선언한다.

(6) 중재판정

중재재판부는 심리종결일로부터 일정 기한 내에 중재판정을 내린다.

(7) 중재판정문 송부

중재기관 사무국이 중재판정문 정본을 양 당사자에게 발송함으로써 중재절차가 종료된다.

5) 중재판정의 효력과 이행

(1) 중재판정의 효력

중재판정은 법원의 확정판결과 동일한 효력이 있으므로 당사자들은 판정내용대로 이행하여야 한다. 중재판정을 이행하지 않는 경우에는 법원에 강제집행을 신청하여 법원으로부터 중재판정에 대한 집행판결을 받아 강제집행을 할 수 있다. 중재법 제35조(중재판정의 효력)에 따르면 중재판정은 양쪽 당사자 간에 법원의 확정판결과 동일한 효력을 가진다.

(2) 중재판정 취소의 소

중재판정 내용에 대해서는 불복할 수 없고, 다만 중재법에서 정한 중재절차상의 중대한 하자에 대하여 중재판정 취소의 소를 제기할 수 있다.

① 당사자 입증에 의한 취소 사유

당사자의 무능력 또는 중재합의 무효, 중재인의 선정 또는 중재절차에 관한 통지 또는 본안 변론에 대한 방어권 결여, 중재부탁의 범위 일탈, 중재판정부의 구성 또는 중재절차의 위반이 취소 사유에 해당한다.

② 법원의 직권취소 사유

중재대상이 대한민국법에 따라 중재로 해결될 수 없을 때, 선량한 풍속 또는 사회질서 위배가 취소 사유에 해당한다.

3. 뉴욕협약

1) 뉴욕협약의 의의 및 현황

'외국중재판정의 승인 및 집행에 관한 유엔협약(The United Nations Convention on the Recognition and Enforcement of Foreign Arbitral Awards)'은 국제상거래의 활성화를 목적으로 중재판정의 강제집행의 요구를 받는 국가 이외의 국가 영토 내에서 내려진 중재판정, 즉 외국에서 내려진 중재판정의 구속력을 승인하고 강제집행을 보장하기 위하여 1958년 유엔 주도하에 국제적으로 체결한 다자간 조약으로 뉴욕협약(New York Convention)이라고도 한다. 우리나라는 1973년 5월 9일

42번째로 뉴욕협약에 가입하였다. 2022년 12월 말 기준 169개국이 가입하고 있으며 16개 조문으로 구성되어 있다.

뉴욕협약에 의해 우리나라에서 내려진 중재판정이 외국에서도 승인되고 집행되며, 외국에서 내려진 중재판정 역시 우리나라에서 승인되고 집행된다. 단, 우리나라는 상사관계의 분쟁에 한해서만 적용되는 '상사유보'와 외국중재판정일지라도 그 국가가 이 협약의 체약국인 경우에 한해서만 적용되는 '상호주의유보'를 선언하였다.

2) 승인 · 집행의 요건

뉴욕협약의 승인 및 집행요건은 먼저 서면에 의한 유효한 중재합의가 있어야 한다. 둘째 재판정은 적법한 절차 진행으로 내려져야 한다. 셋째 중재판정이 판정지 국가에서 기판력(확정력)을 가지고 있어야 한다. 마지막으로 중재판정의 내용이 집행지 국가의 공서양속에 반하지 않아야 한다.

참고문헌

REFERENCES

도서

강원진 (2004). **신용장론(제4판)**. 박영사.

강원진 (2009). **무역계약론(제3판)**. 박영사.

김현수 (2021). **2021 퍼펙트 무역영어 1급**. 세종출판사.

남풍우 (2015). **무역결제론(제8판)**. 두남.

대한상공회의소, ICC Korea, 한국금융연수원 (2013). 신용장통일규칙(UCP600)에 따른 국제표준은행관행(ISBP745) 공식번역 및 실무가이드. 대한상공회의소, ICC Korea, 한국금융연수원.

문창권, 김오비 (2011). **외환-환리스크관리와 파생상품 활용기법**. 탐진.

박명섭, 신건훈, 한낙현, 허재창 (2008). **알기쉬운 해설과 이해하기 쉽게 구성한 해상보험**. 우용출판사.

박대위, 구종순 (2012). **무역개론(제4판)**. 유원북스.

박성철 (2014). **해상보험실무**. 영민.

박세운, 정용혁 (2011). 국제무역규칙(UCP600, URDG758, ISP98). 한국금융연수원 도서출판부.

오학균, 김진권, 류동근, 김명재 (2013). **용선**. 두남.

이윤 (2004). **대외무역법**. 두남출판.

이은섭 (2002). **대외무역법**. 법경사.

이태희 (2020). **무역개론**. 이프레스.

이태희 (2024). **무역영어**. 이프레스

임석민 (2022). **국제운송론(제8판)**. 삼영사.

전순환 (2013). **무역실무(제3판)**. 한올.

정봉민 (2015). **해운경제학**. 블루&노트.

정성훈 (2006). **해상보험증권과 협회적하약관**. 한국학술정보(주).

조현정 (2017). **도해로 이해하는 무역실무**. 유원북스.

치요다유코 (2005). **이 책 없이 외국기업과 계약하지 마라**. 두인비컨텐츠.

한국무역협회 (2021). **알기쉬운 무역실무 길라잡이(제21판)**. (사)한국무역협회.

한국수출입은행 (2015). **알기쉬운 포페이팅**. 한국수출입은행.

한국은행국제처 (2010). **우리나라의 외환제도와 외환시장**. 한국은행.

논문

가정준 (2007). 미국계약법의 구조와 이해. **재산법연구, 23**(3), 23-46.

김기창 (2017). 전자 서명 법제 개선 방향 - 전자 서명 정의, 법적 효력 및 공인 인증 제도의 문제점, **비교사법, 24**(4), 1883-1930.

김동윤 (2013). 국제표준은행관행(ISBP 745)의 주요개정사항 분석과 시사점. **통상정보연구, 15**(3), pp.177-197.

김상만 (2019). 인코텀즈2020 주요 개정 내용과 시사점. **법학논고, 57**, 259-258.

김종호 (2009). 국제무역거래에서 포페이팅 방식의 금융을 통한 위험의 헤지. **국제거래법연구, 18**(1), 217-249.

박세운, 한기문 (2011). 보증신용장통일규칙과 청구보증통일규칙 비교분석. **무역상무연구,** 51, 263-283.

오동민, 김철수 (2019). Incoterms®2020의 주요 개정내용과 실무상 유의점에 관한 연구, **무역통상학회지, 19**(6), 107-128.

유하상 (2007). UCP 600 개정판 주요 내용의 비교분석과 실무적용상의 유의점. **대한경영학회지, 20**(5), 2543-2566.

이병문, 박은옥 (2016). CISG상 계약의 성립에 관한 판례연구, **무역상무연구, 69**, 1-22.

이시환 (2009). 1982년과 2009년 협회적하약관상의 보험기간 비교연구. **국제상학, 24**(3), 267-284.

장은희, 정희진 (2017). BPO제도의 유용성에 관한 연구-L/C제도와의 비교를 중심으로-. **무역상무연구, 73**, 21-42.

참고 사이트

국가법령센터, https://www.law.go.kr

국제상공회의소, https://iccwbo.org

대구은행외환센터, https://www.dgb.co.kr/cms/fnm/sda_5/sda_55/sda_551/sda_5511/1186913_1384.html

무역실무가이드, http://busan-hcmc.org/cyber_trade/Lectures/Lesson29/Lesson29_04.html

부산광역시 베트남 대표무역 사무소, http://busan-hcmc.org/cyber_trade/Lectures/Lesson29/Lesson29_04.html

수입규제 통합지원센터, http://ntb.kita.net

영국법령포털, https://www.legislation.gov.uk/ukpga/Edw7/6/41

우리은행외환센터, https://spot.wooribank.com/pot/Dream?withyou=FXFXG0038

한국무역신문, https://www.weeklytrade.co.kr

한국무역협회, https://www.kita.net

찾아보기

INDEX

ㅁ

ㅂ

ㅅ

ㅇ

ㅈ

ㅊ

ㅋ

ㅌ

ㅍ

ㅎ

A

저/ 자/ 소/ 개

이태희

서강대학교 이학사, 경영학사
서강대학교 경영학석사
서강대학교 경영학박사
(현) 계명대학교 경제통상학부 부교수
(현) 한국경영컨설팅학회 편집위원장
(전) 관세사, 물류관리사 출제위원
(전) 영국 런던 Bayes Business School, Visiting Fellow

무역실무

1판발행 2025년 3월 5일 **1판 1쇄 인쇄** | 2025년 3월 10일 **1판 1쇄 발행**

지은이 이태희
펴낸이 최용구 | **펴낸곳 도서출판 이프레스**
주 소 (04316) 서울시 용산구 원효로 89길 19 (원효로1가)
전 화 02) 537-1720(영업부), 537-1721(편집부), 537-1711(팩스)
이메일 epress01@naver.com | **홈페이지** www.epress1.com
등 록 2009년 12월 10일 제16-2710호
기획마케팅 최용구 장만동 최충구 송대용 | **책임편집** 석기은 황가연

ISBN 979-11-91348-88-0 93320
정 가 26,000원